互联网视域下的
大学教育模式改革

张伟国 王君明 王 慧 ◎著

重庆出版集团 重庆出版社

图书在版编目(CIP)数据

互联网视域下的大学教育模式改革/张伟国,王君明,王慧著. — 重庆:重庆出版社,2022.12
ISBN 978-7-229-17460-6

Ⅰ.①互… Ⅱ.①张… ②王… ③王… Ⅲ.①互联网络-应用-高等教育-教育模式-研究 Ⅳ.①G640-39

中国版本图书馆CIP数据核字(2022)第257868号

互联网视域下的大学教育模式改革
HULIANWANG SHIYU XIA DE DAXUE JIAOYU MOSHI GAIGE

张伟国　王君明　王慧 著

责任编辑:袁　宁
责任校对:李小君
装帧设计:武汉中知图印务有限公司

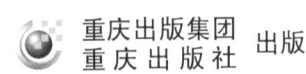

重庆出版集团
重庆出版社 出版

重庆市南岸区南滨路162号1幢　邮政编码:400061　http://www.cqph.com
重庆博优印务有限公司印刷
重庆出版集团图书发行有限公司发行
E-mail:fxchu@cqph.com　邮购电话:023-61520646
全国新华书店经销

开本:889mm×1194mm　1/16　印张:15　字数:250千
2022年12月第1版　2022年12月第1次印刷
ISBN 978-7-229-17460-6
定价:54.00元

如有印装质量问题,请向本集团图书发行有限公司调换:023-61520678

版权所有　侵权必究

前言

互联网技术不仅促进了社会的发展,也促进了教育的改革与进步。互联网技术作为一种基础性的革命性技术,正在逐步改变人类知识创造和传播的形式,改变着整个教育形式,对教育理念和教育模式产生重要影响。"互联网+教育"是教育与网络技术在全球化、数字化背景下融合发展的产物。它是信息时代教育发展与创新的表现,它是促进教育公平、提高教育质量的有效途径。"互联网+教育"既是我国当前教育发展的路径选择,也是教育改革的实践领域。利用互联网推动教育现代化已成为我国大学教育改革与发展的战略选择。

目前,世界各国都把网络教育作为教学改革的突破口。网络教育与教学的融合改变了传统的教学模式,探索了一种新的教育模式,这在大学教育模式中也有明显的体现。将互联网技术与大学教育模式紧密结合,从网络教育的角度构建大学教育模式,不仅可以促进大学教育观念的转变和大学教育手段的改革,而且可以开阔学生的视野,激发学生学习的积极性和主动性。基于此,本专著梳理了互联网技术与大学教育模式的相关内容,以适应当前社会发展的需要,不断运用新的技术手段创新大学教育模式的质量和效率。

本专著以人文主义、教育公平和无边界大学教育的学习理论为基础,从实用性的角度,结合大学教育模式的特点,探讨如何利用互联网技术为大学教育模式服务。本专著理论与实践相结合,内容丰富,易懂,实用性强。另外,由于笔者水平有限,恳请专家学者批评指正。

目录 CONTENTS

第一章 "互联网+教育"概述······001
第一节 "互联网+教育"的概念······001
第二节 "互联网+教育"的内容······005
第三节 "互联网+教育"的作用······015

第二章 互联网视域下教育的理念及模式探析······022
第一节 网络教学模式······022
第二节 网络教学模式下教育理念的重塑······032
第三节 互联网视域下教育模式的发展情况分析······041

第三章 互联网与教育融合的变革探究······047
第一节 社会体系的变革对教育体系的冲击······047
第二节 教育系统内的共融共荣共促······051
第三节 互联网教育推动教育整体性的变革······055
第四节 互联网教育产业为教育变革提供强大动力······057

第四章 互联网视域下大学教育管理模式创新的理念······063
第一节 融入开放性的思想······064
第二节 坚持以人为本的理念······069
第三节 提升教育服务意识······070
第四节 创新管理方式······073

第五节　有效利用网络 …………………………………………077

第五章　互联网视域下大学课程资源的社会共享研究 ……………**087**
　　第一节　大学课程资源社会共享的基本理论 …………………087
　　第二节　大学课程资源社会共享传统模式的不足分析 ………091
　　第三节　互联网视域下大学课程资源的社会共享模式 ………109

第六章　互联网视域下大学智慧课堂教育模式研究 ………………**118**
　　第一节　相关概念及理论基础 …………………………………118
　　第二节　互联网视域下智慧课堂教学模式设计 ………………129
　　第三节　智慧课堂教学模式应用研究——以"大学计算机基础"为例 …149

第七章　互联网视域下大学教育个性化学习模式研究 ……………**156**
　　第一节　个性化学习理论背景 …………………………………156
　　第二节　个性化学习用户体验过程和认知过程研究 …………172
　　第三节　基于智能互联网的个性化学习体验设计策略研究 …190

第八章　基于虚拟现实和增强现实动画技术的课堂教学研究 ……**197**
　　第一节　虚拟现实和增强现实动画技术概述 …………………197
　　第二节　虚拟现实和增强现实技术在教学中的应用 …………201
　　第三节　虚拟现实在课堂中的应用实践 ………………………208

第九章　互联网视域下教育模式多元评价与智慧管理 ……………**212**
　　第一节　个体本位论与社会本位论 ……………………………212
　　第二节　教学评价方法体系革新 ………………………………216
　　第三节　基于大数据的个性化评定 ……………………………221
　　第四节　智能决策与智慧管理 …………………………………224

参考文献 ………………………………………………………………**229**

第一章 "互联网+教育"概述

第一节 "互联网+教育"的概念

一、"互联网+"的概念

随着科学技术的发展和社会的进步,互联网的发展给人类的生产和生活带来了极大的便利。充分理解"互联网+"的概念就是理解"互联网+教育"的前提。"互联网+"是创新2.0下互联网发展的一种新的商业形式。它是互联网形态的演变,是知识社会创新2.0引发的经济社会发展的新形态。"互联网+"是互联网思维的进一步实践成果,它推动了经济形态的不断变革,激发了社会经济实体的活力,为改革、创新和发展提供了广阔的网络平台。一般来说,"互联网+"指的是"互联网+"的各种传统产业,但它不是二者的简单相加。"互联网+"的核心是利用ICT(信息与通信技术,information and communications technology)和互联网平台,通过产业间模式深度融合和技术创新,推动传统产业转型升级,创造新的发展模式。它代表着一种新的社会形态,充分发挥互联网在社会资源配置中的优化整合作用,使互联网创新成果深入经济社会的各个领域,提高全社会的创新和生产力,使互联网成为基础设施和实施工具,形成更广泛的新经济发展形态。

(一)"互联网+"理念的提出

2014年11月,李克强总理出席首届世界互联网大会时指出,互联网是大众创业、万众创新的新工具。其中大众创业、万众创新正是此次政府工作报告中的重要主题,大众创业、万众创新被称作中国经济提质增效升级的新引擎。由此可见互联网的重要作用。2015年3月,在全国两会上,马化腾提出《关于以"互联网+"为驱动,推进我国经济社会创新发展的建议》的议案,希望以"互联网+"为媒介,进行产业创新,从而促成多领域跨界融合以此推动我国经济社会创新发展[1]。李克强总理在2015年政府工作报告中首次提出"互联网+"计划[2]。自此,"互联网+"开始被大众所知,成为大众的研究重点。

同年7月,国务院印发《关于积极推进"互联网+"行动的指导意见》指出,"互联网+"是以互联网为基础设施和创新要素的经济社会发展新形态。它是由互联网发展产生的创新成果与社会其他领域的深度融合,对技术进步起推进作用,提升产业工作效率,推动组织变革,最终实现实体经济创新力和生产力的提升[3]。该文件的颁布,加速了"互联网+"对各个领域的渗透,对各个产业的发展产生着深刻的影响,产业的结构也经历了新一轮的重新调整与重塑。接着在同年12月,第二届世界互联网大会在浙江乌镇开幕,在"互联网+"论坛上,中国互联网发展基金会与百度、阿里巴巴、腾讯共同发起成立"中国互联网+联盟"。

(二)基本内涵

"互联网+"这个概念不是简单地将互联网和多种传统产业之间直接融合相加,而是针对互联网信息时代以来,人们商业思维的进一步创新探索和深入实践的成果,它不仅代表着一种添加与联合,还代表着一种全新的互联网时代经济发展趋势和创新形态,是通过充分利用移动互联网和各种信息电子通信网络技术,并以其为媒介,将互联网等各类手段与多种传统产业之间进行联合和深入融合,使各类传统产业通过利用互联网技术完成转型升级。互联网经济是通过把开放、平等、互动等多种网络特征在我国传统产业的综合运用,通过对产业大数据的信息整合和综合分析,

---

[1] 马化腾.关于以"互联网+"为驱动,推进我国经济社会创新发展的建议[J].中国科技产业,2016(03):38—39.
[2] 2015年政府工作报告[EB/OL].http://www.gov.cn/guowuyuan/201503/16/content_2835101.htm.
[3] 国务院关于积极推进"互联网+"行动的指导意见.[DB/OL].[2020-08-03].http://www.gov.cn/zhengce/201602/18/content_5042926.htm.

试图重新厘清并明确产业供应与需求关系,通过不断创新和优化改造我国传统产业的工作方式、产业结构等多个方面,来作为激励和增强我国经济快速发展的内生动力,提升经济效益,从而有效推动国民经济健康井然有序地发展。

"互联网+"需要夯实的技术基础,它是在信息通信技术的基础上,进一步发展演化而成的,是现代技术、科技持续发展进步的结果。互联网最初功能简单,应用范围狭窄,与其他产业并无较为密切的交流,凭借科技进步与发展,技术不断地成熟,出现了"互联网+"时代,大量全新先进的技术大大提高了数据信息的使用范围,为传统产业升级提供技术支持。产业与互联网这二者之间以不断创新和完善的技术为媒介,进行融合发展的过程,这便是"互联网+"的实现过程。

二、"互联网+教育"的定义

当前,信息技术已经渗透到社会的方方面面,当然也涉及教育领域,信息化所引起的颠覆性变革正在不动声色地发生。互联网信息技术的渗透,使得教育领域催生了众多网络教学课程服务平台。"互联网+"技术在教育领域的应用也为无限的时间和空间搭建了师生桥梁。因此,我们可以看到,"互联网+教育"的结合,跨国界的融合和创新驱动不再受时间和空间的限制。同时,它具有尊重人性、连接万物的优势。它是数千种"互联网+"商务形式之一,是互联网与传统教育融合产生的一种新的教育形式,是科技与教育相结合,推动教育结构变革的产物。对"互联网+教育"的不同理解也产生了不同的定义。陈力认为,所谓"互联网+教育",具体是指利用"云计算"、学习分析、物联网、人工智能、网络安全等新技术,突破学校与班级之间的界限,使其为学习者提供优质、灵活、个性化的新教学模式[1]。秦虹等学者认为"互联网+教育"是一场教育革命,在这场革命中教育创新力不断增强,教育繁荣发展大幅度前进,教育进步和效率的提高也是在这一过程中实现的[2]。在现代信息社会中,互联网具有高效、快

---

[1]陈丽,李波,郭玉娟,等."互联网+"时代我国基础教育信息化的新趋势和新方向[J].电化教育研究,2017,38(05):8.
[2]秦虹,张武升."互联网+教育"的本质特点与发展趋向[J].教育研究,2016,37(06):9.

捷、便捷的特点。因此,笔者认为,"互联网+教育"是一种以互联网为基础设施和创新要素的新型教育发展形式。它是新时代凭借信息技术发展平台,将互联网与教育进行跨境连接,使得互联网创新与教育能够深度融合。通过一定的互联网理论与技术支持,优化教育资源的合理配置,提高了教师的教学效率,改变课堂的教学组织,培养和满足新时代下社会对于创新型人才的需求。

网络教育不仅可以提高教育的效率,而且可以使教育发生革命性的变化。"互联网+"是现代的主流理念,其意义在于用互联网的思维对传统的生产、销售、运营乃至生活方式做出新的诠释。"互联网+教育"也是近年来的热门话题,因此"互联网+教育"本身就是一场教育改革。可以说,"互联网+"的模式让学习更加轻松化和人性化。2019年受限于疫情防控,高校广泛使用的腾讯课堂、钉钉、爱学习、腾讯会议、抖音直播等软件,阐释了教学模式的转变,也体现了自1996年我国首次完成互联网、计算机与教育的结合以来,取得了更进一步的发展。疫情防控期间各大中小学及大学课程的顺利开展无不依托互联网信息技术的发展。在互联网还未诞生之前资源的分享仅是小范围的,而自其产生发展后便可实现教育界的大规模资源共享,通过克服时间和空间的限制,一定程度上推动了教育的公平。

在"互联网+"的背景下,更多的人可以通过快速、便捷的网络获取自身所需资源,在提供大量资源的同时信息化也打破了空间壁垒,随之而来的教育领域也面临着更新,需要从封闭走向开放。就必须融合新的教学手段,教学结构也需做出不同程度的变革,师生之间可以通过互联网进行信息交流,特别是教育资源的重新配置为贫困地区的教育作出了不可估量的贡献。这样不但科学地节约了学生的上学时间成本,也及时地帮助学生在获取知识的工具上更加丰富,相对减轻了学生的学习负担。

总而言之,"互联网+教育"在某种程度上,就是将互联网引入到教育产业中,从而产生某些基于互联网技术的教育应用。"互联网+教育"没有一个固定的形式,将此视为传统教育领域的一场革命,"互联网+教育"等于变革——它不断探索并革新教育领域的不同要素,而这之间的革新又相辅相成,共同推动着变革的发展与深入。通过对传统教育各个要素的重新赋能,使学习更加自由,将更多的选择权与自主权交给学生。在这样一场学习革命中学生的视野也更加开阔,优质的教育资源得到极大丰富,教育知识库也在不断地发展与完善。

第二节 "互联网+教育"的内容

一、"互联网+教育"的改革发展

以史鉴今,纵观整个人类历史,每一次技术的革新尤其是传播技术的革新,都能够带动教育领域产生一定的更新,当前凭借互联网技术的不断发展,信息传播的时空限制不断被突破,这必然会给教育领域带来重大的影响。

(一)技术革新与教育的改革发展

在人类历史的长河中,产生了无数辉煌的科技成果,但绝大多数科技尚未进入教育领域。当技术应用于教育领域时,相关学者将研究目光聚焦于技术革新与教育改革转型的这一过程时,来自各个方面的影响因素及其作用方式值得关注。首先考虑到的就是技术要素是如何应用于该领域的,众所周知,数字技术的优化升级是对教育转型起到直接催化作用的一个方面,不论是技术革新带来的工具应用性能提升,还是由此烘托起的整个教育界的浓厚数字化氛围,都对教育的数字化转型产生了正向推动力,这一技术进步与组织变革的关联逻辑是毋庸置疑的。

当技术应用于教育领域之后,教育也将技术采取扬长避短,既要求技术满足现实教育的需要,也要求其更好地融入教育体系。这与生态学的观点——有机整体论不谋而合,该理论认为谈论一个独立的事件是没有意义的,世界既不是客观存在的自然世界,也不是单纯的人,也不是两者简单的结合,而是自然、人、社会相互作用的有机的整体,你中有我,我中有你,整体也不是部分的简单叠加,而是部分与部分,部分与整体之间相互作用、相互影响下有机的动态的整体,若部分的常规形态遭到破坏,其他部分也会复杂而有序地发生明显或不明显的改变,故此,生态学认为万事万物都处于一个相互关联的巨大网络当中,那些在机械论的观点下没有联系的两个事件其实并非泾渭分明,教育并非独立的教育,技术并非独立的技术,它们都要在彼此的变化中寻求稳定,也可以说是在不断寻求稳定的过程中不断发展。

  信息传播技术的更迭在教育领域有着直接的体现,但技术与教育之间并非简易的单向因果关系。在口语传播时代,主要的传播技术就是口耳相传,因此在该背景下的"教育",学习行为主要就是长者在日常生活中通过语言来传授个人所积累的经验,但是这种方式仅仅局限于声音所及的空间内,而且在传播的过程中难免被扭曲、丢失;紧接着在文字传播时代,文字的产生与使用让人类群体积累的经验得以保存,而且凭借积累的信息越来越丰富和全面,知识逐渐结构化、系统化,一定程度上打破了传播的时空限制,这在教育内容上的体现最为明显,不再是单纯的个人经验传授,而是世世代代所积累转化成为系统性的知识,进行传授,但是由于文字的传播载体主要是甲骨、竹简甚至是金属和岩石,其过于笨重或贵重,使得传播受到垄断,以文字形式记录下来的知识只能被少数人拥有;在印刷传播时代,凭借纸张和印刷术的出现,知识得以大量大规模地传播,打破了知识被少数人独占的现状;直到17世纪,凭借兼容文字、音响、图像的幻灯投影技术出现,电子传播时代到来,这使得教育摆脱了"黑板+粉笔"的传统教学媒体,凭借技术的进一步发展,电报、广播、电话、电视等远程传播技术的出现,通过与教育领域的相互作用,将能够满足教育需要的技术融入教学当中,电视技术也以声音与画面集合的特点应用于教育领域。同时在这种背景下,教育技术作为一门独立的学科成立。凭借1946年诞生了第一台电子计算机,数字传播时代到来,计算机网络技术应运而生,这使得信息传播技术发生翻天覆地的变化,各种信息都能够以"比特"为单位以超文本的形式进行超时空的创造、储存、传播,凭借互联网技术的成熟,它在教育领域的应用也愈发完善,网络课程、直播课程、慕课、微课等一系列以互联网技术为支撑的教学形式兴起。

综上所述,现代信息技术的疾速发展与持续革新已然成为当今时代的一项突出特征,日新月异的技术应用正以前所未有的速度融于社会多个领域和不同环节之中,折射出了强大而深远的技术影响力。新兴技术所独有的颠覆创新力和功能优越性使其从众多应用工具中脱颖而出,这也为新兴技术的积极评价和重要地位奠定了坚强的支撑,因此每次在教育领域的技术革新都会给教育系统带来巨大的改变。如同生态学所认为的那样,世界是有机的、动态的和不断发展的,稳定是暂时的,稳定会因为外界因素的变化而变得不稳定,故而会为了回归稳定而变化,也就是说追求稳定的过程就是发展、变化的过程,如此循环也就没有真正的稳定一说,凭借互联网技术的飞速发展,技术的革新与教学改革同时作为有机整体中的部分,相互联系、影响、牵制,因此互联网技术的产生与发展,对整体和整体中作为部分的教育产生辐射作用,让教育的现状不再稳定,为了适应互联网技术所带来的变化,教育最终通过教学改革来让教育回归稳定。

(二)"互联网+"影响下的教育改革发展

1.互联网技术对教育领域的辐射

由前文所述可知,信息技术是当前极具代表性和全球辐射力的关键技术,尤其是近年来不断更新升级的多项具体技术内容,充实着现代信息技术的内涵和功能,逐渐推动形成更为多元立体、强大稳定的先进技术体系。当前信息技术的繁荣景象得以呈现的原因,一方面,从社会发展的趋势分析,数字技术的勃兴可以归功于技术进步浪潮的正向推动。每一次技术的变革都会引起教育的深刻革新,互联网信息技术的发展作为一场深刻的技术革新,故此也给教育系统带来了颠覆性的改变,在改变我们的生活方式的基础上,生产方式、交往方式等也在产生相应的改变,而且呈现出人们思维方式改变的趋势,知识客体在互联网技术的催生下迅猛增长,作为数据被储存在各大数据库当中,需要之时行提取便可,智慧不再以掌握知识的多少来衡量,智慧的实质进一步体现为能动态有效地生产所需的联系,从而有序地解决问题。从教育的视角来看,互联网信息技术作为新兴的生产工具,改变了劳动形态和效能,这就对劳动者的素质提出了新要求,同样也向教育应该如何应对提出了新要求。另外,从古至今,无论是哪个时代的教育都有着各自的缺失,故此催生了人们对教育理想的渴望,柏拉图的《理想国》、孔子的"有教无类""因材施教"等等。信息时代,我国的教育也有许多或主要或次要的矛盾有待解决,例如城乡差异、教育评价、个性化教育缺失等等,互联网技术的出现为解决这些问题提高了新的视角,观照现在的整个教育领域,凭借互联网技术在教育领域内的扩散,确实在一定程度上改变了教育内部各要素及各要素之间的互相作用,远程技术、教育资源共享改善了城乡教育差异,智能感知技术、大数据技术能够为改善有效、及时、个性化的评价提供新的解决方案,互联网技术为教育改革提供了技术支持,与社会对教育事业的新要求共同构成了教育改革的内外推动力。

"互联网+教育"作为一种新的探索,也面临着不少的挑战。

首先,要推动"互联网+"的发展,硬件与软件二者缺一不可。在硬件方面,"互联网+"的相关基础设施的建设需要投入大量的资金,政府要予以宏观调控,审时度势;在软件方面,应该制定对应的法律法规,互联网上有大量优秀的资源,但信息过于复杂和丰富,如果不加强管理,那些不良信息,将会对整个社会的发展产生一定程度的负面影响。

其次,对优质教育资源的开发与利用的挑战。"互联网+"技术发展迅猛,但俗话说巧妇难为无米之炊,运用互联网技术推动教育事业发展的前提是有大量可利用的教学资源,现如今,比较热门的互联网教育资源都是在互联网技术的支撑下对信息技术资源进行开发与利用,例如慕课、微课等等,但是要真正地实现"互联网+教育",这些还远远不够,还有着巨大的空间等着被挖掘。因此,如何有效利用科技优势,开发更多优秀的教学资源,是实现"互联网+教育"的重大课题。

再次,对教师信息素养和师生角色转变的挑战。在传统的教学关系中，老师是教学资源的垄断者，教师是权威的化身，决定了学生的学习进度、学习内容、学习方式，学生的能动性、自主性没有得到体现，甚至被压抑。"互联网+教育"使得教师和学生的角色发生了变化，学生真真正正地有机会成为自己的主人，任何人都能够在互联网上获取学习资源，不再是教师独占，教师从主导者成为督促者，学生从被主导者成为主导学习的主体，教师如何合理地使用信息技术，学生如何合理地通过信息技术推动自主学习，成为"互联网+"教学过程当中的主要问题，师生角色的转变，不断加强学生的信心素养，对教师更是如此，但我国教师的信息素养现状不容乐观，若要真正实现"互联网+教育"，必然就要提高教师的信息素养。

最后，对传统教学方式、教育目的的挑战。互联网与各行各业各人的相互连接，让知识的传播、更新的速度更快，传播的途径也越来越多，学生的学习不再受到时空的限制，这让学习的方式更加自主且自由，"互联网+"技术让传统的黑板、粉笔占据的课堂变成了数字化课堂，师生的交流方式、教与学的方式发生改变，教师不再一味地灌输，学生成为一个真正意义上的意义知识建构者，更加强调以学生为主体的教学方式，以互联网之便更加充分地发掘学生的潜能。面对复杂的互联网世界、海量的信息，教会学生如何应对，成为教育的时代主题，因此，为适应时代发展的需要，加强学生对信息的选择、加工、组织、处理的能力应该纳入我国的教育培养目标当中。另外值得一提的是，对走进现实生活和培养良好道德与情感的挑战，在访谈类电视节目《十三邀》中，许知远曾表达以下观点，互联网的发展，使得人的附近消失了，所谓的"附近"的消失就是指人在生活过程中与人、环境沟通的这一行为的消失。因为互联网技术所带来的便利能够基本上满足个人的生理与心理需求，饿了可以点外卖，无聊了可以刷短视频，这些行为通过手机就能够独立完成，不需要与他人进行沟通，这样一来，人们将远离真实的生活世界，变得孤独而冷漠，这些都阻碍了对学生良好的道德品质与思想情感的培养，因此，正确引导学生回归生活，合理正确地使用互联网，在真实生活的历练中推动学生身心的全面和谐发展成为挑战之一。

2.互联网技术对课堂教学改革的冲击

毋庸置疑,互联网技术对教育领域的影响最后会直接作用于一线的课堂教学,我国于1994年开始,有关部门就开始着手远程教育平台的建设和使用,1996年建立我国第一家网校——国联网校,并且凭借2007年可汗学院的成立,以及随后建立的Coursera、Edx、Udacity等一系列影响较大的线上教育平台受到市场的追捧,引起了中国互联网领军产业的重视,此后我国互联网教育产业的数量快速增加。在此背景下,我国相关教育信息化的政策也开始陆续出台,此后有一系列相关的教育信息化政策出台,从国家层面为教育信息化的主要形态"互联网+教育"的发展保驾护航。在国家政策的自上而下的支持与保障市场积极的发展的双重作用下,互联网技术对课堂教学改革的影响越发显著,首先体现在教育资源的共享化、丰富化、全球化,互联网作为一个庞大的资源库,存储着大量的信息,它们以数据的形态相互关联,构成了全球广域网,其中能够应用于教学的信息不仅丰富、共享,而且可以随时随地获取,推动教育公平化。其次,教育内容多媒体化,让课堂不再局限于黑板和书本,声音、图片、视频等多种媒体的参与,使得教学更加生动有趣,同时还能够通过超链接将需要的资源更为有效地进行教学内容整合,以便更好地为教学目标服务;教学过程个性化、自主化,在互联网技术的支持下,学生可以根据自身的实际情况对学习内容、学习进度、教师等进行自主化的选择,而且不受时空的限制,极大地落实了以学生为主体的教育理念。最后体现在学习的终身化,凭借网络技术的发展,人们处处离不开互联网、时时离不开互联网,手机、平板、电脑等电子设备的微型化,也使得人们可以进一步实现能够随时随地学习,全民皆能十分便捷地学习,课堂不再局限于教室,为实现终身学习、实现学习型社会奠定了扎实的基础。

二、"互联网+"下的教育智慧

2009年,IBM第二次发布了与"智能地球"相关的倡议,并在其中专门谈到了中国。会议名为"智能地球应该在中国",随后的主题演讲"建设智能地球",将智能地球提升到国家战略层面。"智慧地球"概念提出之后,

"智慧城市"和"智慧医院"等概念被提出并应用于实践。随后,教育研究专家提出了"智慧校园"和"智慧课堂模式"的概念,并对其建设思路、关键技术和框架进行了探讨和研究,取得了一些成果。

(一)"智慧校园"建设

智慧校园的概念涉及范围比较广泛,它运用新兴信息技术,在原有信息化基础设施的基础上,感知和整合教育信息资源、构建综合信息平台、形成教育模式一体化、创建智慧化的环境和空间,是对教育、管理、技术和服务的总体概括。因此,智慧校园应坚持以人为本的核心理念,通过物联网、大数据、"云计算"等先进技术手段搭建智慧平台,购置针对性的应用系统,从而提高教师的信息化素养,教师利用智慧课堂模式生成智慧学生,推进智慧教育下的新式教学关系和师生关系。即首先在以人为本的前提下,通过物联网、互联网等先进技术手段构建智慧环境,形成物物相连互通,实现资源共享、信息交流的基础平台;然后通过大数据、"云计算"、人脸识别等新兴技术在平台上配置相应的应用系统,实现不同的教学和管理功能,尤其是创设智慧教室应用系统等打造智慧课堂模式,构建教学主阵地;最后催发和提高教师信息化教学能力,利用智慧课堂模式的生成性特征培养新时代的智慧学生,成就智慧教师,最终建立和形成智慧教育新模式,重建师生关系。

通过构建"智慧校园模式",确定智能校园与智能教室和智能终端的模式一致。这是一个需要按照多维度和使用范围进行划分,为智慧教育服务来规定智慧教育的学习空间。智能学习环境在感知学习者的学习情况的基础上,有效识别学习者的优点,能够为他们提供实用性强的学习资源和方便交流的互动工具,自动记录学习过程,测试学习结果的学习场所或活动空间,形成学习情况报告和综合素质评价报告,提高学生学习效率,科学评价学生。

2016年,教育部将"智慧校园"纳入当年的教育工作重点,"智慧化"校园的建设热潮在我国各地迅速掀起。最早提出智慧校园建设的浙江大学基于"云"智慧平台,在2010年,该校已建立属于自己的智慧校园建设实验基地,并在5年内完成智慧校园的建设,这是国内第一家将"智慧校园建设"纳入学校规划的大学。此后,国内对智慧校园的关注度呈上升趋势,成为信息化教育学者的研究热点,自此智慧校园建设的序幕全面拉开。自高考制度改革以后,不再是以单一的教学质量为评价标准,新的高考评价体系发生了巨大的变化。学校要首先为师生创造这种教与学的环境,有完整的、全面的、切实可行的学习平台和教学方式,体验和感受互联网时代下先进技术、大数据、人工智能、物联网等带给教育和学习的变化,建设智慧教室、打造智慧课堂模式。从而教师运用智慧课堂模式以学生为主体,引导教学,启迪学生,学生也能够在整个智慧学习过程中关注自己的内心需求,寻求适合自己的发展方向。这才是学校与教学评价体系的一致目标。所以,智慧校园的创建除了是时代的需要也是当今教学评价体系的功能需求。

在智慧校园的构建中,物联网可应用于校园卡管理、图书借阅归还管理、师生出勤情况管理等。在学习方式方面,课外研究性学习、泛在学习和移动学习等学习方式都离不开物联网技术的支持,从技术上服务人与环境的交互协作,使得教育教学过程中得到更多的物质信息资源,使得学习方式更加开放创新。概括国外智慧校园建设的研究特点是:①近年来,国外高校对智慧校园建设有着不同的发展愿景。美国斯坦福大学利用物联网和大数据技术节约能源成本;2017年,印度马哈拉施特拉理工学院发布了一项名为"从碳足迹到校园指纹"的智能校园云网络倡议,通过物联网系统和大数据分析技术实时监控校园公用设施的消费模式;2019年,西班牙马拉加大学致力于扩大"智慧校园"的研究和概念,并将大学校园转变为小型智慧城市,以支持有效的区域管理和创新教育与研究活动;2020年,洛杉矶社区学院区将建立连接大学和社区的可再生能源建筑和系统,并通过校园和社区共享实现可持续治理。由此可见,国外的智慧校园建设在硬件和技术方面都是领先的,很多先进设备都已经跨校园、跨国界,而且已经使用多年有了明显的成果。我国在智慧校园建设研究方面在后续研究中应取长补短,在个性化学习和尊重人的个性发展方面应该去借鉴和学习,努力提升我国教育信息化水平,保障我国智慧校园的健康长远发展。②智慧校园建设的研究对象多数为大学,中小学较少。原因诸多,但可能是因为大学与中小学存在建设功能上的区别,大学智慧校园主要应用于教学教务管理方面,空间大局限性小,易于研究和创新;而中小学的重点在于基础教学和习惯养成等方面,可能有研究的局限性,可见智慧校园建设在中小学中的研究存在一定的问题及困境。③关于技术的无限依赖和无节制地升级利用,所带来的一些负面性因素,文献中没有提到。另外,关于智慧课堂模式上智慧教师和智慧学生的塑造养成方面,以及智慧校园建设以后所形成的智慧型师生关系等都没有单独进行介绍。综上国外研究,在智慧校园的硬件基础设施建设方面,在应用设备管理方面都较先进地利用了最前沿的技术,辅助和提高着学生的学习效果。

近几年以来中国在智慧校园建设方面的研究可谓是井喷式上升,在内容上早期的文献多数是介绍关于智慧校园的概念界定、框架组成、功能实现等基础建设方面的实施和规划、研究和探讨等。但是从2016年以来已经开始关注智慧校园建设的应用和应用中出现的问题以及规避策略等,并且开始逐渐关注人的主体地位、技术的创新和学校的发展等,但多数还是以大学的智慧校园建设为主要研究对象。因此我国大学智慧校园的研究内容和研究视角需要找一个全新的智慧校园建设的突破口、新维度,这也必将是未来智慧校园的建设和发展的引领方向。

(二)"智慧课堂模式"建设

社会生产力的提升引领着经济、科技、社会和教育领域的转型升级,促使着它们发生日新月异的变化。新一代信息技术正在以不可阻挡的趋势融入教育领域中,彻底改变教育环境、手段、理念、模式等,促使教育领域的发展步入智能化阶段。凭借社会的不断演进,科学技术为教育教学的发展提供了新机遇,课堂作为育人的重要渠道,在时代的推动下不断升级发展。①传统课堂教学中教学环境、教学互动、教学手段、教学方式、教学评价等方面都存在着局限性,学习内容和学习手段都已无法满足学生

---

①唐斯斯,杨现民,单志广,等. 智慧教育与大数据[M]. 北京:科学出版社,2015.

的个性化学习。在教育信息化的背景下，不论是翻转课堂、慕课、混合式课堂，还是智慧课堂模式，都显示出勃勃生机。智慧课堂模式的诞生绝非偶然，能够从事物的起源来理解事物，相当于从事物的本质来理解事物[①]。因此，需要对智慧课堂模式追根溯源，从本质上对智慧课堂模式进行理解，了解智慧课堂模式的发展历程，探讨智慧课堂模式诞生的内外驱力和提出契机。

凭借课堂教学改革的推进，课堂教学理论的构建，课堂教学课题研究的展开，全国课程改革实验区的引领，课堂教学开始关注学生参与，开始探索新的组织形式，开始创新教学模式，开始用动态生成的观点塑造课堂。人工智能促使学习方式发生了变革，个性化教育和终身学习不断得到支持，刺激了跨学科发展，引导了教师角色发生转变，提升了学习者的学习效率和学习兴趣等。然而凭借技术的升级，不只满足于以上的改变，人工智能技术将为教育产业带来更多未知的机遇和挑战。新一代信息技术正迅速而有力地融入教育领域，它们推动教育领域的变革，引领教育技术掀起新浪潮，推动物联网和互联网协同发展，构建智能个性化学习环境。正是在这样的背景下，课堂受到了直接的影响，智慧课堂模式在信息技术的支撑下诞生。新一代信息技术对教育而言已被证实是非常重要的，充满技术的智能化的课堂更是孕育学生智慧的摇篮，课堂互动参与的增强，课堂教学模式的改变，使学生可以更深入地参与协作，获得丰富生动的学习体验。因此，智慧课堂模式的发展是新一代信息技术发展的必然，也是信息技术对于人类教育之重要价值的突出体现。

然而，固化的教学理念和学习观念，一成不变的课堂教学环境，沉重的教学任务等，都使得教师学生很难跳出传统课堂教学模式的大框架，都很难使课堂焕发出新的活力。因此，智慧课堂模式诞生的根本动力来源于课堂本身，来源于课堂变革的内部需求，传统课堂中的问题弊端凭借时代发展逐步显露，课堂问题不能就此放任不管，课堂发展不能就此止步不前，课堂教学必须创新发展，立足现实，面向未来。课堂自身的变革呼唤

[①] 刘邦奇. 智慧课堂模式[M]. 北京：北京师范大学出版社，2019.

着智慧课堂模式的出现,智慧课堂模式依托新一代信息技术改造原有的课堂学习环境,变革课堂教学形态,能在一定程度上解决传统课堂教学过程中存在且无法解决的问题,缓解学校规模化教学与学生个性化需求之间的矛盾,转变学生被动接受的学习方式,改变教师机械的教学行为,扭转静态浅层的师生互动,通过智慧教学来锻炼学生的能力,实现学生个性、全面的智慧发展,改变学校生活,增强学校活力,是迈向未来高质量教育的一种新尝试。智慧课堂模式实现发展既取决于课堂自身改革的内生需求,也取决于多重复杂的外部推力。从技术环境来看,新一代信息技术的更迭发展使其影响范围增大,逐渐扩大到整个教育领域,从软硬件上为智慧课堂模式的发展营造了智能化的技术环境。从法制环境来看,我国以法律的形式来明确教育公平和均衡发展,更是在新的时代背景下探寻实现教育公平的新路径,从国家法治要求上为智慧课堂模式的发展营造了良好的法治环境。从教育环境来看,教育信息化推行实施在经历四个重要阶段后,已经取得了丰硕的成果,从阶段发展中为智慧课堂模式的发展营造了信息化的教育环境。从社会环境来看,人才培养目标凭借社会需求的转变而产生变化,人才培养目标的转变对现行教育系统变革提出了要求,从新的培养要求上为智慧课堂模式的发展营造了发展的社会环境。

第三节 "互联网+教育"的作用

一、"互联网+"助力教育延伸

从应用的角度来看,互联网适用于很多领域,教育也不例外。人工智能的应用以解决教育问题为基础,从教师和学生的需求出发。为了减轻教师批改作业的负担,及时反馈给学生,使评价更加高效、客观,自动评价技术的应用创造了许多智能评价系统,如科大讯飞启明智能评价系统,可以评价多学科、多问题类型,以及流利的口语应用程序,可以为学习者的英语口语评分。为了帮助教师进行智能化、个性化教学,利用专家系统技术开发了智能导师系统(ITS,Intelligent Tutoring System)。智能导师能够清楚地了解学习者的学习行为、认知风格、能力水平和情绪状态,从而推荐合适的学习资源和方法,为学习者制订学习计划,更不用说记录、分析、反馈和评估学习结果和学习特点了,智能导师可以从各个方面满足学习者的个性化学习需求。教育机器人的诞生证明了人工智能在教育中的广泛应用。从陪伴儿童玩耍和学习的陪伴机器人,到协助教师在课堂教学的教师机器人,再到帮助特殊儿童的服务机器人,教育机器人正变得越来越普遍,它们提供的教育服务也逐渐多样化。

与此同时,机器人教育也进入了我们的视野。通过设计、组装、编程和运行机器人,学生可以锻炼批判性思维和计算思维,培养动手操作能力和实践探索能力,在团队合作中锻炼沟通与合作能力。智能机器人在教育教学中的应用,使教学更加多学科化、技术化,更有利于科学、技术、工程、艺术、数学一体化的STEAM教育的发展。在STEAM教学中,机器人可以帮助教师将工程概念转化为实际应用,将科学和数学概念融入现实世界,从而消除科学和数学的抽象。

可以从以下六个方面去理解"互联网+"对教育延伸的推动作用:

第一,新的空间,即教育网络空间与云和网络相融合。网络空间是新一代信息技术的载体和支撑环境,是推动"互联网+教育"发展的基础性工作。"互联网+教育"是由物理空间、社会空间和网络空间支持的未来教育。推进"互联网+教育",必须建设特色教育网络,确保教育网络空间的绿色安全。完善平台系统,实现多个教学平台互联互通、数据交换、协同协作。逐步普及个人终端,努力使每个学生实现网络空间的标准化应用。我们要加快学校数字环境的转变和智能升级,积极探索未来互联网背景下的学校新形式。

第二,新的模式,即合理利用网络空间进行优化教学实践的创新方案,这是教育信息化的重要成果。近年来,我国教育信息化实践出现了值得推荐的新兴模式,值得教育学者关注。新模式能有效地解决教育矛盾,进一步为实现教育高水平发展提供了可靠的意见。在推进"互联网+教育"发展中，不仅仅要在教育领域内形成鼓励和支持创新的良好氛围和前提条件，有效地激发创新活力，而且我们也应该注意到积极挖掘和推广创新的模式，让创新深深植根于教育，作用于教育。

第三，新的产业地位，即在互联网教育应用下培育的新机构、新产业、新角色，需要及时完善相关管理体制和机制。第一个值得注意的是，数据管理和服务部门的职能与网络中心的职能不同。它是教育数据资产管理、数据挖掘和数据服务的关键。第二个值得注意的是平台运营部，其职能不同于网络技术运维。它是平台服务业务的运营，是决定平台服务模式运营水平的关键。第三个值得注意的是校外在线培训机构。这些机构呈现出失控的疯狂增长态势，需要加强监管，有序发展。第四个值得注意的是，互联网教育中出现了新的角色，如教学设计师和在线学习服务提供商。新角色对高校职业认证标准、人才培养和岗位管理体系提出了新的要求。

第四，新要素，即网络空间教育应用中的新要素，是教育创新需要特别关注和研究的对象。第一个值得关注的新元素是平台，是教育网络空间服务窗口和功能的体现。在大众化时期，师生普遍批评平台过多、跳跃烦琐、频繁堵塞或崩溃、使用不当等问题。最根本的原因还是在于整个互联网空间的平台系统不完善。第二个值得关注的新要素是数字资源，教育理念、内容、活动的集合和载体。长期以来，我国高度重视优质数字资源建设，积累了优质资源。但资源服务模式主要是供给驱动的静态资源服务模式，即学校准备资源，师生在资源选择和资源优化中的作用较弱，大量数字资源利用率低，缺乏优化机制。第三个值得关注的新因素是数据，是利用人工智能等技术实现精准教学和科学管理的基础。目前教育数据管理存在两个问题：①数据孤岛。数据互联和有效集成尚未实现。数据不足严重影响了大数据、人工智能等技术在教育领域的应用水平。②教育数据安全存在隐患。教育数据的保存和使用缺乏道德和隐私安全管理机制。

第五，新的机制，这是推动教育创新、支持新理念和新模式的新机制。实施"互联网+教育"需要强有力的推进机制，体制机制创新是实施"互联网+教育"的重难点。教育创新的活力需要教师评价机制、教育评价机制等制度激发。教育创新成果需要有保证单位认证和成果转化机制、学习评价机制、购买服务机制等可持续发展的制度。实践证明，"互联网+教育"对现有的教育体制、业务流程和服务模式提出了挑战，迫切需要进行制度和机制创新。

第六，新的理念，即新知识观和新本体论，是"互联网+教育"的重要指导思想，是互联网推动教育创新的重要理论成果。互联网重塑了知识的内涵，网络中出现了新的知识类型：海量网络知识、动态主观知识、情景操作知识和以往零碎的知识。互联网改变了教育的性质。与封闭式学校教育不同，"互联网+教育"的新本质是互联互通。"互联网+教育"的本质体现在三个方面：①在学习方面上，要关注学习者的信息网络。联通是一种非常重要的学习方式，它可以帮助学习者构建一个动态的、可持续的、更新的信息网络，从而推动学生的发展。②在教学方面上，要注意物理空间与网络空间的联系，利用线上线下的融合，推动教学方法和组织方式的改革。③在组织方面上，要注重各个系统之间的相互联通，推动资源上的共建共享、数据融合共享，推动教育与社会协调发展。

二、"互联网+"推动教育创新

自德国提出工业4.0概念以来，以新兴数字技术为主要驱动力的第四次工业革命逐渐在全球蔓延，传递着创新和智能互联的理念，强调网络化、信息化和智能化的深度融合。这一宏观环境营造了鼓励创新和智能制造发展的积极氛围，极大地刺激了信息技术的发展，正是信息技术的创新和稳步升级为教育与技术工具的结合铺平了道路。另一方面，现实情况的复杂性对技术工具的优化提出了新的要求，这就产生了现实困境刺激下技术升级的动力源泉。因此，可以说，信息技术的发展与社会现实是相辅相成的。二者在双向互动中实现各自的进步和优化，而具有强大优势的信息技术被称为摆脱现状的解决方案，并开始出现在教育创新领域。

比如说,"云计算"技术,它包括各种技术的集合、安全的数据存储、便捷的云服务、无限的可能性、动态的可扩展性、按需服务、低成本等。"云计算"技术推动了学校教育信息化的进程,其特点更容易在教育领域得到应用和推广。在教育资源方面,"云计算"可以通过互联网在云服务器集群上传和存储本地独立的教育资源,由云服务提供商统一管理,节省用户的时间和精力。此外,用户可以通过设备上的关键字搜索轻松快速地获得所需的教育资源。同时,用户可以上传自制教育资源与他人共享,修改和补充现有教育资源,推动教育资源的开发、共享和完善。在学习方式上,"云计算"影响了学习理念的形成和发展,更适合个性化学习和主动学习。学习者不仅可以根据需要主观选择学习资源,还可以享受各种人性化的服务,如智能化的数据处理技术、数据检索等。

在此基础上,学习者可以灵活切换学习方式,将协作学习、移动学习和在线学习联系起来,提高学习效率和学习能力,取得良好的学习效果。在平台开发方面,"云计算"的优势可用于创建教育领域应用的网络平台。无论是整合教育资源共享的教学平台,还是服务于学习者的开放灵活的学习平台,"云计算"都为师生提供了优质的资源、服务和环境,更好地推动了教学方法和内容的创新和发展。在教育形式上,"云计算"推动了远程教育的发展更加多样化,远程教育云应运而生。远程教育云是"云计算"技术在远程教育领域的移植。它通过虚拟化将资源传输给远程教育机构和学生[1]。

从这个角度出发,"云计算"推动了教育形式的创新和发展,为创造新的教育形式提供了技术支持,催生了新时代的新教育和新技术,使教育更加多样化。

同时,大数据在教育中的应用越来越深入。起初,咨询公司麦肯锡(McKinsey)从大量"数据集"中主观地定义了大数据。在我国,大数据是从三个层面定义的:第一,海量数据,包括不同类型的数据集;第二,新的数据处理和分析技术;第三,有利于数据分析形成价值观。大数据的特点可

---

[1] 埃德蒙. 别国的学校和我们的学校[M]. 北京:人民教育出版社,2001.

以简单概括为大容量、高速、多元化以及高价值。

此外,凭借大数据技术的发展,大数据已经逐步渗透到包括教育在内的诸多领域,出现了一个新的概念,即教育大数据,它是指依据教育需要而收集到整个教育活动中所产生的一切数据。它在教育发展中的应用将创造巨大的价值。教育大数据的独特性使其在教育领域得到了多种形式的应用。

从国家层面来看,在制定和调整教育政策时,可以利用直观的变化和详细可靠的数据进行决策,使教育决策更加全面、客观和科学。同时,通过对一些教育现实的数据处理和自动分析,可以帮助决策者更清楚地把握当前小问题的现状,获得的信息更全面、更有价值。

从学校层面来看,最重要的是学校管理,学校管理已经从手工管理转变为借助大数据的智能管理。从学校资产管理到办公自动化管理,从教务和科研管理到学籍和单位人事管理,通过数据收集、汇总、挖掘和分析,可以在必要时对大数据进行监控、管理和可视化。大幅度提升学校管理的数据理念,拓展学校管理的内容,创新学校管理方法,重塑学校的管理职能。

从个人角度来看,大数据中的学习分析对个人有很大帮助。一方面,它可以跟踪学习行为生成数据,了解学习者的实际学习状况,调查学习者的学习体验,根据学习行为分析数据为学习者推荐更有针对性的学习资源,灵活把握学习者需求的变化,提供科学的学习策略建议。精细化的数据记录和个性化的服务推送,让普通的学习变成个性化的学习,了解自己的学习状态,作出适当而顺从的决策,更好地进行适应性学习。另一方面,对于教师而言,详细记录教师的整个教学过程,并通过数据分析掌握教师的教学特点、优缺点,从而推动教师进行教学方法优化,教学成效得到进一步提高。通过智能教学平台,教师可以清晰直观地了解学生的学习变化、学习偏好、学习兴趣点、学习进度等,从而调整教学安排,实施更有针对性的教学。

同时,教师作为课程资料的研发者,可以通过挖掘学生对课程资源的一系列操作数据,优化现有课程资源,发现隐藏的课程资源,从而改进和更新课程资源的结构和内容,进而构建自己的课程资源库,生成大量的高校课程资源,实现课程资源的共享、交流和学习。在这一过程中,教师从讲授内容的人转变为引导方式的人,引导学生进行个性化学习、协作学习等,引导学生进行大数据背景下的智能学习,因材施教。此外,大数据还影响着教师的专业发展。有学者提出,学习分析可以在专业发展和在线教学中提高教师的学习效率和教学效率,在领导管理和研究探索中可以提高教师的管理效率和研究绩效。大数据的出现,要求教师转变专业思维,提升专业知识,提高专业能力,以自身的硬专业素质迎接新的挑战,用自己的力量掌控教育大数据,让大数据更好地为自己的教学服务。

第二章 互联网视域下教育的理念及模式探析

第一节 网络教学模式

一、教学模式相关概述

(一)相关概念

最先系统研究教学模式的为美国的乔伊斯(Bruce Joyce)和韦尔(Marsha Weil),他们分析了许多教学模式,并将其归纳为社会、信息处理、个人和行为系统类型。他们认为,教学模式是一种学习模式,它教会学生如何在获得信息、思想、技能、价值观、思维方式和表达方式的过程中进行学习[1]。在《教育大辞典》中教学模式被解释为一种特定的教学活动结构,它反映了特定教学理论的逻辑轮廓,保持了特定教学任务的相对稳定性。它具有直觉性、假设性、近似性和整体性的特点[2]。有研究者将教学模式解释为在教学思想指导下,围绕教学活动的内容与主题形成的相对稳定,系统化和理论化的教学范本[3]。有研究者将教学模式解释为教学经验的系统总结,是教学理论在教学过程中的具体化,是教学程序和实施方法的简要描述[4]。有研究者将教学模式理解为实施教学互动活

---

[1] 乔伊斯,韦尔,卡尔霍恩.教学模式[M].兰英,等,译.北京:中国人民大学出版社,2014:5—6.
[2] 顾明远.教育大辞典11[M].上海:上海教育出版社,1991.
[3] 李秉德.教学论[M].北京:人民教育出版社,1991.
[4] 郭立昌.关于中学数学教学模式的几点思考[J].数学通报,1998(05):13—15.

动的结构框架和活动程序[1]。有研究者认为教学模式需要可操作、可重复,并且具有明确的理论结构,是教育、教学理论指导下教学经验的总结与升华[2]。

从不同的定义和解释可以看出,教学模式主要分为过程理解和结构理解。过程理解是指将教学模式理解为一个教学过程。它是一种教学风格,是一套与教学相关的程序和策略体系。综上所述,笔者认为教学模式是指在一定的教学理论和学习理论的指导下,根据学生的科学探索和科学实践经验,以及教学结构改革和发展的理论框架,形成的具体可操作的教学程序和策略,培养学生提出科学问题的能力。

(二)教学模式的发展

到2020年,凭借教学模式的发展,由于信息技术的介入,传统的课堂教学环境产生了新的学习方法、教学形式和教学模式。新时代我国社会的经济、政治、文化在面临全球化深入发展这一宏大叙事背景的挑战下,传统教育模式和教育理念已不能很好地适应时代发展要求,教育部对全面深化课程改革进行了部署,随着网络技术的发展,教学模式又经历了新的发展点。教学模式的定义更加完善,架构更加智能化,应用场景更加广泛,平台功能更加全面,实际应用更加成熟。总体而言,持续发展的教学模式突出了智能时代新教育教学的特点,体现了信息技术与课堂教学有效融合的深度,符合时代潮流和国家政策方向,符合教育信息化未来的发展方向。

(三)教学模式的组成要素

教学活动的顺利进行有赖于教学模式的科学指导。教学模式实际上是教学实践的简化和系统化。其实质仍然是一个完整的教学体系。它从特定的角度和位置反映了教学规律和教学实践。虽然目前对"教学模式"的研究越来越多,但在教学模式的构成要素上差异不大。布鲁斯·乔伊斯(Bruce Joyce)、玛莎·韦尔(Marsha Weil)及艾米莉·卡尔霍恩(Emily Calhoun)

---

[1] 闫东. 层级互动式教学模式及其在高中数学教学中的实践探索[D]. 重庆:西南大学,2016.
[2] 毕渔民. 数学五环活动教学模式研究[D]. 哈尔滨:哈尔滨师范大学,2016.

提出了根据权威著作《教学模式》对现行教学模式的分析,提出了教学模式构成的分析。因此,教学模式的构成如图2-1所示:

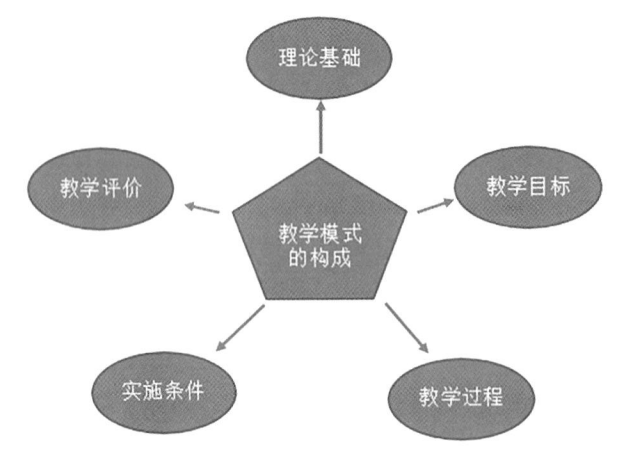

图2-1 教学模式的构成

1. 理论基础

教学模式是基于理论基础的,教学模式能够反映出一定的教学思想或理论。任何教学模式的构建是由一定理论基础作为支持和指导。不同的教学模式是由不同的教学观念所支撑,所以,教学模式也是相关理论的具体实践,教学模式的实践为理论的形成赋予了实践意义。两者在一定程度上相互辅助,理论指导实践,实践反过来又影响理论的调整和优化。

2. 教学目标

教学目标是教学活动的最终出发点和归宿。任何教学模式的最终目标都是实现教学目标。因此,教学目标是教学模式的核心,在其他要素中起着制约和决定作用。教师和学生通过教学评价的反馈来测试教学目标的实现情况,并根据教学反馈修改教学活动和计划。

3. 教学过程

教学过程是教学模式中最关键的部分,是整个教学活动的步骤和程序,体现了教学活动的逻辑性以及操作性。通过规定教师和学生在教学活动中的不同顺序,以及在一定阶段应完成的具体教学任务,它对教学活动具有指导意义。同时,由于理论基础的不同,每种教学模式呈现出不同的教学程序和过程,这也是不同的教学模式具有独特性的原因。应该指出,任何教学模式的教学过程都不是机械的、一成不变的,需要根据时间、材料和人员灵活建立和调整。

4.实施条件

实施条件是指教学模式的内部和外部因素,如教师和学生、教学环境、教学设备、软硬件支持等。实施条件规定了教学活动的适用条件和范围,为教学活动的顺利进行提供了保障。它们是比理论基础更具体的指导和要求。因此,在构建教学模式时,应提出明确具体的操作要求。凭借教育信息化的不断发展,信息技术在支持教育方面发挥着越来越重要的作用。教育逐渐与信息技术相结合,迫切需要构建以信息技术为支撑的教学模式。

5.教学评价

教学评价是评价教学活动实施效果和实现教学目标的标准和方法,有助于教师完成教学目标。不同的教学模式有不同的教学目标和评价标准。

总之,教学模式的五要素既独立又互动。在设计教学模式时,不仅要分析每个要素,还要考虑教学模式的特点。根据教学实际情况,科学、完整地构建教学模式。

二、网络教学模式的特点

"互联网+教育"的网络教学不同于传统的课堂教学,有其自身的特点。网络教学是基于信息技术环境下的一种新的教学方法体系,是网络教学的显著特征。在网络教学中,时空分离的师生需要各种学习体验来重构学习共同体环境,而大规模、长时间的网络教学使其有别于传统的课堂教学。根据实践现状和因素分析,构建了"互联网+教育"的教学模式,如图2-2所示。

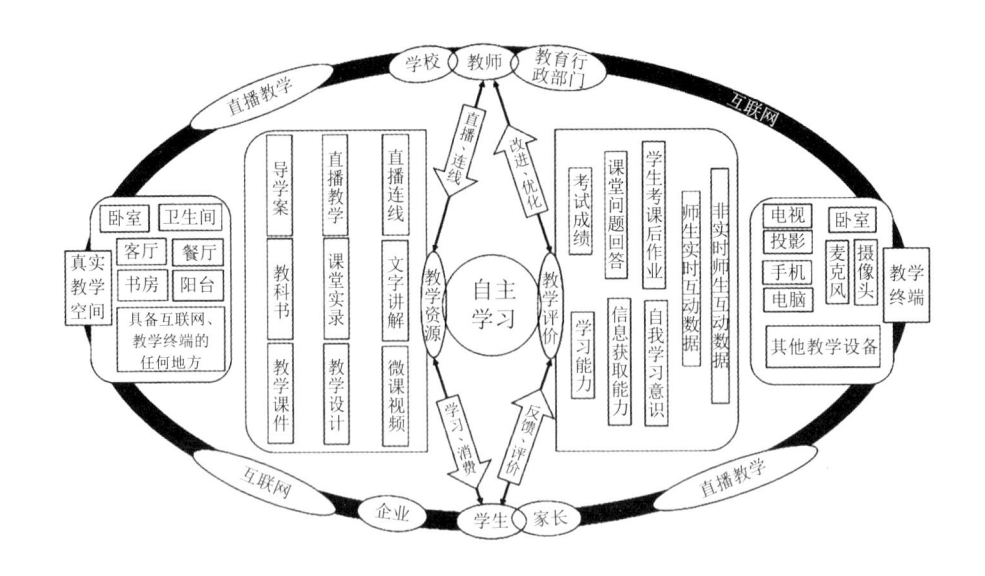

图 2-2 "互联网+教育"教学模式图

图中黑色椭圆表示互联网,通过互联网将各主体和要素进行连接,为其互相作用提供条件,保障网络教学的实施。在整个"互联网+教育"模式中,教师与学生通过教学资源、教学评价而开展具体的教学活动,通过线上交流及互动,围绕学习者进行教学或学习者自主学习。如何有效利用教学资源进行自主学习成为学生学习的关键内容,如何利用教学评价资源为学生提供更适切的教学资源成为教师教学的关键内容。网络教学各组成要素中,虚拟教学空间、教学终端、教学平台是基础的支撑;教学资源是知识内容的重要形式和载体;组织及服务是学习效果的保证,在具体的教学流程,各要素协同形成"互联网+教育"生态。因此,网络教学模式主要有以下特点:

(一)教师创新教学资源

教师根据学生特点进行教学资源的整合,包括一些现有资源,如出版的教材、学习指导案例等;在这些现有资源的基础上,教师还应根据学生的特点和教学目标生成新的教学资源;一些以前制作的课堂录音和讲解音频。整合这些生成性的优质资源,并在教学平台上共享,将这些资源转化为新的资源。教师的主要工作是整合和生成优质的教学资源,然后根据学生对资源的使用情况优化新的资源。传统的课堂教学过程正逐渐被不断发展的优质教学资源所取代。教师成为学习的推动者、资源的集成商、互动的困惑者和情感的支持者。大规模、长时间的网络教学是教学资源的"试金石",优质的教学资源可以不断创造和优化。

(二)学生利用资源

自主学习的学生是教学资源消耗的主体,他们有探索新知识的欲望。然而,各种教学资源参差不齐。那些不适合他们的教学资源会打击他们的学习兴趣,导致他们厌学。什么内容适合学生以什么方式学习?对于简单的知识,可以提供书籍和图片,学生可以独立消化。对于复杂的知识,有必要通过视觉讲解、演示、小组讨论、个人体验等方式帮助学生理解。网上形成得好的讲解,只要改动不大,就可以保存到教学平台上,然后再编辑处理,供其他老师重复使用,提高教学效率。

(三)教学评价推动资源演化

网络教学资源评价是指学生在使用优质资源的过程中所提供的反馈;评价内容可以包括考试成绩、课后作业完成情况、师生互动数据等。对于上一轮教学或其他区域教学中出现的问题,当学生再次遇到类似问题时,可以在教学平台上找到相关内容。如果没有找到,学生需要询问老师。教师根据学生的问题改进和优化教学资源,探索和开发新的资源,或更新资源以弥补原有资源的问题,从而形成一个巨大的、不断发展的资源库。此资源库是共享的。当学生不能独立学习时,教师根据学习阶段和年龄特点安排教学任务。一旦学生的自主学习能力达到学习阶段的要求,学生就可以在知识的海洋中畅游,依托学习平台实现个性化学习。即使学生离开学校,学生也可以在平台上继续学习学生感兴趣的东西,实现终身学习。"互联网+教育"的每一个要素都有其自身的功能和特点,并且彼此密切相关。一个元素不能替代另一个元素,每个元素都是不可或缺的,主要元素相互支持。在组织和实施教学时,我们应该从系统的角度审视网络教学的生态,充分整合和应用各个要素,以提高教学的有效性和适宜性。在信息技术的支持下,网络教学应该用网络思维来认识和理解。网络作为网络教学的传播媒介,具有快速传播和数字化的特点。网络教学不同于将课堂教学转移到网络上。在网络教学活动中,学校、教师、学生、家长等教学主体需要利用教学平台完成自己的任务或达到自己参与教学的目的。在网络教学中的体验关系到每个学习主体的学习感受,每个学习主体的学习感受关系到学习效果。我们应该用"用户思维"和"体验思维"来审视"互联网+教育"的网络教学内涵,努力为学生提供更多有利于知识建构的教学资源。

三、网络教学模式应用原则

一个好的教学模式需要综合考虑技术性、自主性、发展性、适切性四大基本原则。

(一)技术性原则

技术性原则是"互联网+教育"的本质要求,是"互联网+教育"开展实践的首要原则。"互联网+教育"涉及多种技术及领域。"互联网+教育"网络教学环境是以网络和信息技术为基础的。师生在参与网络教学活动时,必须掌握一定的信息技术应用能力,如学习平台的使用、网络教学资源的检索和获取等,网络教研共同体环境下师生之间的交流与互动。师生必须掌握相应的信息技术应用能力,并具备相应的媒介和信息素养。只有这样,才能巧妙地利用网络教学资源和平台,顺利开展网络教学,确保网络教学效果。

(二)自主性原则

网络教学的核心本质是在时空分离的前提下实施教学。教师和学生处于时间和空间隔离的两端,在虚拟社区(班级小组、电子社区、在线学校)中开展学习活动。这种分离使学生在课堂教学体系中失去了教师的监督和课堂气氛,缺乏对教师的纪律监督和教学组织。一方面,学生的学习注意力下降,学习注意力分散;另一方面,缺乏教师的学习组织和学习指导。学生的学习方式主要是自学和跟踪。自主学习能力和学习意识是学习者在物理时空隔离状态下必备的素质。网络教学中的学习者以积极主动的态度参与学习。学习者根据自身情况制定学习计划、学习目标,并进行自我调节和管理。

(三)发展性原则

在"互联网+教育"中,不仅学生的知识水平得到了提高,而且学生学习能力的发展更为重要和长远。"互联网+教育"网络教学的目标不应局限于实现知识目标,还应包括提高师生在"互联网+教育"环境中的学习意识和能力。网络教学过程体现了师生终身学习意识和能力的要求。在"互联网+教育"的实践中,要注重发展原则,升华师生的核心素质。与传统课堂教学相比,教师在网络教学活动中的角色要求越来越高。教师应担任知识讲师、资源开发设计师、过程主管、学习指导、学习评估师和技术讲师。在这种发展的形势下,网络教学已经大规模开展,大量教师也开始开展网络教学。教师应不断学习新技术,提高专业能力,这也是终身学习的要求。他们还面临着掌握在线教学技术的压力。学生应重视自我发展素养的培养,这主要体现在通过在线学习获得学习课程知识的能力,以及提高利用各种教学资源进行自主在线学习的能力。学习者是网络教学中的重要主体。网络教学的最终目的是推动其发展,通过在线学习获取知识,然后逐步掌握在线学习的方法和技能。在掌握在线学习方法和技能的基础上,学习者可以根据自己的学习情况使用平台、课程、工具等资源。通过这些资源,我们可以培养学生的学习良好习惯,锻炼学生的学习能力,形成独特的学习过程和学习体验,推动学习者独特的自我发展。

(四)适切性原则

教师和学生应该尽最大努力适应各种变化。它反映了教师和学生在多种网络教学模式中的适应性,反映了网络教学模式与返校后原有学校教学模式的融合程度,反映了传统学校教学模式与未来教学模式改革的适切性。2020年,在国务院、教育部等部门的宏观规划下,我国陆续开通了一大批网络学习平台和网络学习课程。这些学习平台和课程极大地满足了大规模网络教学对教学资源的需求。在具体实践中,不同地区、不同学校和不同学生都有针对性和个性化的学习体验资源需求。在选择教学支持资源时,应充分考虑当前的教学现状和学习者的特点,对现有的学习体验资源进行编辑和处理,使学习体验资源更加合适,从而提高网络教学的学习体验和教学效果。

四、网络教学模式分类

在教学计划的指导下,不同类型的学校根据实际教学和环境条件组织实施网络教学。大规模网络教学是在短时间内为全国师生开展的,并在不断演变,逐渐体现自身特点,形成典型的网络教学模式。

(一)同步网络教学模式

同步网络教学模式主要用于模拟和还原传统的课堂教学。它对网络速度和计算机有很高的要求。它强调突破空间的限制,在统一的时间内开展教学活动,这与"警惕"教育很接近。课前,老师提前设计课堂,预习课堂上要学习的内容,学生预习内容。课堂上,教师将根据教学设计,在各种学习的直播平台上同时在线授课,以便于教师和学生进行在线的实时互动以及交流。教师可以通过摄像头实时查看学生的学习状态和评价学习效果,从而实现更好的师生互动。这种教学能测试教师控制课堂的能力和教学技能。平台中的实时教师交互是一种很好的教学资源。学习平台存储并重新处理生成的资源,使这些资源可重用。课后,教师布置作业,反思整个课堂设计和未来改进的方向;学生主要完成作业,学生将纸质作业拍照并交给老师。这些作业是教师评价学生学习的重要依据。课后在线进行各种评估测试,以测试整个学习阶段的结果。

(二)异步网络教学模式

异步网络教学模式突破了教学时间和空间的限制,对网络速度和计算机的要求较低。学习时间更加灵活,却比较适用于自主学习能力较强的学生。教师只需关心自己的教学资源是否易于理解、丰富、与学生匹配,所提供的教学资源是否能成为学生的有力支撑。学生主要利用教师提供的教学方案和教学资源进行自主学习,没有时间限制,对学生的自主学习能力有较高的要求。在这种模式下,"班级"的概念被"学习与否"所取代。教学平台成为各种资源的中转站。学生根据教师提供的任务和资源独立学习。师生交互主要通过钉钉群等学习交流群留言异步的方式补偿进行。在评估学习效果时,教师还根据学生拍照作业返回的信息对学生进行评估。目前,这种教学模式主要出现在网络信号较差、学生网络学习基础设施较差的农村地区。

(三)智慧网络教学模式

智慧网络教学模式利用大数据、人工智能等新技术学习,使得优秀教师的上课风格、教学设计、教学内容、教学方式,形成一个自动化的范式。例如,教师需要构建教学过程、教学内容并形成有效的教学资源。学生按照老师指定的过程学习,不仅解决了"眉毛胡子一把抓"学不到的问题,还减轻了老师的工作量。在视频讲解知识点的过程中,系统还会根据讲解进度抛出问答,要求学生进行互动式回答。学生的回答也为解释是否有效提供了依据。目前,这些平台大多不能根据学生的自学情况智能地分配和批改作业;教师还需要根据学生的答案布置作业,并通过回收的作业照片评估学生的学习情况。有丰富的教学资源,包括过程资源、教学设计,大部分教学内容可以自动完成。教师成为学生自主学习的"监督者"。只有及时纠正学生自主学习中存在的问题,才能大大减少教师效率低下的重复性工作。教师需要开发更多的教学资源和更好的更适合学生的项目,如STEAM教学计划。这种模式将是未来"互联网+教育"的发展趋势。

(四)混合网络教学模式

混合式教学的发展是一个循序渐进的过程,从萌芽到成熟阶段,经历了多个阶段的变化,梳理其发展阶段的变化以及现有研究成果有助于我们更好地把握混合式教学研究的发展,凭借教育技术的发展,其内涵经历了多个阶段的变化,由于移动信息技术的应用加入混合式教学概念,混合式教学发展至今其内涵更加丰富,也没有统一的教学模式,不仅包括线上和线下教学的混合,同时也包含着教学媒体、教学方法、评价方法等多种教学要素的混合。因此,混合网络教学模式被认为是基于信息技术平台的支持和先进教学理论的指导下,为达成教学目标,突破时空限制,有效综合传统教学和在线教学的优势,合理运用各种教学要素以达到最优教学效果的稳定的教学活动框架和活动程序,根据需要将线上教学和传统线下教学等多种教学形式进行有机结合,从而实现高效教学的一种教学模式。

前面提到混合式教学是信息技术与教育结合的新概念,其实与同样是信息技术教育发展产物的翻转课堂、慕课也有着紧密的联系。学者张其亮、王爱春基于翻转课堂教学方式,以理论基础为指导,进行了混合教学模式设计[①]。学者胡乐乐在翻转课堂和同伴教学两种教学法的基础之上提出了混合式教学的方式,并将其运用在研究生课程"课程与教学论"中,取得了良好的效果[②]。学者张欢瑞、张文霞、杨芳以课程为例,对该模式下学生学习策略进行了研究,对后续研究的开展产生了重要意义[③]。学者郑咏滟基于英语构建混合式课程,探究混合式教学中如何推进深度学习[④]。综上所述,不论何种网络教学模式都具备各自特点,不存在万能模式,每种网络教学模式都具有其适应条件。网络教学模式整合了各种教学要素,使网络教学顺利开展得到了有力的保障。组织者根据校、师、生现状进行选择基础环境,教学支持和教学模式,在具体实践中探索和创新。

第二节 网络教学模式下教育理念的重塑

一、传统教学模式与网络教学模式关系阐述

(一)传统教学模式向网络教学模式转型的环境

在大数据的催化下,高等教育的教学生态、教学关系以及教学手段都发生了巨大变化,智能技术为教育赋值从而衍生出数量庞大的网络学习

---

①张其亮,王爱春.基于"翻转课堂"的新型混合式教学模式研究[J].现代教育技术,2014,24(04):27—32.
②胡乐乐.基于"翻转课堂"和"同伴教学"的"混合式教学"[J].学位与研究生教育,2017(05):54—57.
③张欢瑞,张文霞,杨芳.基于MOOC的混合式教学模式对英语学习策略的影响研究——以"基础英语听说"课程为例[J].外语电化教学,2019(05):39—44.
④郑咏滟.SPOC混合式教学在英语学术写作课堂中的促学效果研究[J].外语电化教学,2019(05):50—55.

资源体系深刻地影响着大学生的学习方式,也塑造着未来的教育。互联网时代充满了更多的不确定性,对高等教育的人才培养目标和学校形态都提出了新的挑战,十年树木,百年树人,教育行业要实现信息化转型需要久久为功,最终目的是实现"人"的现代化。融合了"互联网+""智能+"技术的网络学习资源为教育转型提供了重要方向。加强大学生对网络学习资源的合理利用,才能使教育信息化建设在教育教学实践中得到实质性应用。

近两年,"网课"一度成为网络热词,这也恰好说明网络学习资源已经改变了大学生的学习方式,深刻影响了大学生的学习形态。同时,使用网络学习资源使大学生具有更大的自主性,有利于高校个性化人才的培养。网络学习资源的丰富使大学生拥有更加自主化、个性化的学习体验,学生可以自由选择上课时间和地点,还可以根据自己的实际情况,根据自身的能力和水平自主选择学习内容、控制学习难度、把握学习进度。

2020年之后,网络学习资源的广泛使用为高校教育教学计划的如期完成提供了极大的便利。网络学习资源相比于传统学习手段有着显著优越性,它可以打破时间和空间的限制,使得大学生网络学习的效果和针对性都有质的提升。

教育乃民生之重,立国之本,强国之基。互联网在为网络学习资源的发展提供机遇的同时,也为大学生的选择和使用、为高校的人才培养模式带来了挑战。一方面,网络学习资源以其共享性、数字性的显著优势反哺了传统课堂,丰富了大学生的学习形式;另一方面,近几年疫情影响下,学校复课复学后大学生身处的网络学习环境也更加复杂,存在面对良莠不齐的网络学习资源无从下手的情况,这就要求网络学习资源与教育技术更进一步融合从而更好地服务于大学生,满足大学生对优质网络学习资源的选择与使用需求。

(二)网络教学带来的教育革命改变了传统教学模式

传统教育对设备的要求很低,而且传统教育中的教学模式过于简单化,教学成效在某些层面上不尽如人意。凭借当今时代互联网的普及,数百万学生加入一个移动终端。教师可以自由选择学习内容、时间和形式。学生可以根据自己的时间自由选择自己感兴趣的课程,这就是"互联网+教育"的优势所在。它打破了传统课堂教学的限制,解决了传统教育在时间和空间上的制约,在教育传播过程中呈现出多样化的形式。凭借互联网时代的到来,教育不再是简单的"文房四宝"。简单的教学设备记忆教学工具已经远远无法满足师生的需要。教育教学的发展发生了巨大的变化。微课、慕课、翻转课堂等新型教学模式在全国范围内得到一定推广,并且也得到合理的运用。网络教学模式不仅克服了传统教学模式中教师与学生的单向交流和互动不足的局限性,而且从封闭式教育向开放式教育转变。由单纯的学校教育转变为以学校为中心的开放教育,打破传统的学校壁垒;从教师的教育工作到学生的积极学习;从应试教育向以培养学生创造力为中心的素质教育转变;从传统的基于知识转移的教学模式,到基于研究、发现、合作、创新的高质量教学模式。因此,目前特别强调的是加强学生在课堂上的主体作用,充分调动学生的学习动机,提高课堂上老师与学生之间的互动性和沟通,使得课堂教学变得灵活。由此可见,教师的任务不只是单纯的教学,而是有意义的教学指导。另外,教学任务还应该包括从单纯的知识共享向科学合理的教学方法和思维习惯的培养转变。

1.网络教学具有个性化和交互性

网络教学的出现使得学校的人才培养模式发生了改变,与以前的大班制不同,现在的大学生更加追求自由和兴趣发展,他们接触到的信息量巨大,这必然就需要一个多元化的平台进行信息的采集和处理。

第一,网络教学为"人"的个性化发展提供平台。在网络教学运用于教育实践的过程中,网络教学的个性化体现在两个部分:一是过程性评价阶段,教师根据后台提供的学生个人学习情况和学习数据建立学习台账,为学生的培养全程护航。另一个是系统性的培养方案,网络教学会根据不同学生的能力测试和基础学情,提出建设性的个性化培养方案,这也为大学生明确了学习目的。在大学生对网络教学的选择与使用中,兴趣是他们能否持续关注的关键因素,因此,个性化的另一个组成因素就是网络教学能否满足大学生的兴趣特点,在实际操作中内容丰富、使用灵活的网络教学能更容易为学生个人兴趣的发展搭建坚实的平台支撑。

第二,网络教学最重要的一个特性是其独特的交互性能。交互性包括三个部分:首先是学生与资源的交互,学生通过学习网络教学中的内容、完成作业和测评,进而完成新旧知识结构的链接,建立新的知识机构体系。其次是学生与教师的交互,随着网络教学的不断改版,大多数资源中会有单独的学习论坛,学生可以给教师留言或发送邮件探讨问题,学生在上课或者使用网络教学的过程中,也会有实时的"弹幕""小窗口"等工具供他们与教师交流,随着师生交流的深度进展,学生的观点也会成为教师教学中的参考意见,这也就是说,教师不再是课堂中的中心角色,学生成为学习的主体。最后是学生与学生的交互,在人工智能技术、大数据技术的加持下,学生在使用网络教学时可以实时同频同步地发布疑惑或者为他人解答疑惑,这种二维的交流也创造了良好的网络学习环境。

2.网络教学具有共享性和数字性

网络教学依托网络传播可以打破时空界限,为大学生提供极大的便利,推动了教育的均衡发展,同时,网络教学又具有复杂的数字媒介可以随时更新资源内容,不断提高网络教学的实效性。

第一,网络教学具有共享性。网络教学的共享性既能满足多个大学生在不同地域、不同时间段共用网络学习空间中的硬件或软件资源,也能在任何联网的终端上传或下载信息,比如网络课件、学习视频、录播课程甚至直播课程等资源。网络教学的出现和发展为打破教育壁垒、促进教育公平提供了可能性,这也是资源共享的终极目的。在网络的平台端口上进行学习资源的共享,具体可以从以下三个层面上进行分析:首先,要积极推进课程资源的有效共享,通过二维码等多种方式进行链接分享,学生们点击或者是扫描以后便可以十分轻松地获得学习资源;其次,在互联网的支撑之下实现网络资源的高度共享。互联网当中拥有着海量的资源信息,在资源数据库的支撑之下,可以让学生们获得更加多元的信息,同时也可以提升资源获取的便捷性;最后,对教学过程当中的重点内容和难点内容进行共享,学生们可以针对自己遇到的共性问题进行交流和讨论。

第二,网络教学具有数字性。数字教育时代使得知识和文化的传播也进入了一个全新的发展阶段,这也为高等教育教学活动的发展创造了更多的契机,为各个学科的教学变革创造了良好的氛围。但与此同时,教学创新也面临着一些困境和挑战。传播方式的动态性和实效性日益明显。在"大数据+"教育、"人工智能+"教育的背景下,信息传递的速度更快,信息反馈的效率更高。数字化的出现,让网络教学的信息传递速度不断提升,信息存储的密度更高,容量更大。借助于数字化信息的存储模式,可以实现在计算机内的高速处理,当然,也让远距离的信息传播成为可能。任何一种资源都可以借助网络的途径在短短数秒钟之内就可以传递到世界的每一个角落。

(三)传统教学模式向网络教学模式转型必然引起教育理念的转变

与传统的理论教学和以教师为中心的教学模式相比,网络教学模式能够有效推动师生互动,有效整合网络信息资源和课堂内容,遵循以学生为中心的教学理念。因此,教学模式的变革必然带来其教育理念的变革,因为教学过程的参与者是教师和学生,他们是教学模式变革的执行者。在这一过程中,它给教师的专业发展带来了巨大的挑战。教育内容面临更新,课程还必须整合新的内容,发展跨学科,学科结构也需要进行不同程度的调整,这对教师的教学能力和综合素质提出了新的挑战。目前,教育资源共享已成为必然趋势。在这种趋势下,我们应该及时转变其教育理念,将这种"共享"转变为"课程责任"。同时,教育观念的重塑也可以加快教学模式的转变过程,进一步丰富和完善网络教学模式的内容。

二、网络教学模式下教师教育理念转变

(一)观念的转变

过去,大多数教学都是灌输的。老师在黑板前授课,学生在课桌前端坐,被动地听讲。网络教学模式的出现,可以很好地改善以往以教学为中心的知识灌输式教学,使学生不再只是被动的接收知识,从而向参与式学

习转变,教学也不再始终围绕以教师为中心而展开,开始向以学生为中心的方向而转变,从而确保学生是教育的主体。从为教而教到为学而教,由教师的教课导向转为强调学生学习过程,最终得以培养学生的自主学习能力和创新能力,有助于为学生提供一个良好的学习氛围,从而养成一个良好的学习习惯。为了适应新时代下的教学模式以及教学观念,作为教师,必须大力培养学生的创新精神和实践能力,在教学过程中,深刻体现出以学为本、以学为教的教学理念。

(二)角色的转变

从学习和教学的本质来看,学习是一个由经验引起的学习者知识变化的过程,而教学是教育者控制学习环境以推动学生学习的过程。在新的教学模式下,教师的角色不再是信息的传播者或组织良好的知识体系的呈现者,在教学过程中,教师旨在推动学生学习,帮助引导学生分析和理解所学内容,而不能限制学生思维的发展。此外,网络教学模式也对教师的言语和行为提出了更高的要求。很受欢迎的复旦大学思想政治教师陈果,凭借她的外表和口才赢得了许多学生的欢迎,这曾引起网友们的看法:"如果我的思想政治老师像陈果一样迷人,我会好好学习的。"在无处不在的学习背景下,凭借越来越多的"网络名人"教师进入学习者的视野,学习者将逐步以更高的标准衡量学校教师的外貌、气质、言语等形象特征。

网络教育模式只有以学生为中心,进行有效的教学设计,才能提高学生学习的效率、深度和广度。网络教育模式不是将传统的课堂教学机械地融入网络教学,也不是通过网络媒体将线下课程转移到网络上。它是教师将课程特点和学习条件与网络详细结合,通过教学设计,承载一体化教学平台,通过优质的教学设施达到最佳的学习以及教学效果的一种教学方法。

(三)教学方式的转变

在大数据改变人类生活的时代,知识体系更新得非常迅猛。数据也成为改变教育的重要手段。掌握信息技术也成为教师教学的基本技能之一。凭借着教学模式的改变,教学方法必然会发生变化。为适应这种变化,我们应该将信息技术深度融入教育教学。教师应该能够设计和开发课程。以先进媒体技术为基础,改革课程结构,制定最佳教学策略和信息组织形式,创新课程传播方式,灵活调整教学活动,实施精准教学,适应时代变化。因此,基于网络技术的教育改变了教师传统的教学理念,为学生创造了多种多样的学习领域,开创了网络教育的新教学模式。

众所周知,信息大多以碎片和节点的形式存在于互联网上,教育资源也是如此。学生根据自己的需要在互联网上检索知识,检索结果往往只针对检索到的特定知识点,很少涉及相关知识点的延伸学习。如果学习者在无处不在的学习过程中无法建立知识点之间的联系,则需要教师建立一条有序的课程学习路径,设计预科课程和预科知识点,从而实现从点到线的知识掌握过程。此外,还要求教师梳理知识点,呈现几个相关知识点之间的相关性,然后系统地掌握课程内容,从而进一步完成从线到网的知识掌握路径。因此,当零散的知识难以形成全面的知识理解时,教师需要提供系统的知识教学方法。

(四)工作内容的转变

值得注意的是,在网络教学模式下,教师需要对学习结果给予积极反馈。虽然网络教学模式中存储了大量的学习资源,但大多数学习资源是以信息输出的形式存在的。学生浏览后是否掌握相关知识不属于信息输出方考虑的内容。因此,如果学生想知道自己在任何时候对知识的掌握是否准确,他们更希望教师在实际教学活动中及时反馈学习结果。这对教师提出了更高的要求,教师需要随时关注学习者的学习进度、知识掌握和应用情况,为学生提供更多需要的反馈、总结和反思指导。网络教学解决了人才培养过程中重灌输、轻启发、重共性、轻个性的问题,符合现代人才培养模式的核心和本质。

(五)知识结构的转变

信息时代对教师的专业教学能力提出了更高的要求。学生在学习过程中获得易于掌握的基础知识后,教师无须在具体教学中详细重复这些知识等。综上所述,学生的学习效果因人而异,因此学校教师需要有高度的专业素养和常识储备,系统地掌握学科知识,并具备有效回答问题和引导的能力。深入研究网络教学模式有助于强化教师的现代课程理念,科学合理地进行教学设计,创新教学方法和学习方法,更有效地支持学生的学习。

三、网络教学模式下学生教育理念的转变

(一)角色的转变

素质教育与应试教育的主要区别之一在于学生的角色。前者旨在培养和促进人的全面发展,后者旨在选拔人才。传统的课堂教学模式难以突出学生的主体性。只要指导思想正确,网络教学模式就能体现学生的主体作用。例如,学生可以在教师的指导下独立获取信息,自己演示和播放多媒体课件或多媒体材料,实现学生角色的转变。改变原有的课堂模式,用课堂革命推动教学改革,通过教学改革促进学习改革,促进人才培养模式中的角色转变,促进教学的真正发展,最终使学生实现终身发展。

(二)知识载体的转变

从本质上讲,教学过程是一个组织、获取、传递和存储信息的过程。对于学生来说,传统知识主要是以书籍为载体的文字和图片,而网络教学模式知识的载体是多元的,移动网络、超链接、数据库、云存储等技术支持下的学习环境为学习者提供了与传统教育环境极为不同的知识载体供给,如即时性检索功能、易得性知识资源、交互性学习平台、永久性存储服务、无缝性学习进程等等。

(三)学习方式的改变

互联网加速了全球化进程,在与教育快速发展和融合的过程中,不断推动教育改革,优化教育资源配置。网络教学模式为因材施教创造了条件,使学生更容易获得各方面的知识,打破了学生的传统学习方式,使教育教学走向创新与融合。教师、学生和教材在网络教学环境中动态互动,节约了获取大量知识的成本,实现了文化知识更快、更高的发展水平。网络教学模式可以利用信息技术突破学校围墙的限制,缩小不同经济水平

地区学生享受教育资源的差距。建设教育共同体,共享优质资源,推动教育均衡发展,以教育公平推动社会公平。

四、网络教学模式下产生的教育效益

(一)优化传统教学模式

计算机和网络技术对学校课程的影响体现在信息技术专业课程的增加以及信息技术与课程整合教学模式的出现。信息技术专业课程为学生提供信息技术相关知识、计算机软硬件操作技能、互联网使用等,培养学生适应网络社会的信息素养。信息技术与课程整合的教学模式是计算机和网络技术给学校教学模式带来的重大创新。信息技术相关内容与各学科课程的整合,信息技术基础知识和基本能力的生成与各学科教学过程的紧密结合,对深化教学过程改革具有重要意义。以信息技术与课程整合的教学模式——WebQuest为例,分析计算机与网络技术对学校教育带来的一些改变:WebQuest是"基于网络的探究性学习",这一探究性学习活动与传统探究性学习相比最明显的特征即"基于网络"。从某一具体的实际问题出发,学习者全部或主要依靠网络信息检索的方式查找相关资源,在充分收集相关资料的基础上进行讨论、总结、评价。WebQuest在西方学校得到有效实施,充分锻炼了学生利用计算机和网络工具探究现实生活话题的能力。由此可见,计算机和网络为学校的教学模式注入了新鲜血液,实现了一些传统教学模式的优化。

(二)丰富教育手段

在继续教育领域,计算机和网络技术的普及丰富了现代远程教育的内涵。与以往通过邮寄学习材料进行函授教学和通过广播电视节目进行广播电视教学相比,网络时代的远程教育更依赖于网络平台,通过互联网为学习者提供学习内容。开放大学已成为高度依赖计算机和网络技术的教学组织形式,为继续教育学习者提供更加便捷、开放的学习资源和多阶段、多样化的教育服务。

计算机和网络技术不仅为学校教育增添了新的教学内容,而且通过与其他学科课程的深度融合和与跨学科课程教学的合作,为学校教学活动提供了重要的技术工具和学习资源支持。作为一种重要的信息媒体,互联网还可以为远程学习者和终身学习者提供海量、多样、优质的学习资源、学习空间和教学服务。此外,在疫情的特殊时期,计算机和网络技术为学校教育提供了无与伦比的教学支持,在开展"云端"教学活动期间,约有1.8亿中小学生和2259万大学生通过在线学习完成学习任务,由此计算机和网络技术成为学校在线教学的重要支撑手段,也在疫情影响下保证了学校教学活动的顺利进行。可以看出,今天的学校可以依靠计算机和网络技术提供多样化的教育用品,以满足信息社会的需要。

(三)有助于培养创新性人才

在大学教育领域,计算机与网络技术的普及有力支持着学校跨学科创新性人才培养。以计算机与网络技术为教与学的手段,融合科学、技术、工程、数学和艺术的STEAM教学模式是当下跨学科创新性人才培养的重要途径。例如,英国政府通过STEAM教育解决年轻人就业对口率低以及就业质量低的问题,培育了更多满足各行业需求的综合性创新人才,STEAM教育也因此成为英国科技创新产业人才培养的战略之一。美国为STEAM专业学生增加艺术教育,培育学生发散技能,而STEAM是集多领域学科为一体的综合教育,增强学生的发散技能,有助于使国家在科技竞争中占据领先地位。STEAM教育旨在训练学习者为现实课题提出适应性解决方案,在此过程中打破学科之间的偏见,培养学生和项目指导者的跨领域创造性思维,从而为各行各业提供多技能的创新人才,为解决全球性问题提供创新性方案。在STEAM课程实施过程中,作为工具的计算机、作为学习资料来源的网络数据库、作为信息交流平台的网络社区等,均起到至关重要的辅助作用。

第三节 互联网视域下教育模式的发展情况分析

本节将重点探讨网络环境下教学模式的发展。网络技术带来了教学目标、教学过程和教学评价的变化,教育思维方式和运作方式将发生重大变化,并朝着多元化、扁平化方向发展。只有不断创新教学模式,才能逐步实现教育资源的公共化,加快教育和学习的公平性,以适应社会快速发展的需要。从互联网的角度来看,知识的更新速度越来越快,培养多样化、复合型和创新型专业技术人才的需求日益迫切,人类对教育的要求也将更加多样化和复杂化。我们的教育目标、教学过程和教学评价都发生了巨大的变化。教学改革是研究的主要领域。教育改革需要培养与时俱进的人才。信息时代人才的新特点是什么,他们具体的核心素质和能力是什么,互联网给大学教学模式带来了什么样的发展?这些都是基于互联网的教育研究的拓展,也是人们首先关注和思考的核心问题。

一、互联网视域下的教学目标发展

(一)注重培养推动全面发展的人

人的全面健康发展是马克思主义唯物史观的基本原则。从马克思对人的全面发展的表述中,我们可以看到两个层面:①推动个人能力、潜能、智慧和关系的培养。世界上有那么多有趣的事情,个人只有在特定情况下更加专注于做好事,才能有所作为。每个人的全面发展不仅意味着一个人同时拥有发展的所有优势,而且还意味着他首先拥有自己的优势,然后才能实现全面发展。②社区所有成员之间的主动性、潜力、智慧和关系。本研究主要介绍个人和群众的全面健康发展。它指的是社会全体成员的健康和全面发展,而不仅仅是个人和部分群众的健康和全面发展。与现代人的全面发展相比,它更是片面的发展。互联网技术的普及和出现,大大降低了优质教育资源的准入门槛,在一定程度上推动了教育公平。传统教育必须依靠两个基本要素:老师和学生。在移动互联网技术出现之前,教师和学校的教学场所都是固定的位置,这会影响教育资源的公平分配。移动互联网技术解决了这个问题。目前,我们也认为,我们需要不断完善和加强教育信息平台的建设,增强用户的参与度,提高利用率和保证良好的使用环境,使互联网教育更好地服务于每个人的全面健康成长。

(二)注重培养回归生活本质的人

当前的教育只被视为一种以知识为中心的教学,因此在世界上被称为"书本世界",其重要性和意义被忽视。陶行知是我国著名的教育家,他曾把远离生活的教育观比作"鸟笼"教育,他有力地提出了"生命即教育"的理论,对当代社会和我国大学教育改革仍具有十分重要的借鉴和指导意义。学校社会化教育只是社会化教育的一种重要形式,只是社会化教育的冰山一角。生活导向教育本身应该被视为这座冰山中最坚实的一部分。事实上,学生课程的目标是适应考试。这种传授基础知识的主要方法完全忽视了学生个人和社会群体的需要。由于以传统灌输式教学为主要目的的社会价值取向,学生的利益冲突和矛盾与日常生活发生了分裂。因此,凭借移动互联网时代的进一步到来,各个方面的技术都在逐步成熟。学校教育者应该生活在现代学校的课程教育中。他们不仅要把传授知识作为自己的任务和使命,更要注重人格的培养和精神的觉醒,让学生在生理和心理上体验和感受生命的价值和意义。

(三)注重培养适应社会需求的人

培养学生的专业知识和技术素质是高校最突出的特点。学生只有树立正确的专业观念,才能为专业打下坚实的基础。为此,作为一线教师,首先要让学生树立专业理念,让每个学生都能牢固树立自己的专业意识和理念。二是协调和帮助学生打好基础。专业技术的发展离不开文化课程和理论实践课程,我们有必要改变原有的教学模式和方法,正确处理专业课程与实际应用的结合。课堂教学活动是学校向全体师范生传授科学基础知识的主要渠道。因此,将科学理论与实践相结合、坚持课堂教学的原则,精准讲课,重点突出,加强练习,让全体学生动手实践,努力培养学生分析、发现和解决实际问题的能力。三是强化技能素质。知识的掌握和转化需要在教学中进行,实践应用是培养学生实践能力的重要途径。四是进一步加强社会实践。社会实践教育是一种有效的途径。各种社会实践教育活动,有助于培养和提高学生的自我发展能力、独立分析和解决问题的能力、获取和利用资源的能力以及适应挫折的综合能力,使他们在未来的大学生活中更具优势和竞争力。在过去,教学模式只是简单而粗糙地向学生灌输专业知识。互联网时代学习环境的目的是让学生感知学习情境,利用高清显示、3D技术、VR等高新技术,将专业知识与实际应用有机结合,弥补传统教学模式在这方面的不足。

(四)互联网时代是注重培养加快国际接轨速度的人的教育

全球化对人才培养的重要性取决于国际视野和教育本身的水平。具体来说,它要求学校进一步加强专业国际化的课题研究、推广和讨论,使专业教育国际化进程成为各级领导、全体同志和师生的共识。在研究制定学校自身发展规划、专业技术人才培养和联盟、团队建设等方面,制定相应的国际互动、交流和战略协调合作计划,并充分借鉴国外一些先进的办学理念、管理模式和实践经验,深化学校体制改革。各类高校要培养与国际接轨的管理人才,必须对课程结构进行重大改革。当前,是信息化与国际化相互推动、相互发展的时代。没有信息化,国际化将失去新生力量。没有国际平台,信息化将失去自身价值。因此,信息化教育必须顺应国际社会的发展趋势,满足国际化的各种需求。

(五)注重培养顺应时代发展的人

高校信息化教育设备制造业发展迅速。针对我国当前的大学教育管理体制,应从宏观大学教育发展的长远规划、战略和管理模式,到微观教育学习生态环境、学习模式、课程、教学和评价模式,进行全方位的创新和转型,只有这样,才能准确把握教育信息化持续快速发展的难得机遇,完成我国高校教育教学发展的历史性重大转变。根据高校教育教学信息化的特点,结合我国当前高校教育的实际,我们始终坚持信息化;高校教育教学信息化建设和教育服务体系转型必须是一个基于现代信息网络技术和教学环境的持续、动态的发展过程。它主要包括两部分:软件和硬件。在互联网背景下,我们应该大力普及面向全体学生的信息技术教育。因此,大学教育必须将知识和应用基础课程纳入必修科目,注重培养和提高学生运用、加工和使用知识的综合能力。在这一过程中,我们应该注意学生的自主学习能力、信息的积累和更新、知识半衰期的缩短。以自主学习和网络学习为主要特征的终身学习是必然的。综上所述,大学教育应从学生终身学习选择的角度出发,注重培养学生的综合学习能力。

未来社会是一个合作的社会。合作学习具有事半功倍的效果,比个人学习更有效。网络环境下的小组合作学习应引起教师的高度重视。在提出的问题的帮助下,每个人都可以互相合作,在互联网上讨论和搜索正确答案。这种学习方式通过合作解决了每个学术的问题,使学生能够深刻认识到合作学习的重要性,从而有效培养了团队的合作精神;同时,通过合作和讨论,对资源进行整合和整理,有利于培养学生的思维方式和探索精神,对思维能力的培养起到很好的作用。

二、互联网视域下的教学过程发展

(一)互联网改变了教授过程

几十年来,教学活动一直是在讲台、黑板、粉笔和教材等教学工具的帮助下,通过面对面教学进行的。这种单一而简单的教学方法只能将基础知识局限于一个课堂。这种延续了数十年的中国传统课堂教学模式,在今天的互联网时代被颠覆性地解读。信息技术在我国大学教育中得到了广泛而深入的应用。它构成了课堂教学的五个基本要素——教师、学生、课件、教材、媒体。与过去的传统相比,它们也发生了很大的变化。在移动互联网新时代,教学模式研究呈现出科学化、多样化和现代性的特点。信息技术和互联网使知识的呈现更符合学生对知识的认知要求。教师知识权威的主导地位逐渐被打破,个性化学习成为可能。

(二)互联网改变了学习过程

当今社会正面临信息爆炸式增长阶段,知识本身正呈指数曲线扩张。这使得一个人的认知能力非常有限。面对大量的信息,显然不可能把所有的东西都储存在自己的大脑中。现代经济社会日益复杂,信息量也在不断增加,我们学习的时间也非常有限。因此,只有改变学习与认知相结合的方法,接受新的认知方法,才能更好地吸收和消化新知识。互联网视角下的教育方式不仅可以访问许多电子图书馆,还可以在全球范围内获取大量的教学资源,如在线观看哈佛大学教授的视频讲座,学习清华大学和北京大学教师的公开课,甚至与外籍教师进行一对一的课程。思维方式决定出路,观念的进步是教育改革的重中之重。学生可以根据自己的兴趣爱好和学习状况预约,选择最适合自己的课堂。这种以学生为教育主体、以学生群体为中心,运用各种科技手段构建专业的教育模式,真可谓因材施教。

三、互联网激发教学评价发展

教学评价是对老师的教和学生的学这两种行为的综合分析与评估。最新的教学评价标准强调了教育、生活以及现代教育与科学之间的相衔接;倡导学习者为主导的合作、研究型教学方法。不难发现,教学评价是为了实现教学目标,对教学方法、学习方法、教学环境和教学管理进行定量和定性评价,并根据评价结果作出价值判断和解决问题的过程。由于互联网的推广,现代教学评价方法与传统教学评价方法在评价主体、评价内容、评价标准、评价方法、评价过程、评价目的、评价对象等方面的差距已经大大拉开。现代教学评价方法依托先进的技术手段,构建教学评价平台,对收集的教学数据进行科学的定量分析,最终呈现出可视化、系统化的评价报告。多元的教育评价制度能够支持学生在读书活动中更好地充分发挥其他主体的功能,充分调动学生读书的兴趣,推动学生创造力的养成,所以建立科学合理的教育评价制度对于教育工作有着重要意义。

第三章 互联网与教育融合的变革探究

第一节 社会体系的变革对教育体系的冲击

人类社会发展史表明,每一次以人类智慧和文明进步为基础的科技革命,都在不同程度上推动着人类生存方式的改变和人类社会的发展。进入21世纪后,新技术革命的融合与发展,将人类社会推向了第四次产业革命"工业4.0"。我们正处于这一历史阶段。从科技革命在人类社会发展中的作用来看,在信息革命的条件下,新技术革命的整合与发展,人工智能和新一代通信网络信息技术将推动智能时代生产力的变革和社会的发展。随之而来的是,人们的生存方式、生活方式、意识形态和行为都将发生巨大的变化,社会生活的各个方面也将发生变化。新技术的迅速发展将导致生产力水平的大幅提高,生产效率的提高也将推动人类生产和生活方式的巨大变化。同时,它也将面临前所未有的问题和挑战,这将促使传统的教育模式进行相应的变革,以适应新技术的要求。因此,新技术的进步带来了一场生产力革命,特别是以互联网技术为首的技术引发了社会变革,社会体制的改革必然给教育体制带来冲击。一方面,社会历史的变迁对教育教学改革提出了新的要求;另一方面,科技进步为教育教学改革提供了新的手段。

一、生产力的发展引发社会体系的变革

生产力发展引起生产关系的变革,任何社会的发展和转变都是从生产工具的发展变化开始的,生产工具的大变革必然会引起生产力的巨大发

展①。生产力包括科学技术,科学技术是先进生产力和第一生产力的集中体现和主要标志。在上一次工业革命中,科学技术的应用引发了社会变革。在信息技术飞速发展的时代,层出不穷的技术渗透并影响了我们生活的方方面面,对我们的生活条件产生了深远的影响,给人类社会带来了与几百年前完全不同的生产模式、生活模式、交流模式等外在行为模式。互联网带来的更大变化和深远影响不仅在这里,也在悄悄地改变着我们心中的思维方式。这种思维方式的转变是一种新的思维方式。互联网深刻地影响了我们的生产和生活方式,这是时代的变迁和社会的发展。"互联网+"时代的各种新技术为人类开辟了一个基于网络的虚拟生活空间。无处不在的技术在不知不觉中将人类的现实生活与网络空间联系起来。许多行业,如运输、医疗、商业、物流和生活服务业,已经扩展到互联网业务,这可能会取代体力劳动。教育领域也实现了前所未有的数字飞跃。在数字时代,学习者几乎随时都可以通过网络获得所需的学习资源和服务,泛在学习作为一种新的学习方式逐渐形成。那么,教育互联网维度如何优化传统学校教育?教育作为生产关系的组成部分。每次时代的变化都会对教育产生深远影响,社会历史的变迁也会对教育教学改革提出新的要求。

二、社会对人才的需求呼唤教育变革

信息社会需要个性化的人才。在第一次和第二次产业改革中,"规模化、量产化、标准化"的生产方式将发生颠覆性变化。在新的生产模式改革趋势下,"个性化、定制化、网络化生产"的家族工厂将取代大型化工厂。这种新型的数字化制造模式和发展模式需要一大批适应信息时代的高素质人才。为了满足信息时代的生产需要,现代学校一直是为年轻一代提供成长资源的领先机构。人类社会的快速发展充分证明了学校自诞生以来在人才培养方面的有效性。20世纪末以来,信息技术的飞速发展使学校教育面临着新的任务。为了适应新形势的发展需要,教育迫切需要新

---

①李慎明."互联网+"的发展必将引发西方国家生产关系的大变革[J]. 红旗文稿,2016(02):4—9,1.

的"变革"。

信息社会对创新人才的需求。在信息社会,生产方式与过去相比发生了巨大的变化。新的生产模式层出不穷,淘汰了工业社会的许多生产模式。各种手工流水线操作模式已被智能机器所取代,社会生活从多方面转向了电子化、智能化。许多传统意义上的"稳定"职业可能很快就会被智能技术所取代,大学毕业生的职业可能在入学时就不存在了。在此背景下,工业社会大规模生产所带来的劳动力需求不再迫切,而是信息社会对具有新知识、新技能的创新型人才的需求。"全新的知识和技能"不同于以往学习者需要掌握的读写能力、计算能力、科学知识和人文知识以及通用技术的操作能力。它们还强调学习者对跨学科知识的掌握、自主学习能力和意识、创新精神和创造力、合作精神和合作能力,以应对未来不断变化的社会模式。此外,在信息时代,知识更新迅速,个人现有的知识还不足以满足生活的需要。社会对终身学习者的需求也日益增加。简而言之,计算机和网络技术的普及导致了知识的迅速更新和社会要素的高度多样化。对工人的要求已经从面对过去和现在的知识和技能的掌握转变为面对未来的生存能力的获得,即"面对现代化和未来"。

信息社会中人们对教育的需求。凭借现代科学技术的迅猛发展,技术支持下的学习实践给教育带来了前所未有的改变,无时无刻不在发生的学习已成为一种新常态,使教学与学习活动产生了重大变化。学习者在网络学习环境中收获到诸多新奇体验,自然对学校教育提出了更多需求,从而给学校教育带来了巨大挑战。在教育技术持续发展的今天,网络学习所依托的信息技术在获取教学内容和教学资源、组织情境化的探究实践和发现学习、辅助小组成员的协作和讨论、进行知识的构建和成果创造、开展个体评价和自我反馈等方面均起到强大的认知辅助作用[1]。技术对学习产生的影响从校外开始,逐渐延展到学习发生的主要场所——学校。借助一定的技术手段,学习者在学校内也可以获得非同以往的学习体验。网络教学模式的兴起,颠覆着传统教育、教师、校园的概念与观念,

---

[1] 李克东. 数字化学习(下)——信息技术与课程整合的核心[J]. 电化教育研究,2001(09):18—22.

撞击着人们对学校的理想。

三、教育系统变革的内外动力

目前,世界正经历一个以互联网信息技术为基础的先进生产工具发生巨大变化的时期。时代的变迁对教育有深远的影响。以互联网为代表的信息技术推动了社会历史的变革,从工业文明到信息时代。社会历史变革对教育培训的新要求主要表现在人才需求上——信息社会对个体化人才的需求上。为了适应新的发展需要,教育必须重走个体化的道路。未来,在互联网和大数据的影响下,教育将越来越个性化,学习者的教育选择将更加多样化和个性化。自20世纪以来,计算机、多媒体和网络技术的出现使教学活动数字化,将世界各地的学习者联系起来,极大地扩展了学习材料的来源。"网络教育"已经成为一个时代教育的新趋势。依托网络已经出现了校园网、多媒体网络教室、开放课堂和网上大学等教育模式,教育已经从传统的学校教学进入了计算机辅助教育(CAI)和网络教育时代。从那时起,大规模的在线开放式课程(MOOC)应运而生。在国外 EDX、Udacity、Coursera "三驾马车"以及国内"学校在线"和"中国大学 MOOC"的指导下,各大平台充分利用互联网传播教育资源和提供教育服务的优势,相继推出了课程学习、评估、考试等课程服务,资格认证、证书获取和信用互认为学习者提供了大量校外教育的知识发展机会。《纽约时报》将2012年定为"MOOC的第一年",教育从此进入了MOOC时代。几乎在同一时期,可汗学院、美国科罗拉多州伍德兰帕克高中和其他教育机构的成功教学实践导致了翻转课堂和微课课堂教学模式的兴起。该模式将学生视为学习新知识和提问的主体,将教师视为学习的向导和疑难问题的解决者。教师的引导和答疑方式主要是通过提前录制微视频,在短时间内讲解知识点。此后,中国出现了翻转课堂实验学校、微课课堂教学竞赛等本土化实践,冲击了传统学校45分钟课堂教学模式,成为一段时间的教育热潮,开创了教育的"微"时代。新时代下,教育支撑技术的不断更迭和联合部署,在技术支持下形成了STEAM教育、创客教育等"互联网+教育"生态系统。微信、Tiktok等社交平台上有很多教育应用研究,教育已经进入了以"5G"技术为支撑的智能时代。

凭借信息技术、移动互联网技术的迭代和移动终端的发展与升级,过去几十年中产生的许多新兴数字技术逐渐成熟,并渗透到教学的各个方面。今天的学习者可以更轻松地使用各种工具来搜索学习资源。他们只需一部手机和一台电脑就可以获得足够的教育服务。依托移动终端、移动互联网、泛在计算等技术,能够随时满足学习者学习需求的泛在学习环境逐渐生成。与传统的以教材为主要教学内容的封闭式学校环境不同,网络教学模式的形成实现了校内与校外的连接,使学习者可以使用各种移动终端随时随地访问网络,获取学习资源;通过优质教育资源的网络共享,实现教育资源的公平分配;它消除了对学习条件和学习年龄的诸多限制,拓展了学习环境,推动了普及和终身学习。总之,网络教学模式为网络时代的学习者提供了更多学习知识的机会,拓展了教育学习环境,在一定程度上实现了"生活就是教育""社会就是学校"的教育理想。从互联网的角度来看,它是一种具有明显时代特征的新型教育模式。

第二节 教育系统内的共融共荣共促

一、实现城乡优质网络教育资源的共享

20世纪90年代是中国教育资源开发的第一阶段。一些企事业单位以数字教育资源为主业,教育资源跨区域流通开始呈现上升趋势。在过去的几十年里,中国高等教育的发展日新月异。首先,传统教育资源的获取仅限于学校的"栅栏"之内,区域学校之间的合作与交流机会很少。互联网技术的应用很好地将时间和空间的限制打破,很大限度地解决了因为地理环境、信息交互和交通等原因造成的教育资源无法共享的问题。特别是,中西部地区的教师和学生还可以在第一时间了解最新的教育信息和优质的教学资源。通过解除对教育资源共享的区域限制,充分利用互联网技术,可以有效地实现优质在线教育资源的共享和应用,中西部地区

学生可以更多地获得沿海地区优质教学内容。其次,"互联网+教育"的大力推广,优化了学校教学课程的安排,使学生能够根据个人兴趣自主选择相应的科目,也可以反复学习难点知识点,从而将传统的教学模式进行了一种转变。它极大地推动了学生广泛学习的目的。"互联网+教育"模式的推广,推动了中国教育资源的跨区域流动,实现了区域教育的公平、公正、合理发展,有效推动了优质网络教育资源的共享。

二、推动公共服务平台资源的共建共享

通过促进"三通两平台"的构建和应用,国家的教育信息过程已有效加速。这也是我国教育转向新发展的重要方法。信息技术和教育的结合对于在我国教育领域共享资源,培养优秀的教师并实现教育改革的目标很有用。基于网络学习和宽带网络之间的校际交流的前提,通过"三通两平台"的构建和应用,以阐明互联网学习的发展方向并明确教育领域的工作。越来越多的学校通过信息平台参加了教育资源的互联网共享。"三通两平台"的"三通"强调了应用效果,"两平台"是强调基础架构。其中,教育资源公共服务平台的联合构建和共享实际上是基于大数据和"云计算"模型。这有助于共享软件的资源和软硬件集成,降低成本,提高效率。基于学校的资源建设和应用程序水平,全国教师和学生可以依靠在线学习空间参与到教育资源平台的联合建设。同时,基于网络空间和学习空间的应用,已经实现了开放的教育资源公共服务平台。对于用于教育资源的公共服务,平台提供资源存储和共享服务。教师和学生可以免费使用这些平台资源。另外,还可以为学校和教师开发个性化的教育资源,并建立教育资源目录以提供资源搜索内容服务。建立公共服务平台可以有效地增强课程资源的覆盖范围,为大多数第一线教师提供更高质量的教育方法和教育设计,并且教师参与了更多的教育实践。我们为课程提供了丰富的资源,这些资源有助于实际课程内容的教学。同时,建立公共服务平台已根据互联网环境扩展了在线教育空间。通过各种类型的网络资源,教师和学生可以聆听各种类型的教育活动,例如专家、优秀教师课程和课堂评估竞赛的讲座。图像与声音相结合使教育过程更加清晰化,增强了翻转课堂和混合教室的实施,优化教育模式,实现有效的信息传输并提高了学校内部管理的成效。

三、构建服务全民终身学习的教育体系

在政策的支持之下,教育研究者、各级各类教育行政机构、社会组织和团体等开始了关于如何构建服务全民终身学习的教育体系的理论研究和实践研究,研究发现构建这一体系的关键在于各教育资源的融合,尤其是大学教育和社区教育的融合。

一方面,构建终身教育体系需要大学教育和社区教育的融合。具体而言,终身教育主张在横向上整合学校教育、社会教育和家庭教育的资源,实现多种教育类型的协调统一,大学教育和社区教育分别作为学校教育和社会教育的重要组成部分,必然需要回应此要求。近年来,随着现代社会的发展和城镇化速度的加快,社区成为居民生活的主要区域共同体组织,社区教育在多元人口结构和多样化教育需求之下产生。由于一些历史原因,社区教育在我国未能连续性发展,尚未有完善的理论体系和较为成熟的发展模式,尤其是作为社区教育实体的社区学院,在办学定位、管理体制和运行机制等方面不够成熟,在我国国民教育体系中仍处于边缘地位,制约了我国社区教育的发展和终身教育体系的构建进程。而我国的大学教育相对而言发展较为成熟,作为办学实体的高校、科研院所等拥有丰富的教育教学资源和智力资源,二者融合对于缓解社区教育发展困境大有裨益。与此同时,社区中的人力资源、物质环境资源、管理资源等对于高校、科研院所自身的发展而言也是不可或缺的。

另一方面,大学教育和社区教育的融合有助于推动终身教育体系的构建。具体而言,处于社区教育系统中的大多数居民都将接受更高层次的教育视作自己追求的终身教育,大学教育对于他们而言就是弥补曾经的教育断层;处于大学教育系统中的大多数人也看到,在知识经济时代,学校教育已经难以满足完善自我、适应社会的全部需求,社区教育作为一种新型的获取知识的有效渠道极具魅力。二者的需求默契催生了融合的可能,大学教育开始通过扩大规模、树立学习者中心观念、完善弹性化教育

制度、拓展社会服务等方式走出"象牙塔";社区教育开始通过办社区大学、依托高校和科研机构提升办学层次、优化软硬件资源等方式走出"社区"。大学教育和社区教育的融合推动了教育社会化和社会教育化,加快了终身教育的推进步伐。

四、推动教育资源全覆盖

凭借"互联网+"概念的提出和"互联网+教育"模式的不断发展,互联网技术与高等教育的结合逐渐成为一种新的教育形式。可以预见,未来的教育模式将建立在基础网络环境下的开放教育基础上,更加注重学生的个性化学习和多元化教育。通过引入互联网平台和先进的信息技术,实现了高等教育软硬件设施的优化升级。在"互联网+教育"开放的背景下,优质教育资源显著增加,知识获取速度更快,周期更短,成本显著降低,这也为我国建设学习型社会奠定了重要基础。此外,我国学校信息化建设也取得了一定成效。越来越多的学生在城市接触到先进的信息化教学设备和优质的教学内容,这进一步推动了中国高等教育资源跨时空维度的发展,在一定程度上实现了中国高等教育的公平正义,推动优质教育资源共享。在互联网的冲击下,师生之间的距离正在逐渐缩小。在"学校对学校、班级对班级、每个人对每个人"的互联网时代,学生获得知识的速度更快,方式更加广泛,思维更加发散。每个学生都是互联网上的一个节点,资源共享已成为网络空间的一个动态发展。一方面,互联网可以放大优质教育资源的实际作用和利用价值。过去,一名优秀的教师只能服务几十名学生,但通过互联网的传播,教师队伍可以扩大到服务数千甚至数万名学生。另一方面,互联网可以互联互通,使跨时空交流和学习成为可能,这有助于提高教师的教学效率,避免低水平重复,提高研究水平。凭借"互联网+教育"模式的推广,城乡之间的巨大差距正在逐步缩小,优质资源在地区之间也得到了有效的流通。

第三节 互联网教育推动教育整体性的变革

一、互联网推动教育系统结构重组和不断开放

互联网推动了教育体系的重组和持续开放。互联网实现了教育内部各子系统之间以及教育与社会之间的实时互联。教育内部各子系统之间的互联网互联互通产生了网络教学空间,教育公共服务平台模式应运而生。教育内部各子系统之间的相互联系改变了教育管理的过程。通过管理信息的快速流动和共享,优化管理服务流程,实现"一网通",提升教育管理服务水平。教育与社会的互联打破了教育的象牙塔,使教育与产业共同教育人民,共享全社会优质资源。教育与社会的互联可以推动高效的协同监管,实现和完善跨部门、跨区域、跨层次的协同监管,实现教师、学生、家长、社会的协同监管。网络空间建设是新时期教育信息化建设的重要任务。

(一)时空灵活推动教学方式和组织方式变革

传统的教育必须在教室里,必须在当下进行,但是网络打破了这一限制。网络教学摆脱了课堂教学的束缚,打破了传统的课堂固化模式,出现了多种灵活的课堂组织方式。网络教育改变了传统的教学过程和教学结构,出现了以"学习型课堂"为代表的新的教学模式。网络教育改变了传统教师的职责,出现了课程教学团队,产生了在线学习服务教师等新的教师岗位。网络教育支持教师智慧共享,产生了基于网络社区的教师同伴互助专业发展模式。

(二)关系网络化推动教师与学生关系的变革

关系网络推动了师生关系的变化。首先,关系网络的特点是网络空间扩大了人类交流的范围,改变了人类关系的结构,人类关系由线性关系变为非线性关系。研究表明,网络课程中师生、学生与学生的关系已由传统的线性知识转移关系转变为复杂的网络关系,具有复杂系统的特点。其

次,师生信息众筹产生新知识,这不是原来个人知识的叠加,而是化学反应的结果。最后,不确定性,课程管理者和师生不能确定某一行为的结果。复杂的网络关系提出了新的规律,要求教育观念和理论的创新,要求教育管理模式更加灵活和可扩展,以应对复杂网络中的诸多不确定性。

二、资源共享推动教育资源供给模式改革

资源共享推动了教育资源供给模式的改革。网络平台推动了高质量数字资源的校外和校际共享。网络平台实现了教师的共享。例如,北京利用互联网收集和发布校外科研和实验项目,供学生选择。

(一)行为数据推动教育教学管理模式变革

行为数据推动了教育教学管理模式的改革。在网络平台上,以数据的形式实时、同步、连续地记录教学行为。数据已成为教育实践中的一个新元素。它使人类在教育教学过程中第一次掌握第一手信息,为改进教育实践提供了新的起点。实践证明,利用行为数据,教学管理更加准确,教育决策更加科学,教育设备和环境控制更加智能,教育危机可以提前预防和管理。例如,学校可以利用学生的日常作业、考试和发展性评估数据,为学生实现个性化诊断和智能支持服务。行为数字化推动了教育研究范式的转变。教育研究范式已经从抽样模式转向全样本模式,克服了对教育研究缺乏逻辑性和科学性的批评,并在数据密集型研究范式的基础上培育了一种新的计算教育学。

(二)信息众筹推动知识生产和传播方式的变革

信息众筹推动了知识生产和传播方式的转变。信息众筹是利用网络平台聚集公众智慧,通过测试和迭代不断丰富和发展知识的一种新现象。换句话说,知识生产就是众筹的体验。每个人都可以贡献知识。知识的生产者不再是专门从事知识生产的知识分子,而是各种类型的社会行动者。知识的生产者也是知识的接受者,知识的生产和传播是在同一过程中进行的。这种信息众筹的知识生产和传播模式改变了知识的内涵,改变了知识生产和传播的模式,推动了知识观念的发展。知识生产和传播方式的转变为复合型创新人才的培养提供了一条新思路。

第四节 互联网教育产业为教育变革提供强大动力

随着中国经济的快速发展和互联网技术的快速发展,人们的生活进入了新的信息时代。在互联网技术的影响下,教育行业正在急剧变化。与传统的"老师+黑板+讲台"授课模式不同,在线教育不仅是一种在线教育模式,而且还创建了一个课程交易平台来形成课程市场。随着在线教育的诞生,教育没有边界。人们可以通过时间和空间的限制中断,并通过互联网获得大量高质量的教育资源。

一、教育产业分类

2013年以来,在"互联网+"的推动下,受人们消费习惯变化的影响,互联网教育市场呈现出平稳快速的增长趋势。从产业的经营模式来看,目前我国的教育产业主要分为四大类:

第一,传统实体教育机构。一些地方设立的教育机构具有区域招生优势,寒、暑假线下课程利润丰厚。这些企业的主要优势在于其品牌意识和知名的课程内容,缺点是缺乏高科技支持,从线下到线上的转变并不容易。

第二,在线教育课程提供商。在线教育资源和课程产品面临着与线下机构的竞争,因此产品的独特性和差异性尤为重要。这类企业往往非常注重产品的差异化以及品牌的营销和推广。

第三,技术服务提供商。它是一家基于社区或工具的互联网教育服务提供商。这些企业首先通过自己的工具或社区吸引大量的用户群体,然后开发更多的其他产品或服务来创造利润。

第四,平台服务提供商。对于平台提供商来说,核心是平台的运营和平台上产品的提供。运营平台需要大量资金周转,小公司很难支持,但一些大公司可以。利用自身的用户流量和研发团队的开发能力,参照"滴滴出租车"模式,将平台运营和产品研发打造成企业的核心竞争力。

二、我国"互联网+教育"的商业模式

对我国目前的"互联网+教育"企业按照其商业模式来划分,通常有以下五种。

(一)B2C 模式

B2C 模式,B 是 Business,即商业供应商(一般指企业),C 是 Consumer,即消费者,B2C 即企业对消费者模式,B2C 也是市场中最基本的电子商务模式。对于互联网教育产业来说,这种模式更好地吸收了传统教育企业的品牌和服务优势,其互联网技术优势也可以帮助企业解决一些长期问题。因此,B2C 模式已成为互联网教育行业推广速度最快的商业模式,也是市场初期最赚钱的金矿。到目前为止,许多大型互联网教育企业都属于 B2C 模式。在中国,企业拥有庞大的用户基础和数亿的市场容量,如51talk、沪江网校、猿题库等。然而,凭借互联网教育产业大量新进者和日益激烈的市场竞争,许多企业为了增加用户数量,发放了大量免费课程,导致产品严重同质化,采用 B2C 模式的企业难以向个人用户收费来获得盈利,企业的生产和发展变得困难。

(二)B2B 模式

B2B(Business To Business)模式是企业之间通过互联网交换产品、服务和信息的营销模式。它是电子商务中历史最悠久、发展最完善的商业模式。对于互联网教育行业而言,B2B 一般是指互联网教育企业将其开发的课程直接销售给机构客户,或销售应用程序和平台服务,机构客户与互联网教育企业分享利润。目前,常见的 B2B 模式主要是向政府或社会机构、其他企业、公立学校等销售在线教育服务。

(三)C2C 模式

C2C(Consumer To Consumer)是指个人之间的电子商务模式,以淘宝为最知名的代表企业模式。对于互联网教育行业而言,C2C 模式一般是指企业搭建一个以移动终端和互联网技术为支撑的实时学习平台,让师生在平台上进行实时教学或互动。教师可以随时在线回答学生用户的问题。该模式完全摒弃了传统的培训模式,根据学生的需求提供服务。同时,教

师与教师可以更好地沟通与合作,学生用户可以更好地交流与学习。在收入方面,在C2C模式下提供教学服务的教师将获得比线下培训更高的收入。

(四)O2O模式

O2O(Online To Offline)模式是指企业线上线下业务同步发展,线下商机与互联网相结合,使互联网成为企业线下交易的前台。对于互联网教育行业而言,O2O模式是一个双师课堂,在过去两年中发展势头强劲。实现这一目标的主要途径是引导在线用户在真正的离线培训机构进行教学。学生用户通过互联网收听课程,然后在教育机构购买线下课程。这样,O2O模式的线下服务可以在线吸引客户,消费者也可以更方便快捷地在线选择服务,交易也可以在线支付,有助于快速扩大用户规模。在这种模式下,机构与消费者的距离更近,成本更低。同时,它弥补了网络教育中师生面对面、高效教学的不足,进一步提高了教学效率。目前市场上的O2O模式代表企业有学而思以及新东方。

(五)S2B模式

S2B(Supplychain To Business)是曾鸣于2017年首次提出的面向未来的商业模式。S指大型供应链平台,B指各种规模的企业。S和B之间的关系不仅仅是加入,更像是"授权"。对于互联网教育行业,S端平台依托其领先的互联网技术,确保流程的效率,为B端提供服务,并允许B端发挥其独立联系客户的能力,从而降低渠道成本和产品开发成本。市场上应用S2B模式的代表企业是滴滴出租车,滴滴出租车通过其拥有大量用户的运营平台,可以满足各类消费者的需求,并能在平台上及时反映出来。能够在平台上提供相应服务的供应商之间也存在竞争。

三、宏观环境分析

PEST分析法是一种宏观环境(又称一般环境)的分析方法,是指能够影响一切互联网教育产业对教育变革的各种宏观力量。PEST分析法中的"PEST"这四个字母分别对应政治法律环境、经济环境、社会文化环境和技术环境四个方面[①],通过对四个方面的分析,从总体上把握互联网教育产业对教育变革产生影响的宏观环境,并把握这些因素对教育的支撑与助益。

(一)政治法律环境

政府通过制定政策和规范各种法律制度来管理市场上的所有行业。政策和法律不仅规范和制约了行业的发展,而且从各个方面支持了行业的未来发展。因此,企业在制定发展战略时,必须了解国家最新的相关政策和规范。

2019年7月,教育部等六部门联合发布了《关于规范校外线上培训的实施意见》。2019年9月,教育部等十一部门再次联合印发了《关于推动在线教育健康发展的指导意见》,以推动互联网教育健康发展。

2021年2月,教育部印发《教育信息化中长期发展规划(2021—2035年)》和《教育信息化"十四五"规划》,召开第三次全国教育信息化工作会议[②]。

综合以上文件来看,国家对于教育产业的发展和变革十分重视。近年来国家大力推动教育信息化改革,同时对教育产业的管控日益严格。

(二)经济环境

经济环境也与产业的发展关联紧密,产品的销售量与消费者的购买能力息息相关。自从改革开放以来中国的经济飞速增长,其中总体消费增长率更是世界经济增长率的三倍。据国家统计局数据表明,在消费结构方面,2021上半年,教育、文化娱乐等用品和服务支出大幅反弹,人均教育、文化娱乐支出增长68.5%,比2019年上半年平均增长4.1个百分点。信息传输、软件和信息技术服务的绝对值比2020年同期增长20.3%。从数据统计来看,中国经济稳中向好,生产需求继续回升,新动能快速成长,市场主体预期向好。国民收入持续增长,乐于消费,国民对在线信息服务和教

---

① 百度文库.PEST模型分析[EB/OL].https://wenku.baidu.com/view/b407f12ef18583d04964596a.html.
② 教育部.教育部2021年工作要点[EB/OL].http://www.moe.gov.cn/jyb_xwfb/gzdt_gzdt/202102/t20210203_512419.html.

育文化商品的支出增加,发展趋势看好[①]。

(三)社会文化环境

社会要素,包含民族特色、文化传统价值观、宗教信仰、教育水平、风俗习惯等。从古代孟母三迁的故事和现代位于市场顶端的学区住房可以看出,中华民族自古以来就是对教育非常重视的。在传统观念下,无论有多穷,都不能穷教育。对我国人民而言,对子女的教育是非常重要的。而凭借社会的快速稳定发展,中国大多数家庭的可支配资金大大增加,家长更愿意投资于子女的教育。因此,从社会层面来看,人们普遍重视教育,但优质教育资源匮乏,难以做到使学生付出的时间与提升的成果成正比。学生压力大,家长们也在孩子的学业竞争中苦不堪言,社会实际上需要新的教育模式变革,能够减轻学生的负担,同时保证学习效率和学习效果。

(四)技术环境

互联网技术的飞速发展也给很多产业带来了无数的变革和新老产业更迭。对于互联网教育产业来说,不断进化的信息技术彻底改变了传统的课堂构成和教学管理模式,推动了高效课堂的生成。在近几年光纤网络和流媒体等新兴信息技术的快速发展下,互联网教育又进入了新的发展阶段,老师能够运用网络平台和智能感知手段实现平台上的在线直播,以师生视频模式创建了更贴合现实的虚拟教室,激发用户的学习热情,提高课堂参与度,最终提升线上教育质量。

因为无线网络的大规模覆盖和手机的普及,通过智能时间进行线上学习的学生占比巨大,手机学习比起电脑网站学习更为方便,零散的课余时间也可以随时打开手机、打开APP完成学习任务。我国5G的飞速发展,依托5G网络平台的产业应用创新也开始不断涌现,5G、云、AI等前瞻技术的结合,将改变医疗、交通、工业、教育等多个垂直产业领域,未来5G承载的万物智联时代将革新人们的生产生活方式,这必将给互联网教育带来无限发展空间。在网络技术的支持下,在线课程已经可以做到百人甚至万

[①]国家统计局.2021年二季度和上半年国内生产总值(GDP)初步核算结果[EB/OL].2021-07-16.http://www.stats.gov.cn/tjsj/zxfb/202107/t20210716_1819540.html.

人同步流畅直播①。

时下最热门的"云计算"和大数据技术,也对互联网教育起到了不可忽视的技术推动作用。大数据不仅可以让产业能够根据用户的学习行为数据发掘用户的消费喜好,还可以及时准确地掌握学生的学习情况,并有针对性地调整学生的学习路径。教师也可以根据每个学生使用数据了解不同学生的习惯,然后设计不同方案并开展个性化教学。管理者也能根据大数据来掌握产品主要受众,挖掘潜在用户,推送个性化课程广告,进行精准营销②。网络平台课程、名校课程资源等网络课程的出现,让全国各地的学生都能收到来自全国乃至世界的高质量学习资源。

综上,互联网技术、5G网络、大数据和"云计算"等最新技术以及智能移动设备的发展和推广,将为教育变革提供强大动力。

四、互联网教育产业对教育产业的意义

互联网教育改变了人们对于教育产业的定义,区别于传统的面对面式教师授课培训,互联网教育使得学生可以随时随地开始线上课堂,还可以远程交流与互动,打破了时间和空间的限制。互联网教育的发展也对减少不同地区的教育水平差距,推动各地区教育均衡发展起到了重要作用,所有使用者包括处于教育资源有限的偏远地区的学习者,都能享有平等的教育资源,获取最新的所需知识,从而提高自己的学习水平③。网络教育也带来了许多新的教育模式,如自动纠错、人工智能问题解决、社会化学习、动态学习结果、实时反馈、在线辅导、在线答疑等,这是传统"一校一教室一师"无法比拟的。同时,通过虚拟现实技术,网络教育将解决学生的人际交往、个性发展、身体健康等问题。知识不再是静态的教学,而是具有移动性、情境性、社会性等特征。

---

①搜狐新闻.5G发牌两周年!累计建成81.9万个基站,商用进程引领全球[N/OL].2021-06-09.https://www.sohu.com/a/471205216_121135927.
②[英]迈尔·舍恩伯格,库克耶.大数据时代[M].盛杨燕,周涛,译.杭州:浙江人民出版社,2013.
③搜狐新闻.浅析在线教育的意义到底在哪?[EB/OL].2018-01-25.http://hz.caiyiduo.com/article/show4065.html.

第四章 互联网视域下大学教育管理模式创新的理念

凭借计算机和通信技术的进步,"云计算"、大数据等的出现促使大学的教育管理方式进行巨大变革。大学教育管理逐步迈入数据化阶段,信息共享的实现在一定程度上帮助了大学走出自我封闭的困境,同时"放管服"高教体制的改革拓宽了大学的自主权,这些都推动了院校研究的开展。郭建如在《大学教育管理研究与学科发展四十年:回顾与展望》(2019)中认为"互联网和大数据的出现在很大程度上缓解了无数据可用的问题,大量的管理数据开始涌现,这为院校研究提供了重要的发展契机"[①]。

在21世纪,大学教育管理模式实施"人才强国"战略。它使高校教育管理理论和研究实现了跨越式发展,确定了各自的理论基础和研究范式,规划了未来的发展路径。在高校教育管理模式探索取得重大突破的同时,通过对大量实际问题的分析,确立了高校教育管理的基本专著范式。新的大学生教育管理模式涉及多个因素和环节。笔者认为,大学生教育管理新模式的内涵包括四个相互关联、相互作用的整体:教育管理目标、教育管理主体、教育管理过程和教育管理机制。

教育管理的主体从单一主体转变为多主体,学生从被动的受教育者转变为教育者,从教育对象转变为自我教育和自我管理的主体。与此同时,学生工作的教育管理者也从教育管理者转变为指导者。在这种模式下,

---

①郭建如. 大学教育管理研究与学科发展四十年:回顾与展望[J]. 大学教育管理,2019,13(01):1—10.

学生工作的教育管理者不仅包括学习和工作系统的管理者,还包括所有教师、管理者、家长和社会正能量。过去,大学生教育管理是一个封闭的、静态的管理过程。然而,基于互联网的管理可以充分利用大数据,深入挖掘学生的成长轨迹,评估学生的行为,从而实现动态调整和准确引导。面对开放的教育环境、教育主体的多元化、教育资源的多元化、教育过程的动态化,只有通过互联网与各种教育载体的渗透和整合,建立新型、平等、互动的师生关系,才能实现学校教育的目标,整合来自学校、部门、班级、家庭、社会等部门的大数据资源,形成家庭—学校—社会协同联动机制和实施路径。互联网视角下的高校教育管理新模式的实质是建立新型、平等、互动的师生关系。

互联网视角下高校教育管理模式的实现路径离不开其创新理念的引导。凭借互联网信息共享平台进入高校,高校的校园环境变得复杂。因此,从互联网视角研究当前高校学生教育管理具有跨时代的意义。大学生教育管理者不仅要从互联网的角度加强对大学生教育管理的认识,更要主动转变教育管理观念,从而更好地把握时代发展趋势,从互联网的角度有效开展高校教育管理,为高校教育管理增添更多新内容。

第一节 融入开放性的思想

从互联网的角度来看,中国的大学教育已经从原来的精英教育转变为大众教育,受教育者的教育状况和知识基础与过去相比发生了很大的变化。同样,互联网时代也给大学生教育管理团队的建设带来了新的形势。他们对自己的能力和专业有很高的要求。他们不仅需要具有较高的思想政治素质和较强的心理素质,还应该是具有一定网络思维和新媒体素养的综合性人才。在高校管理模式中,管理团队是管理主体的核心,管理团队的综合素质在很大程度上制约着管理水平。基于互联网技术,高校教育管理团队必须以开放的心态指导自身发展,努力提高自身的综合网络素质。具体而言,我们需要提高我们的互联网素养、网络知识和信息技术。

一、提升互联网素养

网络素养是高校教育管理团队必备的基本素养。高校教育管理团队在创造性地利用互联网开展管理工作时,对互联网的开发和利用程度,在很大程度上取决于其互联网素养水平。管理团队必须提高互联网素养,创造性地开发和利用互联网,提高工作效率,开创我国大学生教育和管理的新局面。

(一)树立互联网意识

管理人员提高互联网素养先要养成互联网意识。互联网意识指对互联网的认知与掌握程度,对互联网地位的把握程度。目前,大学教育管理队伍的互联网意识整体来看高低不一,青年管理者的互联网意识普遍优于中年管理者。互联网时代,大学教育管理队伍要有主动利用互联网开展管理工作的自觉意识。管理者应通过个体自觉主动学习,或者参加大学统一组织的集体互联网教育培训等渠道,提高自身敏锐的网络信息意识、理性的网络批判意识、网络法律意识,从内心深处真切认识到互联网对管理工作的必要性、重要性,为互联网时代管理工作的顺利展开做好基本准备。值得注意,大学教育管理者在提高互联网意识的同时不能忽略培养自身的传统素养。互联网时代不是互联网"单项"发展的时代,我们推崇多元融合发展,管理人员在养成、提高互联网意识的同时也要注重延续与发展传统管理素养。

(二)提高互联网技能

网络意识是提高网络素养的基本前提。互联网的实际运营和使用要求用户具备较强的新媒体操纵能力,即互联网技能。具体而言,大学教育管理者需要具备并不断提高选择和使用互联网的能力、批判和反思的能力以及创造成果的能力。第一,选择和使用互联网的能力。管理者应学会简要区分不同类型互联网技术设备的功能,并根据管理需要选择相关媒体设备进行高校教育管理。第二,互联网的批判和反思能力。这种能力是互联网技能的核心。批判性反思的能力不是互联网本身,它只是"扮演"信息传播的载体,是互联网传播的价值内容。管理者在借鉴国外整合互联网进行德育管理的经验和成果时,需要结合高校教育管理的现状和发展趋势,有选择地吸收适合中国高校发展的管理手段和管理方法,提高信息的"过滤"和"免疫"能力。第三,互联网的创意生产能力。在整合互联网平台优化管理的过程中,我们要总结经验,大胆突破,为适应管理的媒体行业创造纪录,推动新一轮互联网技术更新升级,让其更好地"服务我们"。

(三)提升互联网德行

互联网德行是互联网活动中媒介参与者需要遵守的道德规范,同样也是大学管理人员必须遵循的道德规范。大学管理者的一时"口误"甚至不当言语表述在互联网信息的短时发酵效应影响下"瞬间"可能会成为一所大学的"抹黑点",大众舆论导向的"谴责点"。为此,大学教育管理者应树立牢固的互联网法治观、正确的互联网伦理道德观,严格规范自身的言语及行为,加强职业互联网素养责任感,加强自身团队意识与集体责任感,在实际工作中知行合一、以身作则感染被管理者。此外,在长期工作过程中每一位管理者的工作激情都不可能保持一如既往、一直高涨的状态,难免会出现消极怠工情况,因此,大学教育管理者应勤于自省,加强自我勉励,筑牢基本的岗位职责感和崇高的社会责任感。

二、提升网络知识水平

大学教育管理队伍需掌握一定网络知识,具备网络知识的学习意识、拓展学习范围、掌握运用手段。

(一)提高网络知识的学习意识

社会的发展在一定意义上催生了互联网的出现,互联网又进一步推动社会知识的传播。大学教育管理队伍提升自身的网络知识水平首先要具备学习网络知识的自觉意识。管理人员提升自身的网络知识学习意识,必须清晰地认识到网络知识,尤其是网络文化,对其自身提升管理水平的重要性。现阶段,网络大学教育已成为大学管理需要重点关注的一个场域。面对简约性、丰富性、生动性强的网络话语,更新速度快、泛娱乐化的网络文学,多元化、潮流化、草根性强、规范性弱的网络音乐以及玄幻化、虚拟化的网络游戏,管理人员应对网络文化的灰色地带予以理性评判,摒弃传统旧思维,从网络文化中剖析有益于大学开展道德教育的价值内容。

(二)拓展网络知识学习范围

大学教育管理者在运用互联网管理过程中不能把眼光仅仅局限在"互联网""网络"等领域,伴随互联网发展涉及的知识内容涵盖传播学、新闻学、语言学、社会心理学、青年学、网络信息技术等多学科范畴。如此一来,要求大学教育管理者拓宽其知识面、拓展其知识学习范围,广泛了解诸多相关领域的内容。需要注意,面对多学科丰富的理论知识,管理者不可能也不能够掌握如此多的系统性理论知识,其学习能力同样也有一定限度,这就要求管理者在拓展网络知识学习范围的过程中有意识、针对性地掌握关键性基础理论知识。

(三)掌握网络知识运用手段

学习网络知识是手段,运用网络知识是目的。大学教育管理人员需掌握网络知识运用手段,将已有知识资源转化为管理工作的助推器。管理资源不局限于传统文本、规章制度,不局限在系统性管理培训活动中。管理者在提高网络知识学习意识、拓展网络知识学习范围的同时,应有敏锐的网络新闻动态、网络文化感知,提高自身的学习教育转换能力、管理应用转换能力,掌握网络知识的运用手段,从网络文化现象中主动"提炼"适用于大学教育管理的课程资源、活动资源、实践资源。

三、提升信息技术素养

信息技术素养经历从强调信息能力逐步发展到关注信息能力与意识,在任何一个发展阶段,信息知识、道德、能力和意识是信息技术素养的重要组成部分,其中信息意识和能力占据非常重要的作用,信息技术素养必须体现出一种综合信息技术能力和一种信息意识形态,它能够利用信息工具获取信息并加工处理后来解答问题。

(一)提高信息技术意识

现代信息技术使信息的搜集处理更加规范化,能够最大限度地规避传统媒介环境下收集处理信息存在的分散情况,走出简单控制、硬性封堵的误区,实现信息的实时传输。信息技术意识的养成是提高信息技术素质、获取有价值管理信息的前提。大学教育管理者应深刻认识到认真学习并掌握现代信息技术知识对提高自身管理能力的重要性,提高自身的信息技术管理意识、数据管理意识。

(二)提升信息技术应用能力

对于大学教育管理者,信息技术的应用能力主要表现在信息的获取、筛选、分析、传递方面。信息化社会,面对海量化、良莠共存的信息,大学应建立明确的信息技术培训管理制度,对管理者实施分层次、分阶段、分类型的专业培训,提升其信息技术应用能力。大学教育管理者应能够精准鉴别、高效率提取有价值的管理信息,同时能够及时发布、传递、反馈信息,加强协调、控制、反馈,指导各项管理工作。

(三)树立正确的信息技术价值观

在运用互联网技术进行管理的过程中,管理人员应树立正确的信息技术价值观。大学教育管理需要信息技术,但不能依赖信息技术;需要先进的信息技术,但不是一味追求技术设备的"最先进",切忌一味追求管理新颖,简单套用互联网技术展开管理的"表层创新"。融合互联网技术进行大学教育管理需要关注其工具理性,即使用互联网技术给大学带来的管理效率的改变提升;但更要关注其价值理性,注重管理实效性提升的最终目的,要与提高大学生的思想境界、推动大学生的全面发展相联系。因此,管理人员既要克服"技术恐慌"的被动心态,又要摆脱"技术万能"的受支配心理。

第二节 坚持以人为本的理念

"以学生为本"的主要内容是"以学生为本,突出学生的主体地位;以生活为本,发挥学生的主体作用;以成长为本,推动学生的全面发展"[①]。从互联网的角度来看,"以学生为中心"的教育管理理念是大学生教育管理新模式的核心。一是要以全体学生为教育管理活动的出发点和落脚点,积极激发"学生主体意识",大力发展"学生主体能力",努力塑造"学生主体人格"。学校要贯彻"三个完整"的思想和理论,始终坚持"学生的主体地位",充分发挥"学生的主体作用",引导学生树立正确的人生观、价值观和世界观,引导学生自我认同、自觉约束、自我教育、自我管理,实现全面发展。二是尊重学生的差异性和个性自由。多元开放的社会要正视差异性、包容多样性。处于大学阶段的青年学生在身体、生理、心理、价值取向以及道德认知等方面存在着明显差异,同时在学习、生活方面追求个性,因此,要尊重学生意愿和个性特点,用辩证的观点和方法具体问题具体分析,强调学生的道德义务、道德理性和法制观念的同时,不遏制学生天性,顺其自然、因人制宜、分类、精准教育管理,保持学生的生机与活力,推动学生个性发展。

一、理念创新基于互联网新技术的教育管理育人理念

大学生教育管理是指大学党政管理部门、专业教师、学工队伍及其管理人员等,运用计划、组织、指挥、协调、控制和服务等手段,寓大学教育于管理之中,管理中辅之以大学教育,以实现大学教育目的和任务的创造性活动过程[②]。因此,管理育人是大学育人机制中的一个非常重要的组成构成部分。互联网时代的到来,凭借新技术、新媒体、新业态的强力介入,大学必须不断创新学生教育管理的方式、方法、内容和手段,以育人为出发

[①] 宋华兴. 大学"以生为本"教育管理实践的哲学逻辑与现实路径研究[D]. 重庆:重庆师范大学,2019.
[②] 秦淑敏. "互联网+"时代大学思想政治教育管理创新研究[D]. 锦州:渤海大学,2018.

点,将互联网融入教育教学管理、科研管理、行政管理、学生管理等不同形式的管理活动中,如云课堂、网络服务大厅、"一键式"服务网络、学生网格信息中心等等,实现大学生在校期间所有信息的全程跟踪,通过"大数据"分析、整理和判断,精准对大学生的思想、学习、生活和行为进行引导、教育与约束。互联网时代为大学生教育管理提供了便利,这就要求教育管理工作者在互联网新技术的前提下创新大学教育管理育人理念,将互联网融入学生管理工作中,建立多渠道、全方位、广领域的育人体系,以更好地发挥管理育人的基础性和保障性作用。

二、确立学生在大学生教育管理中的主体地位

传统的学生教育管理模式是以学校为教育管理主体,以政治辅导员、班主任等为主要的学生工作队伍作为主导,大学生只是被教育者、被管理者。新模式基于"以学生为本"的理念,重新定位了"学生"在大学生教育管理的主体地位和作用,学生不仅是教育管理对象,更重要的是教育管理主体;鼓励大学生发积极参与到与自身利益息息相关的学生事务教育管理中去,增强其自我教育管理意识,在潜移默化中开阔眼界、锻炼应对能力和对于社会的认知能力,同时提升学校教育管理效率。

在互联网时代下,互联网与教育载体实现有机联动,能够有效地拓展育人时空,给人们营造了一个开放自由的网络空间。新模式中,着重构建互联网与各种教育管理载体的渗透融合,并与之有机联动,打破了时空界限,加强了课上与课下、校内与校外、现实与虚拟之间的不同时空的联系,有利于增进教育管理的广泛性,进一步拓展了大学教育管理的覆盖面和育人时空。

第三节 提升教育服务意识

前文说到要坚持以人为本的理念,那么该如何树立以人为本的教育管理理念? 因此,最终还是应该体现在教育管理者对待教育管理对象的态度上。具体来说,大学教育管理模式中,教育、管理、服务相结合的综合效应大于单个手段的作用。大学教育管理的本真是为育人服务,即为大学立德树人目标服务,为提高大学生崇高的思想品德服务。通过有效管理,为受教育对象的生活学习营造舒适的校园环境,将校园日常事务管理与完善大学生主体人格相衔接。其次,管理者也应充分认识到管理是为教育工作者服务,为其营造良好的教书育人工作环境。按照教育工作者的实际需求,着力创设一体化智能服务平台,推动其更好利用新技术开展教育教学与思政教育。最后,要求技术人员在利用互联网技术进行管理平台研发时注重操作的人格化,要求管理者在管理手段的实施上更加人文化,在管理的总结反馈上更加人性化。

一、构建环境与网络相互配合协同机制

打造立体教育机制,要对受教育者所处环境给予高度重视,身处现代信息化社会,网络在青年学生中的影响力与日俱增,同时青年学生所处的现实环境也会对心理健康教育产生重要影响。因此,在高校心理健康教育工作中落实全方位育人,就要构建网络、环境协同作用的机制,打造网络心理健康教育新渠道,同时加强校园环境建设。

(一)营造良好心理健康教育环境

在全方位育人中,环境育人是其重要组成部分,因此,需要营造良好的校园环境。重视校园环境对于学生的熏陶作用,让校园文化建设成为心理健康教育的组成部分,生活环境中蕴含着大量的可以使学生受到影响的因素,营造积极、健康、向上的文化氛围,更容易让学生有积极良好的心理素质和乐观的人生态度。通过优化校园环境促进大学生心理健康教育,主要从以下两个方面进行。

一是在校园文化建设过程中,充分发掘优秀传统文化中的优秀品质,用优秀的精神品质感染当代青年学生,加强心理健康知识普及性宣传教育,形成积极的校园文化氛围,进而使社会主义核心价值观和健全人格的观念渗透到校园文化主体的内心;二是组建大学生朋辈辅导式的心理健康教育协会,大学内的心理健康教育协会可以更好地发挥朋辈群体的力量,助人自助,为心理健康教育知识的普及,宣传活动的举办带来新的活力。大学生心理健康教育协会可以举办形式多样的心理健康教育活动,例如心理健康知识竞赛,心理主题绘画比赛、展现心理素质成长的心理话剧等,组织朋辈辅导提高个人心理修养。

(二)打造网络心理健康教育新渠道

处于信息化时代,互联网平台能够汇集优质资源,处于这样的大环境下,高校应该充分发挥互联网平台的作用,将网络平台作为驱动力,进一步以开放包容的心态,打造时效性和实用性兼具的网络平台,以此拓展高校心理健康教育的渠道,打造网络心理健康教育新渠道。充分利用互联网对现代大学生的吸引力,借助互联网平台,学校心理健康教育中心可以开设属于自己的网站。在心理健康教育中心网站设置上充分考虑学生的现实需求,划分板块提供便捷的心理服务。例如在网站上公布学校心理咨询服务安排,使学生可以便捷地根据自己的时间在线预约。在网站上设置"心理小知识"板块,普及一些学生可能会遇见的心理问题的相关知识。另外,充分利用网络平台开展线上心理咨询服务,为部分在外实习或因其他原因不在校内但是有心理咨询需求的学生提供便利,线上预约,线上咨询。通过互联网平台开展心理健康教育可以作为高校心理健康教育手段的有益补充,使教育手段更便捷。

二、加强宣传引导,强化意识形态风险与防范教育

(一)深化网络意识形态安全理论专题课

大学教育在丰富课程内容的同时,应将网络意识形态安全相关理论纳入教育体系之中,对网络意识形态安全相关理论课程的定位、教学内容、具体设置等进行合理安排和规定,既要突出专题课程教育的重点,选取社会热点难点开展案例研讨和分析,在深入浅出中使学生理解领悟社会主义网络意识形态的内涵和根基,又要站在宏观角度将网络意识形态理论相对全面地向学生进行介绍,使其能够更好把握网络意识形态安全的整体脉络。同时,大学应在思想政治教育中开设专门讲授关于网络意识形态基本理论、基本知识和现实状况等的专题课,能够使得大学生初步掌握网络意识形态形成的规律,网络意识形态价值、意义和作用,以及各阶段意识形态发展演进的路径等,帮助大学生更好理解网络意识形态安全风险防范的重要性和紧迫性,有利于大学生的教育管理。

(二)开展网络意识形态安全实践专题课

高校要充分认识网络意识形态工作的特殊性、复杂性和重要性,全面分析新情况和新问题,提高学生政治站位,深化学习,强化责任。通过系统的课程和讲座,可以利用多个生动案例和丰富的视频、图片等,讲解网络意识形态和舆情工作的重要意义,重点从研判分析、应对处置和引导策略等方面进行主动引导。大学生的网络意识形态舆情识别力这一能力内涵广泛,是多种大学生基本素质和底层能力的综合体,那么则需要高校教师不断创新教育的形式和方法,充分开展网络意识形态安全实践专题课程,将网络意识形态安全的理论与社会实际充分结合起来,通过理论讲解、案例分析以及观摩实习等形式,开展培训,指导大学生了解和把握网络意识形态舆情产生机理、特征以及扩散的途径和形式等,使大学生在日常生活中正确把握信息识别规律,提升风险防范能力。

第四节 创新管理方式

管理方式是企业管理目标的重要依托。新的媒介环境下,为优化管理,提升管理的现代化水平,实现管理育人,必须进一步改进大学教育管理方法。通过双向协调式管理、开放共享式管理、适应调控式管理,大学在凝聚管理系统内部管理合力的同时调动大学各部门、社会、家庭的外部力量,从而获得其大力支持与配合。

一、注重双向协调式管理

新的互联网环境下,大学教育应注重线上线下、内在外在、校内校外的协调管控,既充分发挥传统管理方法优势,又进一步融合新式管理思维,使管理更具技术性、可操作性、融通性。

(一)线上线下协调管理

目前,互联网为大学教育管理提供的技术手段主要反映在在线管理中。我们通过实践网络调查问卷和网络行为数据调查,可以大大减少在传统媒体环境中分发调查问卷的时间。但是,在线管理员仍然需要与离线管理合作,并且没有离线管理。当面对紧急危机时,不足以依靠在线命令法规。大学教育管理需要了解在线管理和离线管理之间的平衡和趋势,在特定管理状态下进行特定的分析,并实现在线和线下调整后的管理控制。

(二)外在内在共同管理

管理和自我管理相互补充。管理可以推动自我管理,而自我管理又可以促进积极的管理活动。对于管理者而言,在实施管理时,需要及时触发自己的管理意识,以做好自我管理工作。同时,管理又分为内部管理和外部管理,管理的质量取决于外部管理和内部自我管理的双重影响,大学教育管理是一种外部管理,政治教师、辅导员、大学生及其他管理者在大学教育管理活动中扮演着重要角色,并在管理过程中利用互联网的管理实践和经验刺激"管理意识",以改善管理结果,体验自我管理。

(三)校内校外合力管理

一方面,优化管理是大学教育体系的一项创新,这是大学管理的重要组成部分,而增强学校管理是从事意识形态和政治工作的一种必要条件。另一方面,社会与家庭之间,互联网时代的大学之间的信息交流更加频繁,改善学校管理并加强了家庭和社会的管理,改善了大学生的身体和精神质量。我们提高了一般意识形态和道德的水平,更好地推动大学,并推动教育管理的平稳发展。在此过程中,大学的高质量控制经验可以向社会组织和政府类别提供推荐。同时,借鉴社会组织和政府部门的管理经验也可以提高大学教育管理。

二、注重开放共享式管理

开放共享管理资源,可推动资源的高效利用;开放共享管理手段,推动管理者在交流中"碰撞"新的思维火花。加之互联网的内在开放性特性,要求大学注重开放共享式管理。

(一)开放共享管理资源

其一,各大学可各自设立大学教育资源信息库,建立有效的资源共享体系、资源交流体系、资源传播渠道,及时共享本校优质大学教育管理建设成果。在表现形式上,使其条目明晰,分类汇总,方便其他大学管理者便捷查询获取所需管理经验,借鉴建设性管理成效。其二,大学之间可开发共建专门APP,统一整理、共享管理资源。譬如,涉及大学教育发展的政策,关于大学管理的规章制度,通过专门APP进行统一汇总整理,设立专门资源共享数据库,方便各大学管理人员在管理工作中及时查阅相关管理政策及文件。其三,大学教育主管部门设置专门的微信公众服务号或微信公众订阅号,分地域、分类型、分层级集中整合汇总大学教育的最新动态、新闻资讯,方便管理人员第一时间掌握管理需要的"第一手资料"。

(二)开放共享管理手段

现阶段,各大学融合互联网进行大学教育管理已经比较普遍,形成了多样管理手段。大学之间可共同成立融合互联网进行管理的手段方式共享交流会或成立专门的组织团体,定时定期召开专题会议。各大学管理工作者齐聚一堂,一同分享在大学教育管理中利用互联网技术、互联网平台进行管理维护的手段、方式,彼此之间相互交流借鉴,融会贯通,相互切磋,实现在交流中思索、融合中创新,更好地将管理与技术相结合,将硬性规范与柔性关怀相融合。

三、注重适应调控式管理

大学教育管理系统与外部环境适时保持信息的沟通交流。互联网时代的变革性增强,大学必须根据外界环境变化和自身管理现状,既保持相对稳定,又能动态性、发展性管理大学教育。

(一)注重发展性管理

大学教育管理的"一时"优化不是根本,一定时间内的管理成果自然只能成为推动大学发展的一时动力。互联网时代在不断发展变革,大学应优化思想政治教育管理队伍,建立专门合理流动规章制度,统筹考虑管理队伍的年龄、专业、专长等因素,重点考察其思想道德,合理引进、选择、配备专业型管理人员,及时调离不适合管理工作的人员,确保在岗管理人员综合素质"常在常新",组建一支专业化、优质化、高效化大学教育管理团队。此外,现阶段大学使用的互联网技术、管理平台在未来的某个阶段可能也会成为落后的管理桎梏,大学教育管理要优化、要变革就要注重动态管理,及时淘汰不适应发展变化的管理技术,及时吸纳适合现实社会发展的先进管理技术。

(二)注重扁平化管理

扁平化管理旨在减少管理主体的层级,扩大管理主体权利,扩大管理层面,惠及更多管理受众,减少纵向管理的中间层级,摆脱分层垂直管理的内在缺陷。智能化管理在互联网时代得到极大发展,智能化管理为大学工作实行扁平化管理创造条件,既能扩大管理过程中分层赋权,又能规避人为化管理权力滥用现象。通过新媒体创设虚拟化、智能化管理主体,建设专业管理平台,分门别类系统规划,创设统一性、规范性数据库,建立快捷反应联通渠道,提供便捷化网络服务,处理大学思想政治教育工作者和大学生的简单事宜,收集归纳教职工和大学生的合理诉求。这样一来,不但能够减轻现实管理主体的工作量,而且使管理工作在一定程度上摆脱时间、空间的局限,更好地服务管理受众,满足管理对象的现实需求。

第五节 有效利用网络

一、健全大学教育管理工作机制

互联网视域下大学"学生主体、教育管理队伍主导、家校社协同一体、多要素有机联动"的学生教育管理新模式要发挥其"推动学生全面发展"的育人功能,必须建立、完善和优化家校社协同机制、大数据平台服务机制、教育管理制度保障机制等大学生教育管理机制[1];同时,也是创新学生教育管理的重要内容和保障。

(一)构建家校社协同机制

2019年2月,中共中央、国务院印发了《中国教育现代化2035》,明确提出:重视家庭教育和社会教育[2]。家庭教育是通过家庭成员之间情感交流和言传身教来进行,主要内容是道德品质、行为习惯和家风教育,家庭教育具有启蒙性和优先性,是一种隐性教育,更是大学生教育的重要基础;家庭教育是以生活形式进行教育,更具实践性和灵活性,不可或缺。学校教育主要是指学校开展的文化素养、专业知识、心理健康、价值观、创新精神等教育,是大学生的主渠道教育、显性教育。社会教育是指大学生参加有益于身心发展的各种社会活动,以了解社会、适应社会、服务社会,其对学生的独特作用,是对学校教育的完善。

互联网时代的到来,新技术、新媒体、新业态等强力介入大学生教育管理,带来挑战、困惑和机遇,这就要求我们完善、健全学生教育管理机制、创新教育管理模式;构建家庭、学校、社会协同教育机制是新型学生教育管理机制的重要组成部分。家校协同不是简单的家庭教育配合学校教育,是指以学校建立畅通的交流平台,与家长之间开展线上线下、随时随

---

[1] 张可卿. 系统思维下的大学思想政治教育管理机制研究[D]. 上海:华东师范大学, 2019.
[2] 中共中央,国务院. 中国教育现代化2035[EB/OL]. (2019-02-23)[2021-03-06]. http://www.moe.gov.cn/jyb_xwfb/s6052/moe_838/201902/t20190223_370857.html.

地双向沟通交流,学校对家庭教育进行指导、家庭(家长及成员)对学校教育进行监督和建议,优化各种教育资源的配置,以达到对学生最优教育目标的活动[①]。社校协同也不是简单的大学生参加社会实践活动,是指政府、社会各团体组织整合教育资源支持、参与学校教育的活动;学校教育融合社会教育,社会参与、支持、监督学校教育。通过家庭、学校、社会的交互、协同,树立"以家庭养成教育为基础,以学校德智体育为中心,以社会实践活动为重要形式,以家校社平台为载体"的协同理念,构建"学校显性教育、家庭隐形教育、社会补充教育,学校承担教育的主体责任、指导家庭共同开展教育,社会参与、监督学校教育,三者之间有机互动"的协同机制。

(二)打造大数据平台服务机制

"互联网+"背景下大学生教育管理的发展,需要相应的平台做辅助。大学生教育管理网站的建立是必不可少的,其次需要抓住一些信息传播载体它们自身的属性,比如手机、微信、微博等,使得它们最有效地发挥其功能,推动大学教育管理的创新和发展。

1.构建大学生数据管理系统

在大学构建一个相对完整的学生数据库,能让大学生教育管理工作者工作时,清晰迅速地知道目标学生的实际特征、价值取向以及心理情况,这也是大学工作中大数据价值的体现。健全大学生数据库是大学搭建线上综合服务平台的根本,大学在构建线上平台时,首先应综合大学内部和外部的数据和信息,突破自身和外部环境以及科学技术的障碍,即数据使用障碍。校外有丰富的数据资源,这些资源或来自政府,或来自社会,而大学现阶段对校外资源的利用还存在障碍,以政府资源为例,由于其最早开始大规模收集数据,故拥有相对丰富的数据,这些数据涵盖教育在内的各个领域,例如各类国家规范的考试信息,但政府为了安全和规避风险,大量的数据信息被埋没,这也导致很多教育领域的数据没有外传,这些数据背后的价值也因此没有被展现。另外,学生的网上行为痕迹收集成数

[①] 高书国."旋转门":构建家校协同育人体系[J].教育与教学研究,2020,34(07):64—73.

据被网络平台保存,这些数据还未兑现的价值就是这些公司和企业的无形商业资产,他们不向大学共享收集的数据和信息,导致其无法真正运用在大学的教育管理中。基于这些实际情况,现阶段大学若想运用学生数据,需要主动积极与政府以及相关社会机构交流,坚持将校内部和外部的所有学生数据和资源整合。然后大学对于自己内部的资源整合上也需要注意,将各个学科和所有行政部门的信息和数据进行整合,突破自身内部所有部门和教师间的沟通屏障,避免出现各部门独自运行,毫无沟通和对接的现象。大学的各个部门日常会基于自身工作开展的需求,去收集和存储数据信息,以方便分析数据,这样的工作模式也直接导致各部门收集数据的差异,各个部门对数据信息的类型要求不一样,其需要的数据价值也不一样,所以大学只有积极推动学工处、教务处以及图书馆的数据整合,同时加强他们与后勤部和心理咨询等单位的沟通合作,才有可能彻底实现内部资源的统一,进而建立相对健全的学生教育管理信息系统,通过该系统,大学生的培养信息和所有教育信息以及学籍等档案可以整合在一起,真正意义上实现内部资源共享。

2.构筑在线讨论的信息分享平台

大学在校园网站上建立线上分享平台可以提供多种服务,旨在创造思想理论教育资源网站和学生自主教育网站,前者对大学建设的发展具有一定的示范意义,后者以学生为主,提供线上生活栏目,内容是校园师生的实际生活为主。同时线上分享平台也是大学的网络互动社区,在网络社区中设置单独区域对接辅导员博客和教师博客,这有助于加强师生交流,而增添校务微博以及校园公众号等新媒体,有助于大学官方媒介的传播,并利用他们的特征将校园文化和信息通过图片、文字以及音视频等形式传递给学生,这些媒介的传播力和渗透力也有助于大学将社会价值观以及高品位文化注入在大学网络传播中,有利于优秀的传统文化和红色经典文化等文化的传播和传承。

基于互联网的应用思维,大学可以同步对学生进行线上和线下的教育管理,线上的教育管理是在辅助线下工作的开展,同时也是对大学生教育管理工作的创新。因此建立平台,是为所有大学的师生进行线上讨论、信息传递以及资源共享等活动提供了一个机会,不仅能实时在线分享信息和生活,还给传统的大学生教育管理模式带来了更多的变化和趣味性。此外,现阶段已经出现基于互联网背景和技术衍生的学生教育的教学方式和线上教学平台,例如MOOC以及课程录播等,在线为学生提供课程,而直播平台和云课堂等是用直播方式进行教学,这一系列的在线课程平台不同于其他网络载体传播方式,因为这种线上教学模式只是将线下课程的录制视频放在线上平台上播放,学生在上课途中无法与老师和其他人进行实时交流,没有提问也没有回答,而直播课堂等的教学软件,是教师在直播平台上授课,只需要注册这一平台即可通过课程代码等标志进入直播课堂上课,同时能在直播课堂中与老师交流和提问,也能与同一课堂的同学实时交流,而老师在直播课堂中可以实时记录,解答学生问题,也能反向提问,课后老师在直播平台中可以回顾教学过程,方便其整理教学记录。同样学生在课后也能复习直播视频以及相关资料,甚至是有一定教育意义的电影和视频等。此外,新构建的校园线上分享平台可以支持学生转发感兴趣的话题,能有效传播重要话题,学生的这些参与行为正是线上平台实时分享功能,这一平台同时兼容所有师生的线上活动,减小了他们之间的距离感,有助于他们进行有效交流。并且老师通过这一平台能实时了解学生的动向,在适当的时候方便给予学生一定的引导,在日常生活中就进行了学生教育管理。

(三)完善教育管理制度保障机制

大学生教育管理制度是现代大学制度的重要内容和组成部分,主要规范学生的道德和行为、增强法制观念,在学生学习生活、心理需要和成长诉求中发挥引导、教育、服务的作用,是培育社会合格人才与社会主义接班人的有力保障。凭借互联网时代的到来和教育管理理念的转变,完善、优化大学生教育管理制度,建立大学生教育管理的制度创新体系,以提升学生教育管理工作的科学性、针对性和有效性,势在必行。

1.制定新的信息网络教育管理制度。互联网时代,网络无边界,大学变成真正意义上的"没有围墙"的大学,大学生教育管理从某种意义上讲,必须走出校园、走向社会,甚至跨越国界。因此,建立系列科学、有效的信息网络教育管理制度,是保证学生教育管理新模式正常运行、发展的前提,是学生教育管理组织不能缺少的机能,更是保证学生教育管理工作有章可循、客观公正、科学高效的基础。如《网络安全管理制度》《信息发布制度》《微信群、QQ群等各类新媒体管理制度》《校园APP管理制度》《在线课程、云课堂等相关制度》等等。

2.对现有教育管理制度进行优化、修订。一是坚持"以生为本",学生是大学生教育管理的相对人更是教育管理的主体,教育管理制度的优化、修订中,吸引学生的参与,开展广泛的听证和讨论。二是大学生管理制度可分为纵向和横向制度体系[1],纵向制度主要包括国家、省市教育行政管理部门制定的学生教育管理制度,横向制度主要是指学校层面内部制定的,如学籍管理、宿舍管理、奖惩制度等。在学生教育管理制度(横向制度)优化、修订中,要注重改变大学传统教育管理制度的"管理性"为"教育性",不断探寻富有内涵和意蕴的教育管理制度,既要"用制度约束学生",又要"关怀关爱学生""给予学生",让学生的思想、心理和行为形成一种自觉。

二、创设网络管理平台

互联网的发展模式逐渐渗透进大学,教育管理工作者可以借助这一力量增加师生的交流和互动。为创设互联网管理平台,大学既应把握理论层面的互联网教育,为创设管理平台做好准备;也要重视现实层面的实践锻炼,真正打造依托全新数字化校园互联网的管理平台。

(一)开设互联网理论教育培训

大学教育管理者需要提升自身的互联网素养,被管理者同样需要提升。管理不是管理者的"一家之事",管理工作需要被管理者的配合,大学工作者与大学生在未来也有可能会成为管理者,是潜在的管理者。基于

---

[1] 李慧.大学生教育管理制度体系建设的文本分析[J].长春教育学院学报,2020,36(11):22—28.

此,大学应分类别开展针对管理者和潜在管理者的互联网素养教育课程。对于管理者和工作人员,通过岗前培训与职中培训,展开系统性培训、专题性研讨和定期研修,侧重于培养其互联网实际应用部分的理论知识。对于大学生,应重点对其进行互联网价值方面的理论教育,使其明确个体责任,内化媒体道德,践行媒体德行,自觉提升互联网素养。

(二)打造互联网实践锻炼平台

学生与老师之间可以在网络平台建立独立的课程网站,在网站上分享课件和视频,为学生提供随时学习和互动的机会;他们还可以通过建立QQ群和微信群加强课下的沟通,或者运营自己的博客和空间来提供更多与学生互动的窗口,这一系列的行为也有助于他们实时了解学生的动态和想法,在发现问题时能迅速给予一定的指导和纠正。此外,大学教育管理工作人员可以充分利用网络平台,关注学生的生活和情感,及时在他们的学习、人际以及工作等方面给予适当的建议和解决方案。因此,互联网的发展给大学师生提供了更多的途径来沟通和互动,不仅有助于增强情感交流,还是大学教育管理工作者用来培养自身素养和开展师德建设的主要渠道。

网络信息平台是大学创设互联网管理平台的关键一环。基于大学教育管理者、工作者、大学生开展的互联网理论教育需要在新一轮的实践中予以检验。大学在优化大学教育管理中需创造性利用好学生班级微信群组、校园社团微信群组,发挥互联网的信息平台及时传递功用,充分利用好日常教育管理;打造依托全新数字化校园互联网的"社交联盟";创造条件使教育工作者有机会、有途径使用互联网管理平台,切实发挥互联网的管理助推作用。

三、优化基于互联网的大学教育管理环境

大学生教育管理环境是大学生思想道德品质的形成、学识水平和综合素质的提高重要的影响因子。大学生教育管理环境是指管理过程中学生直接感受和接触的,影响学生思想品格的形成与发展,影响管理活动与管理效果的一切外围条件的总和①。互联网时代,网络无处不在,各类信息无孔不入,大学生教育管理环境随之变得复杂、多变,因此,"创造公平正义的社会环境、营造清朗的校园环境、构建良好的家庭环境、打造干净的网络环境"等,努力优化影响学生教育管理的社会、校园、家庭和网络环境,为互联网时代学生教育管理新模式的实现创造美好环境。

(一)创造公平正义的社会环境

1.社会公平环境。教育公平是最重要且最基本的公平。社会生活中存在的一些不公平现象,特别是教育不公平,容易引起大学生的特别关注。比如某单位招聘明确要求应聘者学历为"双一流大学"毕业生,明显的"唯学历、唯名校"就业歧视;再如"我爸是李刚"之类的"拼爹现象"等等,这些社会不公平现象激起众多大学生的负面情绪,特别是地方本科院校学生,容易自暴自弃、破罐破摔。因此,政府要修订、出台相应政策措施,保证教育、就业等学生最基本的民生工程,切实维护学生的合法权益,营造公平正义的社会环境,助力学生教育管理,进一步激发青年学生服务国家、服务社会、服务人民的热情。

2.社会舆论环境。社会舆论存在先进的、落后的,错误的和正确的等,舆论环境的纷乱复杂,对大学生教育管理与成长有重要的影响。因此,政府、社会各组织团体要以"电视电台、报刊报纸、微信微博、移动终端、互联网"等平台为重点,发挥主流舆论阵地作用,坚持正确舆论导向、正面宣传为主,阐释好宣传好党中央的重大决策部署和工作成效,以及广大人民群众在新时代的新风貌;客观回应人民关切;积极引导青年学生树立、培育、践行社会主义核心价值观。

(二)营造清朗的校园环境

互联网时代的到来,各类网络新媒体的迅速崛起,大学生教育管理的校园环境也正发生着巨大的变化。因此,大学要顺应网络时代的新常态,营造清朗的校园环境。一是改善校园"硬"环境条件。学校"硬"环境主要指学校的硬件设施,如校园建筑、绿化景观、教育教学仪器设备、生活设

---

①秦淑敏."互联网+"时代大学思想政治教育管理创新研究[D].锦州:渤海大学,2018.

施,以及网络系统等等。良好的学习、生活环境,可以启迪智慧、陶冶情操、涵养性格,无形之中起到控制不良情绪、抑制不良行为、完善道德修养的教育作用。改善校园"硬"环境条件,首先要做好校园建筑、自然景观的设计和规划,建设一个公园、景区式的校园,在优美、自然的环境中感染学生、发展学生;其次要加大学生学习生活的基础设施投入,不断完善相应的配套设施,切实解决学生教育管理中的实际困难和问题。二是加强校园"软"环境建设。学校"软"环境主要是指校园文化、师生关系、师德教育、校园活动,以及校纪校规等,以无形、独特的力量,对学生进行教育或影响。校园"软"环境虽然看不到、摸不着,但是校园环境的灵魂,若没有了它,学生教育管理工作就是没有"风"的风筝,怎么也不能飞。加强校园"软"环境建设,首先要加强校园文化建设,树立良好的校风、教风、学风,以此带动熏陶学生;其次要构建民主平等的师生关系,如人格平等、心理平等,在感情上贴近学生,思想上理解学生,心理上接受学生。

(三)构建良好的家庭环境

父母是人生的第一个老师,家庭是人生的第一个教育管理环境,它们深刻影响着思想道德观念和行为方式的形成发展。互联网时代,就学生教育管理来讲,对家庭环境的要求越来越高。一是要积极营造和谐民主融洽的氛围,可以让学生形成自信、开朗、乐观、坚强的性格。不然学生在学习生活工作中遇到困难挫折必然抱怨满腹,抱怨社会、抱怨学校、抱怨他人,从不从自身找原因。二是要适时展现热爱学习生活的精神面貌。家长要树立终身学习的意识,积极展现热爱生活的精神面貌,已有的研究表明,大学问题学生基本都与家庭教育的缺失、家庭不完整等有关。良好的家庭环境潜移默化地影响着学生的成长成才,并逐渐内化为优良的道德品质、思想行为和崇高的向美的精神风向。

(四)优化大学生信息素养教育支持体制机制

无论是从社会发展的实现,还是大学生在研究过程中呈现的对网络的高度依赖,信息网络技术的推广和新媒体技术的层出不穷,这些都对大学生的价值观、伦理道德、就业问题、理想塑造等产生了深刻的影响,也对大学生的社会交往方式和学习方式产生了很大的影响。因此,大学生信息素养教育支持系统必须沉浸在网络环境中,基于网络环境进行。网络主要体现在校园网、学校多媒体设备、计算机等网络资源上,学习资料已经数字化,资源丰富,易于共享。在网络平台中,主要内容是教学过程中的软件系统和学习平台的设置。在网络工具中,学习工具可以帮助学习者构建知识和处理问题。

随着信息技术的不断应用,世界上大多数国家都非常重视信息技术的发展,信息技术可以提高国际地位,提高人民的整体素质。此外,美国、日本等一些发达国家已经开始将信息素养课程纳入国家教育课程,其信息素养教育支持体系也日益完善。目前,我国在制定信息素养教育标准方面还没有出台统一的标准。在大学教育中,这也会阻碍信息素养教育的推进。根据中国国情,研究人员建议相关部门制定统一的信息素养标准。同时,我们应该积极学习信息素养的教育经验,并根据本土化的实际情况加以提高。大学必须意识到在项目推广和信息素养教育过程中制定信息素养教育标准的重要性,将信息素养要求纳入大学教育工作者的专业标准,制定提高教师信息素养的计划,有目的地将网络知识融入计算机基础课程,充分利用各种信息技术,最大限度地提高学生收集信息的能力。在教学过程中,高校教师应注重培养学生的信息道德意识和信息安全意识,培养学生识别网络媒体信息的能力。参照国内外的识字教育标准,我们也可以看到,信息素养教师的专业要求不断提高,专业水平逐步提高。

四、推动基于互联网技术的大学教育管理载体的联动

大学生教育管理载体是指将学生教育管理理念、教育管理内容渗透到学生教育教学、各类活动以及日常学习、生活中,以达到提高大学生的思想道德素质、综合能力,规范大学生行为、习惯的目的[1]。互联网时代的到来,为大学生教育管理提供了更多的载体,也为各载体之间有机联动发挥了纽带作用。大学生教育管理载体主要有课堂教学载体(课程思政、思政课程)、第二课堂载体(创新创业教育、学科竞赛、班级、社团活动等)、校园

---

[1] 刘力. 大学生思想政治教育管理载体论析[J]. 学校党建与思想教育,2010(03):85—86.

文化载体(青年志愿者协会、学生会、社团、校园文化艺术节、校园讲座、学生社区、宿舍文化节等)、网络载体(QQ、微信、微博、邮箱、校园APP、直播等)。其中,课堂教学载体是主渠道、是大学生教育管理显性载体,在大学生教育管理中起主导作用;第二课堂载体是大学生教育管理隐性载体,在大学生教育管理中起辅助作用,但不可或缺;校园文化载体是大学生教育管理重要载体,在大学生教育管理中起重要补充作用,不可替代;网络媒介既是大学生教育管理的有效载体,更是各载体之间有机联动的纽带。通过将学生教育管理理念、教育管理内容赋予具体活动中,改变传统的"面对面"说教管理,继而推动大学生教育管理载体的有机联动,互相联系、互相作用和互相影响,充分发挥其承载和传递教育管理内容的作用,构建多方位、全过程、立体的大学生教育管理体系。

第五章 互联网视域下大学课程资源的社会共享研究

第一节 大学课程资源社会共享的基本理论

一、人本主义学习理论

人本主义心理学于1950年代和1960年代在美国流行,并在1970年代迅速发展。人本主义理论强调了人类可能性的发展,人体、思想和情感的发展以及人文主义的自我实现。简而言之,它是"面向人类的"。人们的主要心理学支持人们,而不是另一个人,应该更多地关注人们的心理活动,例如信仰、生活和尊严。人本主义学习理论基于人文心理学,目的和结果是强调"学习过程"的研究,并充分发展学生的整体个性。人本主义作为20世纪的三个主要教育运动之一,与计划教育和纪律结构运动一样著名,它对世界各地的教育改革产生了重大影响。

人本主义学习理论认为学习过程是情感与认知相结合的活动。在传统教学和学习理论的影响下,学习与情感无关,只是接收和加工信息的过程。这导致在教学过程中教师忽视了学生的内心世界,没有足够的互动、情感沟通。人本主义学习理论的发展使教育和学习更加关注学生的精神世界,使学生有了充分的感受、体会,使学生不仅掌握了机器知识而且掌握了对社会生活、外部的较强感知能力。

人本主义学习理论认为,每个人在其内部都有自我实现的潜能,强调学生的独特性,鼓励学生发挥内心潜能,坚持以学生为中心,让学生掌握学习主动权。人本主义学习理论提倡有意义的学习。有意义的学习是对个人行为、态度、个性和未来行为方针的选择产生巨大变化的学习[①]。它认为,人本主义不应该强迫学生学习,而应该让学生主动学习他们感兴趣的知识。一位学者总结说,学生学习必须具备以下四点:集中力,自动自发,全面发展,自我评价。即学生学习主动,学习注意力高度集中,使学生达到全面发展,进行自我评价,有效改善学习过程。该学者也曾提出心理学家推动有意义学习的四个基本条件,分别主张以学习者为中心,让学习者建立与学习内容的联系,在师生之间营造和谐的学习环境和氛围,坚持从做中学。

与别的学习理论观点的区别在于人本主义学习理论是一种将"以学生为中心"作为其教学理念的理论,其理论认为在学习过程中,教师要尊重学生的主体性,关注学生的学习需要和自身潜能。其主要强调,在教学过程中,教师要帮助学生发掘其主体创造潜能,使学生的学习自主性被充分地发掘。因此,在上课过程中,学生需要处于轻松心理环境的学习氛围中,学生能够充分地发挥其主体创造性。罗杰斯认为,在以人本主义学习理论指导下的课堂教学中,教师并不会以传统的强制灌输方式对学生进行教学,取而代之的是尊重学生的课堂主体性,作为课堂的引导者,逐步推动学生学习,即教师是课堂和学生的"引导者",为学生提供学习经验和自由学习的环境。

二、教育公平理论

在国外对教育公平的研究当中,教育公平最初主要是探讨教育机会的均等,自此之后,教育公平的内涵被逐渐扩展到更多领域。学界针对教育公平理论的研究可分为两大派别:分配正义论者和关系正义论者。前者认为教育是同医疗、国防等社会资源一样的可被普遍分配的共有资源,他们认为教育公平研究的重点应该聚焦于分配教育资源的方式是否能够帮助社会弱势群体得到更多的利益,能否不断弥合代际传递和自然因素对

[①] 刘晋红.人本主义学习理论述评[J].黑龙江生态工程职业学院报,2009,22(05):109—111.

个人成长发展带来的消极影响[①];后者则是不单单将教育看作一种分配资源,而是将其扩展为一种人与人之间的相互关系,认为教育公平不仅仅是要保障资源的公平分配,还应包括受教育者尤其是弱势群体的文化和政治权力之间的公平正义。

在《关于教育机会平等性的报告》中界定了教育机会均等的内涵:教育机会的均等不能仅仅局限于靠教育的投入平等来衡量,还要注重每个学生原生的家庭背景,这种家庭背景从多个方面影响着人们对教育资源的获取,如人力资本、经济资本和社会资本。并且,报告中还提出了四条教育公平的标准[②]。罗尔斯则从伦理学的角度出发,提出公平的两个原则——平等原则和差异原则[③]。互联网教育在实现供给模式创新的同时不应抛弃掉教育公平的共有理念,在实践中也应保障制度正义;受教育权利作为公民的基本权利,互联网教育公共品要能够让每一个人平等地享受这种权利,这是制度设计的前提;同时,要利用差异原则缩小互联网教育中存在的不公平现象,真正实现教育公平和制度正义。

三、无边界大学教育理论

无边界大学教育所指的边界跨越主要包括以下4个方面的内涵:①打破了正规学校学习与非正规学校学习之间的界线。成人继续教育、终身教育等教育形式的出现,让社会大众获得了继续学习的机会。②打破了传统大学教育作为"公共产品"的概念上的界线。一些带有营利性目的的私立大学教育机构的出现,让大学教育不再只是公立机构的产物。③打破了国家和地区的边界。一些产业或国家联合的教育机构、教育形式的出现使得新的受教育机会出现,打破了传统的国家与地域的限制。④打破了传统教育的时间与空间的界线。远程教育、网络学习方式的出现,让学习不再受时间与空间的限制,教育的受众不断扩大。由此可见,无边界

---

① 钟景迅. 教育公平的应有之义及其研究方法反思——质化研究在其中的作用和意义[J]. 高等教育研究,2013,34(03):52—60.
② [美]詹姆斯·S. 科尔曼,等. 科尔曼报告教育机会公平(下)[M]. 上海:华东师范大学出版社,2019.
③ [美]约翰·罗尔斯. 正义论[M]. 何包钢,等,译. 北京:中国社会出版社,1999.

大学教育打破了众多界线但并不是没有界线,只是在传统教育的基础之上突破时间、地域、空间等一系列的限制,让教育得到了长足的发展。

无边界大学教育的基本特点主要有:课程的流动性、学习成本的低价化、学习方式的开放性。除了有在传统大学教育中同样存在的师生及教育机构的跨国界流动之外,在无边界大学教育中还包含了一种独特的现象,便是课程的流动性。进行课程学习的学生不再受限于传统大学教育的地域限制,可以通过网络的方式学习其他国家或地区的课程。新的课程学习形式的出现,证明了在无边界大学教育里学生与课程都是具有流动性的。正因信息技术的高速发展,让课程的学习更加方便快捷。跟以往传统大学教育跨界学习相比,学习与生活的费用可以大大减少。这也证实了在无边界大学教育的指导下,学习成本正在逐渐低价化。在无边界大学教育的影响下,学生不仅可以在学校接受教育,还可以通过网上注册缴费进行网络学习。学生学习可在任何地域、时间进行,在学习上学生多了很多自主权。

四、共享发展理念

新时代我们将共享发展理念作为一个与时俱进的科学理论成果,它的产生不是空中楼阁,而是有着深厚的理论基础。笔者认为所谓的共享不能单从字面意思来理解,要根据共享的内容,多维度、多层次地分析。其内涵具体体现在四个方面:

一是全民共享。针对共享所惠及的范围,我们希望共享发展能实现全民人人享有,而不只局限于小部分人。由目前大学课程资源共享的现状来看,大学课程资源的共享主体不够广泛,能接触到这部分资源的学生和教师也会受地域、身份等的限制。基于这种情况,探索大学课程资源共享是非常有意义的,本研究在学生需求视角下进行,不仅希望广大学生能充分享受大学课程资源,更希望日后大学课程资源能够实现全民共享、社会共享。

二是全面共享。全面共享是主要针对共享内容,具体集中于对国家经济、政治、文化、社会和生态的共享,目的在于全面保障人民的合法权益。大学课程汇集了各科教师和相关负责人员的智慧与心血,学校更是付出了大量的时间、精力与财力,这一优秀的课程资源更需要实现共享,进行本专著研究的目的之一就在于希望更好地实现大学课程资源共享。

三是共建共享。共建共享是共享的实现途径,而共建实质上也是共享的一部分。共建共享就是要动员全民、人人参与、人人出力。大学课程资源要想实现共享需要学校、政府以及每位学习受众的参与,在学生需求下进行研究更需要学生们的鼎力支持。从大学课程资源共享的建设、管理到更新、维护,每一步都需要人人参与、人人出力。

四是渐进共享。渐进共享主要聚焦于共享的过程。共享发展绝不是一蹴而就的事情,是从低级到高级、从不均衡到均衡的阶段过程。以学生需求为主体进行大学课程资源共享的研究,也非常符合渐进共享。资源共享需求各个大学具有相同的共享意识,打破知识产权壁垒,突破地域限制,需要多方的共同努力与支持。

综上所述,共享发展理念能为本专著研究提供理论基础,在学生需求视角下进行大学课程资源共享的研究,实现全民共享、全面共享、共建共享、渐进共享。以目前的情况来看,学生是教育主要受众。大学生能够平等地享有教育资源,不受时间、地域、环境的限制,是实现教育资源共享的目的之一。通过学生需求视角,结合共享发展理念进行大学课程资源共享研究,能为更好地实现大学课程资源共享提供坚实的理论基础。

第二节 大学课程资源社会共享传统模式的不足分析

一、问卷调查前准备

(一)我国大学课程资源共享环境分析

在进行本研究前,应先对目前大学课程资源共享的环境有所了解。在明确环境背景后,在互联网视域下进行相关研究才能更切合实际地提出有效的改善策略,所以本研究将用SWOT分析法,对大学课程资源社会共享的环境进行分析。

SWOT分析法又被称为态势分析法,这一方法大多运用于企业战略分析。SWOT是四个分析因素的简称,即Strength(优势)、Weakness(劣势)、Opportunity(机会)以及Threat(威胁)。企业一般利用这种方法对目标对象的内部优势、内部劣势、外部机会和外部威胁这四个方面加以综合评估与分析,了解目标对象的内外部情况,利用优势与机会,规避风险与威胁,从而达到要实现的目标。利用SWOT分析法可以把目标对象分析得更加透彻,从优势、劣势、机会、威胁这四个方面结合分析。

SWOT分析步骤如下:

第一进行目标对象的内部环境分析,找出目标对象的优势(S)和劣势(W);

第二进行目标对象的外部环境分析,列出目标对象所存在的机会(O)和正在面临或即将面临的威胁(T);

第三将目标对象的优势与劣势进行进一步划分,分别列出与机会相关、与威胁相关的因素;

第四结合内部优势、内部劣势、外部机会、外部威胁这四个方面进行分析,具体分为优势—机会(SO)、劣势—机会(WO)、优势—威胁(ST)、劣势—威胁(WT)这四种组合。

虽然这种方法最早应用于企业发展,但凭借多学科的渗透影响,SWOT分析法可在多个领域中运用。本研究进行学生需求视角下大学课程资源共享策略研究,要了解目前我国大学课程资源社会共享的环境情况,根据内外部因素具体情况具体分析,这十分利于本研究的进行,也为本专著的顺利进行奠定了实现基础。

1.我国大学课程资源共享的优势

(1)资源种类丰富多样

目前,我国大学类型繁多。普通高校可分为本科层次和专科层次;按类型可分为综合类、师范类、工程类、农业类、农林类、医药类、林业类、语文类、财经类、政法类、体育类、艺术类、民族类。既有综合型院校,也有专业型院校。大学类型的多样性使得大学课程资源的类型非常丰富,为大学课程的发展提供了契机。大学课程资源的类型也在不断丰富。

（2）广泛的共享渠道

全国高校的在线开放课程可以在中国大学MOOC、学校在线、智慧树、慕课、中国MOOC等9个国内课程平台上观看和学习。学校建立了相应的大学课程网站，可以提供大学级、省级和国家级的大学课程资源。可以看出，中国的大学课程可以通过各种形式和平台呈现给学习者。

2. 我国大学课程资源共享的劣势

（1）网站或平台运营技术限制

结合实际操作可以看出，我国高校课程资源共享存在以下技术局限性：网站访问量大、信号不稳定会导致网站崩溃，无法顺利进入高校课程网站。根据调查，学校之间的数据库并不常见，这导致校外学生未能成功登录数据库进行相应的学习。对于网站提供的大学课程视频，点击后发现网站仅提供大学课程的课程介绍，未披露实际课堂记录等视频资源。网站提供的部分视频链接或其他学校链接无效。这种情况经常发生。一些大学课程网站提供的链接无法访问或丢失。网站运维团队可能在添加链接时出错，或未能及时更新链接。这些现象都表明高校课程网站在运行维护方面做得不够。

（2）大学课程资源共享程度不高

经过上述调查过程中的多次实验，发现该校的大学课程可以在平台或网站上找到资源并顺利观看和学习，而大部分大学级大学课程资源都是不开放的。因此，虽然在大学课程平台上可以看到其他大学的大学课程链接，但在实际操作中会发现学习者无法学习相应的课程。在名称中，它是共享的。我们可以清楚地找到链接或网站，但事实上，大学课程资源的共享程度并不高。

3. 我国大学课程资源共享的机会

（1）政策大力支持

教育部发布了大量关于大学课程的公告，为大学课程的建设和共享提供了大量的政策支持。2012年，国家大学课程根据成绩升级为国家大学资源共享课程；2018年1月15日，首批490门国家大学在线开放课程启动。

这些课程已层层筛选。它们不仅质量高,而且广泛共享。课程的引进表明了国家对大学课程的重视。目前,教育部也在不断发表支持意见。一流学校应加快高校在线开放课程建设,展示优质课程资源,提高我国高校教育实力,推动高校建设与发展,推动高校课程资源的进一步开发。对于大学课程建设,政府将提供相应的财政支持,大学将在政府资金支持下开发建设一流的课程资源。由此可见,我国大学课程资源的共享有政策和国家的支持。抓住机遇,实现大学课程资源共享。

(2)大学教育逐步迈向普及化

根据2021年8月27日教育部发布的《2020年全国教育事业发展统计公报》(以下简称《公报》)显示,2020年,全国各类高等教育在学总规模达到4183万人,高等教育毛入学率54.4%。可见,大学教育正逐步走向大众化。近年来,凭借教育的不断发展,我国大学教育的入学率不断提高,这表明我国大学教育正在从大众化教育走向普及教育。这意味着更多的学生享受大学教育资源,教育资源的受众也在不断扩大。在此背景下,高校课程资源的开发将不断完善,高校课程资源的受众将越来越多。

(3)现代科学技术的发展

从当前全球发展的角度来看,现代科技与教育联合发展的案例越来越多。许多新技术的发展推动了教育的发展。互联网、人工智能等新技术与教育教学的结合,改变了传统的教育形式,教师在科学技术的进步下大大解放了双手。教师和学生的主体地位也在不断变化。在现代科学技术的引领下,学生可以充分掌握学习的主动性。同样,这些科技进步为大学课程资源共享提供了更好的发展机会。利用先进的科学技术探索大学课程资源共享的新途径和新方法,最大限度地利用大学课程资源,是必然趋势。

4.我国大学课程资源共享的威胁

(1)大学课程知识产权、版权问题严重

目前,我国高校许多教育资源产权模糊,由于产权问题,资源共享不及时。学习资源应使学习者通过教学活动获得四种成就,即获取信息、推动思维、改变观点、发展行为和技能。高校课程资源的产权缺乏相应的保障,将极大地影响双方的积极性。此外,由于高校课程知识产权划分不清而引发的资源纠纷现象已经十分普遍。在信息获取方面,后现代教育注重知识的"多样性"和"异质性"的发展。由于缺乏知识产权保护,大学或教师本身非常重视自己的课程资源,不容易与外界共享。从长远来看,高质量的大学课程资源只能掌握在一所大学手中,其他大学和学生无法有效获取大学课程资源。这对大学课程资源的共享和开发是非常不利的。

(2)大学间相互竞争意识强烈

爱课程的学校云平台中,华北地区39所大学,东北地区15所大学,华中地区70所大学,华东地区118所大学,华南地区17所大学,西南地区17所大学,西北地区23所大学,其余地区6所大学,共有305所大学加入。点击这些学校的校徽即可进入该校的在线课程中心,在线课程中心提供的课程界面,主要包括MOOC课程、资源共享课和视频公开课。课程的上线时间、课程时长、课程大纲均有展示,可以让学生清晰快速地了解到课程信息。

综上所述,鉴于以上对我国大学课程资源共享环境的SWOT分析,可以看出凭借大学教育的不断发展进步,大学的实力也在不断提高。在政府政策的大力支持和现代科学技术的发展下,高校应保持合作共赢的意识,积极参与高校课程资源的共享。同时,可以结合当前的发展机遇,加强高校课程资源平台技术的优化和改革,充分发挥自身优势,提高竞争力。在知识产权和版权方面,教育部可能会颁布明确规定,保护大学课程资源的产权。高校课程资源类型丰富多样,共享的方式和手段不断创新。合理利用这些优质资源,防止大学课程资源的闲置和浪费,也是本专著的目的之一。

(二)平台网站调查

大学作为大学教育的主要载体,有学者提出了大学具有"终身教育""推动就业"和"知识转化"等"新三大职能"[①]。大学的建设目的是培养出杰出的人才,所以从大学本身进行探索分析是本专著的基础。2021年QS

---

① 王洪才.大学"新三大职能"说的缘起与意蕴[J].厦门大学学报(哲学社会科学版),2010(04):5—12.

世界大学排名中,中国共有12所大学上榜百名之内。选取其中的清华大学(第15名)、北京大学(第23名)、复旦大学(第34名)、浙江大学(第53名)、上海交通大学(第47名)、中国科学技术大学(第93名)作为此次大学课程的考察对象。主要从是否有专门的大学课程网站、网站是否能顺利打开、网站界面是否清晰全面、网站内容是否及时更新、是否有校内外权限限制,大学课程链接是否能顺利打开并观看这几个方面考察。

1. 清华大学

作为中国著名大学,清华大学推出的大学中文MOOC平台学堂在线APP可提供1000多门免费课程。搜索清华大学课程网站,可以直接链接到在线学校,在线学校有详细的说明,并按类别列出了相应的PPT和视频网站。其中,有13门校内课程,其中一些向世界开放,一些向校园各部门开放。根据网上学校的指示,我们可以发现网站的内容非常全面。主页包括全球开放课程、校园课程和课程搜索。课程仪表板包括所有课程、公共课程、相关学习活动记录和活动日历的列表。详细内容部分包括课程公告、课程信息、课程文档、课程作业、课程讨论、课程问答和课程电子邮件。尝试登录后,发现校外学生无法学习相关课程。

2. 北京大学

北京大学有一个专门的大学课程网站。根据实验结果,大学课程学习需要登录大学的用户名。该网站显示清华大学、交通大学、南开大学、南京大学等高校课程网站的链接,但提供的链接无法访问或无效。此外,由于学校IP的限制,高校课程网站需要通过校园网或VPN访问。该网站还列出了教育部、全国高校精品课程建设,上海、天津、北京等高校课程资源网络的链接,但无法访问,链接无效。根据网站内容,2005年北京大学课程网站提供的52门大学级课程信息保持不变,2009年保留了9门市级大学课程和11门大学课程。据网站统计,全国共有84门大学课程,84门市级大学课程,52门大学课程。显然,网站上的信息没有及时更新。

3. 复旦大学

复旦大学有一个专门的大学课程网站。根据该网站的信息,有63门大学课程和大学资源共享课程，可以直接链接到这些课程。但是，当您随机单击课程时，您会发现某些课程无法访问，从而导致链接丢失。基本上，可以直接单击结束课程进入主页。同样，在观看随机选择的课程时，会发现课程视频丢失，播放失败。在上海市教委汇总的重点课程中，部分课程没有直接链接，点击观看也存在播放失败和视频丢失的情况。该网站总结了2004年和2018年复旦大学的校级课程，但你只能通过学校账号观看。校外学生无权学习校级大学课程。

4.浙江大学

浙江大学的官方网站可以链接到在线课程网站和开放课程网站。分别点击两个网站进行查看，发现开放课程网站内容少，大学课程板块开放不明确。然而，在线课程网站上共有45个资源共享课程。国家课程可以通过登录AI课程账户直接查看，而其余课程没有相应的链接，无法查看。官方网站教育教学栏目中的开放课程网站多次尝试后都无法访问。网络教育大学课程（http://jpkc.scezju.com/）浙江大学远程教育学院，其网站信息长期未更新。网站中的大多数链接无效或无法访问。国家在线教育大学提供的大学级课程链接显示，单击后数据库链接失败，无法查看。

5.上海交通大学

上海交通大学课程中心是在搜索了上海交通大学的大学课程后出现的。公告显示，上海交通大学课程中心Canvas@SJTU在线教学平台已经重新定位，并计划在2009、2020年秋季学期为所有教师和学生推广一个新的学习平台。学校课程中心的数据同步仅在Canvas@SJTU学习平台中，课程中心继续运行和维护。课程中心平台有相应的大学课程搜索栏，可将国家、市级和大学课程逐一分类。点击上海交通大学课程内容，访问权限丢失或没有此类视频。成功单击课程项目后，将显示一条提示消息，提示您无权查看此内容。可以看出，上海交通大学的大学级课程只对上海交通大学的学生开放，其他大学的学生无法学习相应的课程。Canvas@SJTU虽然分为校内登录和校外登录，但尝试过校外登录的学生没有账号无法登录。

6.中国科学技术大学

中国科学技术大学教务处列出了该校的大学课程清单,并按部门和时间对国家级、省级和大学级的大学课程进行了分类。每门课程都有相应的详细介绍,对课程教学的教师信息、课程内容和课程大纲都有一定的简要描述。虽然中国科学技术大学对一系列相关信息进行了很好的整理,让访问者很容易快速找到课程信息,但当访问者点击提供的课程时,他们发现教学视频和课程视频无法成功打开,剩下的教学大纲、教学计划、试题可以成功打开,但仅可以打开教材和参考资料。

综上所述,选择世界前100名的中国高校作为大学课程现状的调查对象,我们可以发现,首先,清华大学在大学课程建设方面具有良好的示范作用,为大家搭建了一个专门的大学课程资源平台,但遗憾的是,校外学生无法在这个平台上学习。上海交通大学和中国科学技术大学也是如此,它们也有专门的平台或网站,而且更加全面。这些学校的调查结果表明,校外学生无法享受所提供的大学课程资源,他们基本上需要一个内部账号登录网站和平台,这限制了校外学生获取优秀大学课程资源的权利。调查结果表明,高校课程存在一些问题:部分高校没有建立高校课程网站或平台;网站建设缺乏维护和更新(课程更新不及时、信息资源落后、链接无效等);限制校外学生登录。调查结果表明,高校课程资源共享存在问题,这使得本专著具有一定的现实意义。

二、问卷调查具体过程

(一)调研方法与路径

在社会调查研究中,问卷调查作为收集调查数据的重要方法之一,发挥着重要作用。由于地域和身份的局限性,本专著将通过传统问卷和在线问卷相结合的方式对这一主题进行研究。

本专著从互联网的角度,研究了高校课程资源社会共享的现状和过程中遇到的问题,并根据问卷调查结果进行了具体分析。在设计问卷时,尽量保持问卷设计的普及性、完整性、中立性、互斥性和实用性。问卷中问题的表述应具体、可行、简洁、中肯,不得抽象、笼统、含糊。尽量避免倾向性,避免敏感问题,确保回答真实客观。

问卷共设计了15个问题。首先,问题1至3主要了解受访者的基本信息,如职业、年级等。问题4至8主要针对受访者学习大学课程的学习动机,从他们对大学课程的理解、获取、学习频率和认知水平等方面展开。从问题9到问题11,了解受访者对大学课程资源的需求。问题12和问题13主要是从大学课程资源社会共享机制的角度出发。受访者在尝试获取大学课程资源时遇到了哪些问题,阻碍学习的主要原因以及在尝试过程中发现的共享的缺点。问题14和问题15是关于大学课程资源共享的需求和意见,学生可以方便地回答问卷中未提及的关于大学课程资源共享的建议和意见。

根据调查的实际需要,本研究设计的调查问卷的题目多样,包括单选题、多选题和开放性问题,调查问卷的设计框架如图5-1所示。

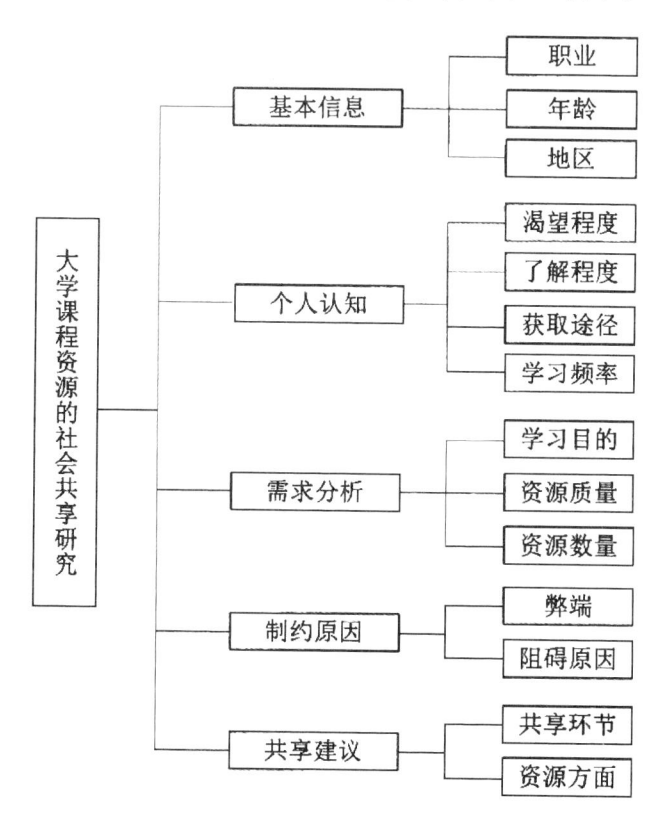

图5-1 调查问卷的设计框架图

(二)样本选取

本专著采用线上与线下相结合的开放式问卷调查方式,调查对象涵盖各行各业,对比《中华人民共和国职业分类大典》,将调查对象的职业由大到小、由粗到细划分为九个大类,样本情况见表5-1。

表5-1 样本情况

职业	占比/%
国家机关、党群组织、企业、事业单位负责人	11
专业技术人员	23
办事人员和有关人员	12
商业、服务业人员	7
农、林、牧、渔、水利业生产人员	6
生产、运输设备操作人员及有关人员	8
军人	5
学生	27
其他	1

(三)问卷发放情况

1.问卷发放与回收

共发放了900份在线问卷,100份传统问卷,共1000份问卷。共回收问卷912份,回收率91.2%,其中有效问卷856份,有效问卷率93.86%。

2.线上调查与回收

问卷星是在线问卷分发的主要渠道。在分发调查问卷之前,请设置相应的权限。例如,IP不能重复,答案不能重复,不能为空。问卷完成后,收集数据,整理数据,分析相关问题。

3.线下调查和回收

针对在线问卷发放中样本不完整的情况,进行面对面问卷发放,确保样本的多样性和真实性。问卷收集完成后,将数据整理并纳入Excel表格,为后续结果分析做好准备。

三、问卷调查数据统计

(一)大学课程资源社会共享的现状

从年龄上来看,大学课程资源在青年中需求较大,老年需求最弱。在问卷调查中,就大学课程资源的渴望程度来看,38%的人群对大学课程资源比较渴望,其次,19%的人群对大学课程资源非常渴望,具体统计情况见表5-2。总体看来,80%的人群渴望接触并学习大学课程资源,因而本课题的研究具有重要意义。

表5-2 不同年龄层次对大学课程资源的渴望程度统计

渴望度	≤17岁	18~40岁	41~65岁	≥66岁	总计	百分比
非常渴望	23人	98人	40人	3人	164人	19%
比较渴望	13人	189人	95人	28人	325人	38%
一般渴望	4人	145人	35人	12人	196人	23%
不太渴望	2人	48人	89人	32人	171人	20%

从职业上来看,专业技术人员对大学课程资源的需求最大

由表5-3可以看出,专业技术人员对大学课程资源的渴望程度最大,专业技术人员对大学课程资源非常渴望程度占比达到39%。这是由于专业技术人员因自身发展的需要,渴望学习到更深层次、跟专业技术相关的课程,不断提高自身的专业素养,从而谋求更好的职业发展。

表5-3 不同职业人员对大学课程资源的渴望程度

职业	渴望度占比/%
国家机关、党群组织、企业、事业单位负责人	10
专业技术人员	39
办事人员和有关人员	12
商业、服务业人员	6
农、林、牧、渔、水利业生产人员	11
生产、运输设备操作人员及有关人员	8
军人	5
学生	22
其他	1

3.从地区上来看,欠发达的地区对大学课程资源的需求远小于发达地区

由表5-4可以看出,不同地区的人群对大学课程资源的渴望程度不同。相对西南、西北欠发达的地区而言,华东、华中、华北、华南经济较发达的地区的人员对大学课程资源的渴望程度较高。其中,华东地区的人员对大学课程资源的渴望程度达到26%。这是因为在经济较发达的地区,主要集中了高新技术产业、制造业等难度较大的产业,因而此类地区的人员对大学课程资源的渴望程度更大。

表5-4 不同地区的人群对大学课程资源的渴望程度

地区	渴望度占比/%
华东地区	26
华北地区	11
华南地区	20
华中地区	23
东北地区	7
西南地区	10
西北地区	3

(二)大学课程资源社会共享的机制

由表5-5可以看出,51.1%的受访者通过网页途径了解大学课程资源,其次,26.4%的受访者通过朋友、同学介绍得知。

表5-5 大学课程资源了解途径统计

序号	了解途径	频数	百分比/%
1	网页	701	51.1
2	朋友介绍	362	26.4
3	单位组织	89	6.5
4	期刊报纸	201	14.7
5	其他	18	1.3
6	合计	1371	100

目前,高校课程宣传模式单一,用户群体不稳定。大学课程推出初期经过一段时间的积极宣传,重点是建设,导致很多优秀的网络课程没有得到学习者的充分利用和肯定,也没有充分发挥其应有的价值和效力。"学习者应该积极参与大学课程资源的社会共享,而不是被动参与。课程建设团队往往沉浸在建设中,不了解市场,也不知道如何进行课程的宣传和推广,这不仅会影响课程的共享,而且会导致资源的浪费。"因为他们无法理解学习者的需求。"大学课程资源的宣传与推广"如果不到位,课程将无法发挥其应有的作用,从而削弱了大学课程资源共享的意义。

(三)开放课程资源的社会使用情况

综上所述,有78%的受访者使用大学课程资源。这表明大学课程资源的使用情况很高。随着时代的发展,越来越多的社会团体渴望从大学那里获得更多的课程资源,学习并将其应用于他们的生活和工作。大学课程资源与大多数社会群体相遇,以了解大学知识,而无须入学。

1.学习的目的集中在知识的扩展上,其次是其自身的技术需求

45%的受访者谈到学习大学课程资源的目的是改善自己,学习知识和扩展视野。因为专业与技术的要求,27%的受访者学习大学的课程资源,并学习专业知识,21%的受访者接受大学课程资源,则是想通过学习兴趣和爱好来适当地减轻压力。这表明社会团体根据他们的兴趣和爱好学习大学课程,这将增加知识的范围。专家和工程师正在为自己的发展开发大学课程。

2.课程学习受阻,原因在于网络设备条件的限制

根据表5-6,可以看出,有约45%的受访者认为课程学习受阻的主要原因在于网络设备的条件。23%的受访者认为课程资源的不丰富阻碍大学课程学习。18%的受访者认为其大学课程学习受到工作问题的阻碍。

表5-6 大学课程资源社会共享受限的主要原因统计

序号	原因	频数	百分比/%
1	网络设备条件	386	45
2	课程资源不丰富	198	23

续表

序号	原因	频数	百分比/%
3	工作限制	152	18
4	收费	104	12
5	其他	16	2
6	总计	856	100

目前,大多数大学课程资源主要集中在每所大学的校园网络上,该课程主要在相应大学的网站上可用,社会人群难以获取所需的大学课程,结合校园网络速度限制,大多数人很难从大学课程资源中获益。

(四)供需对比分析

1.数量层面

社会群体对大学课程的需求主要是为了改善自己,加深他们的认知并扩大视野。表5-7显示,有60%的调查人员认为,大学课程资源无法满足其数量的需求。只有11%的研究人员认为,当前的大学课程资源可以满足其知识学习的需求,但是它无法用这些课程帮助社会群体快速变现,立马获取经济收益。

表5-7 大学课程资源在数量上的满足程度统计

序号	满足类别	频数	百分比/%
1	能	92	11
2	基本能	247	29
3	不能	379	44
4	不确定	138	16
5	总计	856	100

2.质量层面

大学的课程资源是学习者的精神食品。课程质量直接决定了学习的动机,以及对学习的兴趣和学习效果。如果大学课程的质量不高,那么如果对学习者不是很有用,就不可能刺激学习兴趣。表5-8显示,有52%的调查人员认为大学课程资源无法满足质量需求。这是因为大学的课程资源不是及时的,缺乏时代的感觉,并且课程质量也不高。

表5-8 大学课程资源在质量上的满足程度统计

序号	满足类别	频数	百分比/%
1	能	134	16
2	基本能	276	32
3	不能	325	38
4	不确定	121	14
5	总计	856	100

与不同学校同一课程名称的大学课程资源相比,尽管许多有不同的专业水平、教科书、考核要求和支持教师,但却出现了完全缜密的文本资源。在网络时代进行资源共享确实受到尊重,但在共享他人资源时一定要结合自己的实际进行修改和完善。否则,资源内容的准确性和可靠性不能保证学习效果,也不能产生一定的积极影响。

现有大学课程所包含的信息量不能满足不同年龄、不同职业群体的个性化学习需求。在大学课程考察过程中发现,部分课程导学视频教学不完整,达不到全程上网的要求。对普通高校课程资源的调查表明,大部分文本资源都是高校课程教材内容的电子化和浓缩,如教学大纲、课程说明、教学日志等,反而实质性的指导文本内容较少。此外,视频教学的内容也有很多局仅限于教材范围,涵盖的信息量非常有限,更新不及时,无法根据学科发展扩展和更新,大学课程视频资源的内容学习者不能及时了解学科发展的新动态。大学课程资源的组织和实施仍然是传统的线性结构,对于文本和视频资源,只提供关于知识点的数字化存储库链接。这提供了学习者自主学习程序的清单,缺乏灵活性,不能满足不同年龄、地区和职业群体个性化学习的需要。

四、大学课程资源社会共享传统模式的不足分析

(一)大学课程资源社会共享中存在的不足

1. 开放资源供给的问题

(1)大学课程资源质量欠佳,获取方式受阻

由前面调研数据知,52%的受访者认为目前大学课程资源在质量上并不能满足他们的需求。我国大学课程资源主讲教师的教学实践技能相对

匮乏,总体而言,师资在漫长的自然形成过程中没有得到较好发展,以致无法适应网络课程对主持教师教学技能的要求,导致课程资源品质较低。其中,视频公开课只提供了较单一的课程内容简介、课程大纲等,并没有提供任何的拓展资源,因而不利于学习者对知识的综合学习与探索。虽然资源共享课程在视频公开课的基础上,还公布了课程内容等资源,但是对于学习者而言,只能够在线浏览,不能够下载[1]。并且在信息量如此之大的今天,丰富的教育资源已经成为学习者不断求知、终身学习的必要条件,但目前大学课程所提供的学习资源却严重匮乏,使学习者的学习变得单一乏味。并且,由于知识产权的限制,有些视频资源只能在线观看,不能下载,因而学习者对大学课程资源的获取方式受阻。

(2)大学课程内容偏向于知识讲解,缺乏实践环节

目前,大学课程资源以大学课程为主,27%的受访者认为大学课程难度大,大部分课程专业性偏强,需要有一定的基础才能理解。为了迎合用户不同课程需求,大学开放课程分为两个部分建设,视频公开课主要以讲座的形式进行,总学时数控制在四到五讲内,这么短的学时,对于内容的安排要求就非常高,目前视频公开课大多的课程,用大量的时间介绍基本概念、定理等,根本不晓得视频公开课要展示的是精华,而不是简单的知识点罗列。资源共享课虽然定位精确,但在内容上也是理论成分所占比例大,一些课外活动、实验或是实践类课程都没有参与进来。过多地浇灌知识,会导致学习者失去学习的兴趣和信心。

例如,在实验实训的教学中,主要采用的是普通网页、视频、图片等形式对校内外基地建设、一些实验设备、实验计划书、指导书等进行了展示,对学习者产生一种"隔靴搔痒"的感觉,课程内容的创设缺乏情境性与实践性,仅有为数不多的课程设计了情景模拟、仿真实训等实践环节。

(3)大学课程资源更新不及时,互动交流少

学习者都渴望能有一个大学课程资源共享平台,将现有的、大量的大学课程资源进行合理组织与管理,创办一个网络虚拟学习共享平台,从而

---

[1] 王新刚.高职国家精品课程资源建设状况的分析[D].济南:山东师范大学,2010.

使学习者与授课者之间能就共同问题进行互动、交流、讨论与合作。与此同时,在现有的大学课程资源应用软件服务的基础上,寻求与创新相关的技术支持服务,进而为大学课程资源的学习者提供更多实用的探讨学习、互动答疑等服务,从而将大学课程资源的效用发挥到最大,充分体现出教育资源开放与共享的目的,保障教育公平的实现。

在大学课程资源的视频公开课中,授课者的教学方法主要选择讲授法,大多课程时间都是授课者一个人的舞台,再加上课堂受限的时间、录制的需求等因素,对授课者的心理会产生一定的不良影响。在授课者紧张的情绪与讲授方法不够灵活的情况下,课堂的气氛过于严肃,授课者与学习者之间的互动交流减少,授课者在课堂中的语气、语言、笑容等身体语言都会牵动整个课堂的气氛。如果授课者与学习者之间的讨论互动减少,会使学习者在回答问题时,从内容到形态上都会显得不够大方得体,不够自然流畅,致使学习者参与课堂、与授课者互动交流的机会减少。目前,一些主流的小组讨论、启发式学习、协作学习等没有引入课堂,从而使大学课程共享课没有为学习者营造出一种活跃、轻松、自然的学习环境。

综上所述,我国大学课程资源内容质量偏低已成为我国大学课程资源的普遍状况,主要表现在课程资源内容准确度把握不高、信息量不宽、内容不新等方面。由于资源内容可学、可看、可听、可下载的价值不高,适合学习者学习的程度较低,学习者使用在线课程进行学习的积极性太低,致使大学课程资源可共享性表现出不足的现象。

2.社会学习需求中的问题

通过第三部分的调查研究,大学课程资源在社会学习需求中存在以下问题:①从年龄上看,高校课程资源在青年中需求较大,老年需求最低;②从职业上看,专业技术人员对高校课程资源需求最大;③从地区看,欠发达地区对高校课程资源的需求远远小于发达地区;④学习目的主要集中在拓展知识面,其次是为了自身的技术需求。但课程内容陈旧已成为远程教育资源存在的普遍现象。目前,大部分学校的大学课程资源从建立学习平台之初就开始积累,由于内容更新已经很慢或基本没有更新,内容往往已经过时。学习者难以在大量资源中获得有价值的内容,陈旧的劣质资源成为网络硬件和学习者的累赘,挫伤学习者的学习热情[①]。此外,大学课程资源组织积淀,许多大学课程的内容包括多种多样的文本、图形、录音、视频、动画等多种类型的教学资源,但教学资源缺乏精心的设计、组织,大多以线性、封闭的形式再现教科书内容,课程资源模块之间各有分离,缺乏资源模块的有效管理。这使得学习者不能充分利用大量杂乱的资源进行有效的学习。

(二)大学课程资源社会共享存在问题的原因

1.课程资源社会共享的供需体制

(1)高校课程资源难度大、涵盖不平衡

高校课程遵循对重点高校、重点专业进行优先建设的原则,因此限制了课程选题的种类和范围,进而对每个高校的建设有数量上面的限制,这也使得一些高校的很多优秀专业课程无法参与高校课程资源共享的行列和范围,这也让近1/3的受访者认为目前高校课程资源难度较大。此外,现有大学课程资源的课程选择问题偏重文科类,忽视了自然学科在教育资源中的重要地位。对于生活和实践来说,有些自然科学非常重要,因此学习者对这类课程的期望度很高,但没有得到课程建设队伍的足够重视。中国是一个具有丰富特色传统文化的国家,但并没有通过课程建设得到完全体现。高校课程资源选题覆盖明显不平衡,严重影响高校课程资源共享的程度和范围。由于高校课程资源的"规避""认证"等问题,一些共享性强的高校课程资源不具备可得性,资源共享的利益面狭窄。因此,我们要有针对性地改变这种现状,在共享优质大学课程资源、提升现有可获取资源的整体共享性的基础上,发挥大学课程的示范作用,为后续课程建设提供借鉴。提供更多更好的网络课程资源,让全民受益。

(2)供方与受益人之间反馈不及时、两者供需不平衡

当前,高校课程资源反馈中供方与受益人之间反馈不及时。44%的调

---

① 吴美娇.国家精品课程与MITOCW开放教育资源比较研究[D].南昌:江西师范大学,2009.

查者认为目前的大学课程资源不能完全满足其学习需求。根据控制理论,一个系统要达到高效率和稳定,必须通过反馈控制来实现。在制度方面,反馈系统一般通过从学习者的学习状态和学习过程两个方面进行信息判断,提供学习者在学习行为等方面的反馈信息,保证能够取得良好的学习效果,顺利完成大学课程的学习。反馈系统主要分为三种类型:提供者和学生之间的反馈信息,学习过程状态信息反馈,学生操作反馈。

目前,互联网实施的答疑方式主要以同步答疑和异步答疑为主,同步答疑主要是在线直接答疑,异步答疑包括邮件答疑、常见问题答疑系统等。在当前的大学课程资源共享中,几乎都是以异步课堂教学者与学习者交流为主,课堂教学者与学习者之间启用聊天软件工具等同步交流方式进行互动。因此,在课程学习过程中,授课者和学习者、学生的多线式都需要积极参与。通过交流,学生个人组成"学习共同体",开展动态、发展性课程中听课者与学生之间的多维、平等对话协商,共同创造开放的学习资源。但由于口头分享激励机制的不完善,供方与受益人之间的反馈不及时,需要用新的模式加以改进。

2.课程资源社会共享的激励机制

高校课程资源激励措施体系建设是高校课程必不可少的重要组成部分。但现有的大学课程资源对学习者来说缺乏相关的、循序渐进的、持续的激励措施。大学课程资源在学习环境、互动类型、学习方式等方面与传统课程不同,课程建设团队在课程网站建设之间是必要的,充分考虑到其激励措施可以使学习者积极参与大学课程学习,应进一步发挥加强学习者自我评价的作用,从而鼓励学习者对大学课程资源进行更深入的学习。

第三节 互联网视域下大学课程资源的社会共享模式

与传统教育模式的封闭保守不同,互联网视域下大学课程资源以现代数字化信息技术为工具,其共享性表现在,学习者不受时间、地域、职业、年龄等限制可以免费使用资源,并且学习者相互不受影响,即学习者在使用开放资源的同时,不会影响到其他学习者的使用。互联网视域下大学课程资源的共享性扩大了教育者、学习者的参与程度、大学教育学习的范围,使教育者和学习者真正有权利自主学习大学教育资源,从而实现在全球范围内共享教育、终身教育。

一、互联网视域下大学课程资源社会共享模式的内容要素

大学课程资源的内容要素是指在区域内各大学上传的、可供有权限获益的大学进行查阅、交流、借鉴的优势学科课程资源,具体包括以下几个方面:

第一,物质资源。大学学校的物质资源是指存在于大学内部的一种公共资源,是一种外在的物质资源。这体现在学习过程中的消耗上,这是学习过程中必要的物质条件。在现代大学教育理念中,物质资源是非常广泛的,既包括科学技术实验室、信息丰富的多媒体课堂、高水平的体育场地,也包括如教育项目和设备、体育等教育机构。大学的物质资源是大学课程资源共享计划的要素之一,特别是与先进科学技术进步相关的先进工具,由于其在国内分布严重不均,并非所有大学都能获得,为了提高此类珍贵稀少资源的使用效率,使其服务半径最大化和社会效益最大化,应该对其实现资源共享,在一定程度上开放使用权限。

第二,人力资源。大学中的人力资源是指大学内部组织各类人员的总称,包括行政人员、教学老师、科研人员以及学生,其中大学教学老师是大学人力资源中最重要的组成部分。因此,教师资源,特别是高素质的教师,成为一种极其宝贵的人力资源,优质教师资源的共享也成为大学课程资源共享的主要内容之一。本专著认为学生也在大学人力资源的内涵范围内,学生是提供课程改进,促使学科进步的重要主体。从根本上讲,课程教育是一种培养人的活动,但是通过培养人才,最终提出新的理念,推动学科的创新发展、课程的改革进步。本质上是"课程—学生课程"的良性循环。

第三,信息资源。大学信息资源是学校、通信技术和信息载体在组织

事件过程中记录和存储的各类信息的综合描述。目前学界对信息资源的定义为纸质图书及文献资料和发布关系各种信息的平台载体。早期的信息资源共享主要是局限于纸质的文献资料共享,即大学图书馆之间馆际图书互借、资料室阅览权限的开放等。现代信息技术突破了时间和空间的限制,使信息资源的交换摆脱了纸质书籍的束缚,创新了共享的新形式,从传统的纸质材料向大众传媒以现代形式的信息交换网络为基础,如电子信息资源的交换,这也为在大学迅速传播高质量课程提供了技术机会。依据教学活动和教育事业的宗旨,大学课程资源应当充分体现综合素质教育的现代教育理念。大学"慕课"就是大学课程资源网络化共享的典型案例,通过信息技术把各大学的示范大学课程记录下来并上传至网络,便于用户学习。

第四,学科培养资源。大学学科培养资源指的是大学学科管理建设和课程教学规划的相关资源。大学的学科培养有外向型培养和内向型培养两大模式,前者主要是通过制订大学之间以及大学与社会组织之间合作培养计划的学科教学培养模式,而后者主要体现在大学内部各院系专业的课程教学与科研管理制度。大学学科发展资源的交换对于优秀学科的发展和教学经验的传播研究具有重要作用。

根据上文的分析,大学院校的物质、人力、信息以及学科培养资源都是大学课程资源共享的核心组成部分,也是保证大学教学与科研等功能正常运转、不创新发展的基础资源。首先,大学信息资源极具共享潜力,究其原因,还是现代技术的日新月异,通过现代通信技术,对信息资源的掌握和使用正在慢慢摆脱时间空间的束缚,实现程度最高、效率最大的共享;大学物质资源尤其是对于珍贵稀缺的大型科研仪器设备、大学级运动场馆等,没有一个不是造价不菲且使用频率较低,完全存在区域内共享的可能;通过创新用人方式和途径,实现优秀教师和高技术人员的共享是目前对人力资源共享最普遍的运用;学科培养资源是目前大学最珍惜宝贵的资源,也是最难以达成共享合作目标的资源,大学通过公开课程、教学资源等方式面向社会,实现优质的学习资源。

二、互联网视域下大学课程资源社会共享模式连接体要素

优质课程资源共享连接体是指,在大学课程资源共享路径中,各主客体之间相互联系、作用的制约关系以及功能载体,在主体指向客体的路径中发挥着信息中介和桥梁中转的作用。共享连接体包括:共享制度、平台、文化、法律法规、渠道、技术、知识等。

大学课程资源共享模式的各要素之间是相互依存和制约的。优质课程资源共享的主客体为资源拥有者,即参与共享范围内的各个大学院校,主客体之间通过连接体完成资源的共享路径。主客体之间的利益关系表现在:优质课程资源供给者与使用者之间关于资源使用版权和使用效益的利益关系,这需要利用不同的运行机制加以协调配合,而不能简单粗暴地运用政府行政手段。本专著提出领导机制、动力机制、补偿机制以及保障机制四大运行机制,以期为共享模式的运转提供参考。

(一)领导机制

共享优质课程资源——这是一个系统工程,需要协调和管理所有的工作,不是单一的项目可以完成的。领导机制包括决策、执行、督查等过程以及竞争的环节。领导机构在优质课程资源共享体系中起到协调各方、统一管理的作用,在领导机构的引领下,大学协同参与、在优势学科上和课程教育上相互借鉴,不仅充分利用了共享的便利进行学科补强,还可以节省建设教育设施的财政开支,提升教学质量水平,另外也可以合理合法顺利解决资源共享使用中产权的界定问题。

因此,要想高质量完成优质课程资源共享工作,地方政府机关必须起到领导作用,能够建立起有着统一权威的领导机构,只有这样才能更好地统一规划大学课程资源共享的法律法规和运行规范。

(二)动力机制

所谓大学课程资源共享体系的动力机制,就是指催动大学贯彻落实优质课程资源共享的过程和行为逻辑。这里需要强调的是,推动大学课程资源共享的不单只有一种力量,而是多种内外部推力的"合力"。大学课程资源共享也不是一个具有偶然性的、受单个条件因子影响的过程,而是

涉及学校院系、政府机关以及社会组织等多方力量,经过各方的组织推动、协调影响、相互作用,最后完成共享行为。因为资源共享行为不具有自发性,共享的深入开展和行为链条只有在外部推力和组织驱动的推动下才能生成[①],具体来说包括技术驱动、利益驱动以及环境驱动。

1. 技术驱动

全球化市场的形成促使各行业都在不断研制新技术以掌握核心竞争力,现代通信技术在互联网上的发展为优质课程资源的共享提供了越来越多的机会。要更多地将现代科学技术应用在教育领域上,探索出形式多样化的大学课程资源共享途径和模式,尽可能地将大学课程资源的效益放大到最大程度。如今教育理念和教学方法凭借现代科技的进步也在不断发生着惊人的变化,不仅仅突破了资源利用的时空束缚,更进一步加深了资源利用的深度和广度。例如,北京学院路教学共同体依托互联网技术,以高教文献保障系统(CALIS)为基础,以中国教育和科研计算机网(CERNET)为平台,建立了地区文献与信息资源共享的成功尝试。

2. 利益驱动

利益在社会学的范畴内是制造和解决冲突的有效途径,大部分的社会活动都属于利益协调下的产物,优质课程资源共享同样也受利益驱动。在大学课程资源共享的过程中,参与主体之间处于利益相关者的关系,大学、政府以及社会组织之间彼此利益共享、风险共担,而相互之间的潜在可获得利益则是推动共享进程顺利开展的重要动力之一。大学学校与大学学校之间共享学习资源的前提是共同享受资源带来的效益。这样的回报既可以在金钱上具有成本效益,也可以改善教学、研究和创新,或提高学校的水平和声望。一方面,对于大学整体而言,创造一个共同的平台,减轻创造一个交流机制,减轻购买稀缺硬件的预算压力,如现代大型设备,大学教育课程资源采购的负担,这可以刺激大学更加自主地实施学习资源共享。另一方面,对于有优势的大学教育机构来说,他们有很多高质量的教学资源,学校总体上是有竞争力的。通过共享使用频率

---

①岳建军.大学学校教育资源共享问题研究[D].沈阳:辽宁师范大学,2012.

较低的现有资源,可以积累、发现剩余价值和教学研究潜力,并降低稀缺宝贵资源(如精密仪器和设备)的成本。除此之外,通过有偿共享机制可以有效保护原创版权,同时为大学赚取合理收益,在逐利心态的驱使下,大学课程资源共享乃至优质教育创造,为己所用,从而实现不断发展。足够的财政资源的配置是激励资源共享的动力来源,须有足够的资金用于研发和课程资源共享,大学课程资源共享合作才能有条不紊地进行下去。

3.环境驱动

近年来,我国大学学校优质课程资源的有效利用越来越受到重视。不仅在国家意识形态中形成了"共享"的概念,而且在现实的实践中,开放包容、共享共赢的环境推动机制有利于推进形成大学课程资源共享机制。占据地缘优势的大学城联合体、区域大学联盟、局部教学共同体等团体联合建设都为大学课程资源共享的发展提供了良好的环境和氛围。

(三)补偿机制

补偿是指在共享的过程中,为了保障主体利益、推动共享运行,资源供给方接收到的来自资源使用方或公共机构的补偿。大学课程资源共享中的"补偿"与社会大众观念里的"教育补偿"的概念完全不一样。"教育补偿"主要为了实现公民的教育公平,对受到不公平教育、没有享受完整的受教育义务的弱势群体而设立的补偿;而本专著所提到的"大学课程资源共享补偿"则主要包含两个方面:第一,来自参与资源共享大学的补偿。共享过程中无论是资源供给方对资源的分享还是资源受益方对资源的使用,都肯定会出现成本的损耗。第二,来自各级政府行政机关的补偿。目前,我国大学对高质量课程资源共享的态度并不十分积极,困扰大学最大的原因就是对于共享成本的担忧,区域范围内的共享涉及主体较多、范围较大、内容比较丰富,因此成本自然就比较大,远远超出大学的承受能力。此时,政府的补偿就显得尤为重要。政府作为公共事业的管理者、公共服务的提供者,为了更好地开展区域内优质课程资源的共享,提高当地大学的整体教育能力和科学研究竞争力,主动分担一定成本,就能够极大提高大学资源共享积极性,保障高质量的持续共享。政府可用多种方式对大学进行合理补偿。

(四)保障机制

1.加强政府协调

政府是公共事业的主管部门,大学课程资源的最终产权主体是政府。从教育学的角度来说,教学或是课程资源因其提高国民基本素质的最终目的,应当属于半公共产品甚至是公共产品的范畴。所以政府在大学课程资源共享的过程中应当起到对各资源利益相关主体的协调作用。

2.明确责任清单

在我国大学资源共享的法律制度和实践尚未完善的情况下,政府在资源共享中的作用显得尤为重要。地方政府要增强优质学习资源共享意识,发挥政府在资源共享中的主导作用,明确政府责任,完善政府问责机制。积极倾听大学部门诉求,通过多部门大学联席会议提高各大学课程资源共享工作重要性的认识,下发正式文件划分明晰各大学在优质课程资源共享中各环节应尽的责任与应当履行的义务,明确资源共享的机制及共享的模式,将支持资源共享成为各部门的本职工作,加大各部门对大学资源共享的支持作用。

三、互联网视域下大学课程资源的社会共享模式

根据大学的性质和学科的具体情况,大学优质教育资源的联合利用正在逐步、分步骤、分学科地实施。首先,为学校间交流优质教学资源搭建共享平台,用于合并提升区域内单个大学的资源数量和质量,以大学互通的方式来实现协同管理;再以此为基础,逐步扩大共享范围,带动整个地区的优质课程资源共享平台完善互联;最终再进一步实现共享范围内优质课程资源配置的完善和优化。

(一)共享模式平台建设

社会共享模式涉及大学、政府、企业以及科研院所多方组织,要想平台运行健康平稳,必须保障共享平台具备承载数据量大、运行稳定性高、数据兼容性好、并发处理能力强等突出特点。Java语言是一种可跨平台编写应用程序的面向对象的计算机语言,具有高度的兼容性、安全性和高效性,因此被广泛应用于个人电脑、数据中心以及互联网上的程序编写中。而在如今主流的数据库管理软件中,Oracle数据库具有处理速度快、安全性强、数据存储量大、系统稳定性强等优势。因此,可采用Java技术开发,利用Oracle数据库管理资源共享平台。

(二)共享模式资源标准设定

在共享过程中发现,多方组织参与资源共享平台建设,资源数据种类多、体量大,其标准必须做到统一,从资源格式、属性到文字排版都要有精准的标准,若不加以规范,势必会出现资源混乱、数据错误,从而影响共享平台的持续发展。目前对资源共享平台中数据资源的分类主要是根据学科属性和数据格式属性两类标准。根据学科分类,主要是由于大学以及科研院所设学科繁多,专业分类更是细致入微,通过对数据的学科属性分类,有利于标准统一,目标明确,从而实现用户从学科大类以及专业小类的分类标准对信息进行检索;根据数据格式属性分类主要是指根据数据自身的不同格式进行分类,例如数字型、字符型等,便于使用者从数据的格式属性检索信息。因此,在资源共享平台的建设中应当注意务必实现学科属性和数据格式的同时上传,这两种分类标准缺一不可。

(三)共享模式内容建设

资源共享应以共同要素为基础,根据资源分类结构和数据标准,以专业建设和共享为重点,将共享优质课程资源分为研究、教学、科研、实践、就业、合作等不同类目,呈现给用户,实现区域内优势课程资源的共建共享。科研资源内容由大学和科研院所之间共建。以科研创新为资源的价值采用标准,在科研项目的团队之间实现科研资源共享;教学资源内容由大学之间共建。以专业为资源的价值采用标准,将资源上传到资源库,集中区域内各大学力量,统一建设不冲突、有特色的专业教学板块。就业与合作资源内容由政府以及企业同大学之间共建,以提升个人就业综合能力为资源标准,以提高大学就业质量、加强社会合作为宗旨,建立合作共赢的共享通道。资源内容建设分以下几步:第一,对原有数据资源进行审核,审核通过后按照标准进行分类;第二,对分散的资源数据进行标准化,使之与平台标准一致;第三,维护档案和补充资源的描述性介绍;第四,加载资源,开放公共使用权。

第六章 互联网视域下大学智慧课堂教育模式研究

第一节 相关概念及理论基础

一、智慧课堂相关概念

(一)智慧课堂模式的定义

智慧课堂模式(smartclass)源于智慧教育,智慧课堂模式概念的出现实际上是智慧教育深入发展所面临的必然结果,当智慧教育以教师教学生学为重点,以课堂应用为重点,以师生活动为重点时,智慧课堂模式随之出现。国内对智慧课堂模式的理解经历了三个阶段,在2010年以前仅单纯从教育智慧的视角进行理解,例如,靖国平首先提出了"智慧课堂模式"的概念,他认为课堂教学不仅仅是单一的传授知识,更应该启发学生的智慧,将知识转化为智慧才是教育的根本目的[1];吴永军则谈到在教育思维和教育情感双向互动中,在师生智慧互动中,产生充满智慧的课堂即智慧课堂模式[2]。随后,在2010—2016年间仅单纯从技术智能对智慧课堂模式进行理解,其中邓光强谈到智慧课堂模式教学时依赖于课前备课系统、多媒体教学系统、问卷和答题系统等信息技术手段,并且是通过技术手段的支持来开展个性化学习的[3];而刘邦奇提出智慧课堂模式是利用大数据、物联网、移动互联等新一代信息技术打造的智能、高效的课堂[4]。近

---
[1]潘利. 开启学生智慧 让课堂充满活力[J]. 小学科学(教师版),2020(11):265.
[2]吴永军. 关于智慧课堂模式的再思考[J]. 新课程研究(基础教育),2008(04):57.
[3]邓光强. "智慧课堂模式"中的学生个性化学习[J]. 教育信息技术,2013(12):11—13.
[4]刘邦奇. 当智慧课堂模式遇到大数据[J]. 中国教育网络,2015(07):65—67.

几年凭借智慧课堂模式实践的展开,大多数研究者结合技术智能与教育智慧对智慧课堂模式进行理解,比较有代表性的智慧课堂模式定义都涵盖了建构主义学习理论和信息技术,其中认可度较高的是刘邦奇教授提到的智慧课堂模式1.0定义,他认为将物联网、"云计算"、大数据、人工智能等新一代信息技术与互联网思维模式相结合,所创建的一种新型智能高效的课堂就是智慧课堂模式,其中有利于协同沟通、意义建构、智慧学习的课堂环境,通过课堂教学结构和学科教学方式的改革来实现全体学生的智慧发展[1]。然而,智慧课堂模式在智能信息技术与教育教学融合的进程中面临着升级,于是刘邦奇教授顺应时代发展提出了新一代智慧课堂模式的定义,即智慧课堂3.0,与1.0定义不同的是,扩大了智慧课堂模式的理论指导,明确了智能信息技术搭建的"云—台—端"架构,阐明了智慧课堂模式一体化的全场景教学应用,强调了智慧课堂模式在接下来的发展中要注重学科智慧教学模式的创新,完善个性化学习,重视学生核心素养的发展[2]。由此可见,智慧课堂模式的概念并不是一成不变的,未来时代的发展还会赋予智慧课堂模式新的可能。本专著站在技术与教育相互融合、相互作用的视角,将智慧课堂模式定义为:智能信息技术与教育教学双重融合的新型课堂,以智慧教育观念为指导,以"云—台—端"架构的智慧课堂模式环境为支撑,开展智慧教学活动,构建智慧共同体,优化智慧学习过程,打造智能、高效、个性、能动、科学的课堂,实现学生的个性化成长和智慧发展。

(二)智慧课堂的内涵新解

对于智慧课堂模式而言,"智慧"在何处,其内涵是什么呢?智慧课堂,"课堂"是本质,"智慧"是取向,要把握好"智慧"层面,但又不能脱离"课堂",因此从课堂内涵着手有助于更好地认识智慧课堂,其内涵可以从思想(Thinking)、场所(Place)、活动(Activity)、共同体(Community)、生命(Life)这五个层面来理解,简写为"T.P.A.C.L.",可称为"TPACL"内涵模型,

---

[1]李新义,刘邦奇.智慧课堂模式教学理论与实践[M].合肥:安徽教育出版社,2018.
[2]吴晓如,刘邦奇,袁婷婷.新一代智慧课堂模式:概念、平台及体系架构[J].中国电化教育,2019(03):81—88.

如图6-1所示:

图6-1 智慧课堂"TPACL"内涵模型

(图中内容:T-思想Thinking、P-场所Place、A-活动Activity、C-共同智Community、L-生命Life,中心为"智慧课堂内涵 TPACL")

1. 思想智慧:用智慧的教育思想引领课堂

从哲学领域来看,智慧课堂的构建最初是受到建构主义学习理论的影响。而智慧课堂将学生主动获得智慧发展作为主要的课堂教学价值观,在智能信息技术的支持下通过情境、协作、会话等要素去激发学生的学习兴趣,让学生能够积极主动地参加到课堂中来。强调始终以学生为中心,引导学生积极思考和探索,充分发挥自己的主动性,能动构建知识意义,选择适切的方式推动智慧生成。

从心理学领域来看,多元智能理论对智慧课堂建构具有重要的指导意义。加德纳提出人的智能是多元的,每个人身上都至少存在了多种智能,于是,在学校教育中应该关注每个学生的特点、个性和潜能,通过多元化的教育使每个学生都能获得发展。没有一个固定统一的标准能去评价智慧,智慧的表现形式是丰富多样的。于是在智慧课堂中,教师通过数据分析直观了解学生的发展情况,根据学生的发展水平和发展特点构建个性化的学习情境,通过多元化的教学互动和开放化的教学评价激发学生潜能,发展学生个性,使学生都能得到多样化的智慧发展。从伦理学领域来看,个性教育思想、性善教育思想等对智慧课堂产生了深远的影响。两者都强调教学从个体生命成长出发,关注学生的主体价值,尊重学生的个性、自由和独立,树立学生正确的价值观,引导他们走向真、善、美。智慧有着道德、伦理和美的方面,在智慧课堂中,教师运用智能信息技术最大限度地挖掘出学生的潜在能力,通过师生互动、小组协作、展示交流提升学生个人价值,引导学生开展自适应学习,充分尊重学生的个性发展,展现课堂中的生命价值和伦理智慧。

2. 场所智慧:用智慧的教学场所支持课堂

课堂是学生学习的场所,是开展各种教学活动的场所,是从事教学、完成某种活动并实现某种价值的场所。在智能信息技术的支撑下,课堂布局、形态和环境发生了巨大的变化,增加了各类教、学、管终端,以及教室智能平台、智能云服务等,课堂在"云—台—端"的整体架构下变得信息化、智能化,成为学生、教师服务的智慧教学场所。智慧教学场所主要体现在两个方面,一是课堂中的教与学更加便利。教师进入教室后,能够一键开启触控屏、教学一体机、录播摄像机等教学设备,教学中白板书写与课件播放一键快速切换,学生课桌可以按需任意组合移动,教师可手持终端离开讲台近距离融入学生,小组研讨、师生互动在交互技术的帮助下能轻松实现立体化沟通和多样化交互。二是课堂呈现的功能更加广泛。以往课堂仅仅是集体教学功能,而在智能信息技术的支持下,课堂功能向精准教学和个性化学习延伸。学生数字画像技术、学习评估和诊断技术等能够掌握每个学生的整个学习过程数据,提供个性化学情分析报告,智能测评自主练习、作业错题等,为学生开展个性化学习打下良好基础。课堂这个场所在智能信息技术的加持下,变得更加人性化、灵活化,教师开展智慧教学更加得心应手,学生进行智慧学习更加高效有动力,学生和教师的联系更加紧密。

3. 活动智慧:用智慧的教学活动丰富课堂

课堂是教师组织和引导学生进行学习活动的教与学互动的组织形式,是一种活动过程[1],突出了课堂教学活动的重要性。在智慧课堂中,智慧教学活动以"云—台—端"智能化服务平台为支撑,以教师智慧和智慧教

---

[1] 闫祯,郭建耀. 论课堂管理及其对教学的推动功能[J]. 教学与管理,2009(18):13—15.

学能力为驱动,打破时空限制,贯穿课前、课中、课后,以线下线上相结合的形式开展,形式多样,灵活生动,是推动学生智慧生成的重要手段。课前,教师围绕预习内容展开智慧教学活动,通过微课、习题、提问、讨论等形式了解学生的预习情况,让学生在活动中对新知识产生初步的思考,并勾起学生对新知的兴趣,为之后的自主能动学习打下基础。课中,教师在创设的情境下开展智慧教学活动,根据学习内容选择适切的活动,例如小组展示、班级讨论、自主探究、头脑风暴、模拟体验、互动评价、实时检测等,以此连接学生的已有经验和新知识,在知识探究、知识运用、知识反思中培养学生的问题解决能力和创造性思维,加速知识学习向智慧生成的转变。课后,教师将智慧教学活动转移到线上,学生通过线上师生远程互动、线上作业提交、线上同学讨论、线上作品交流、在线解答、微课推送等活动,再次总结问题、巩固知识、反思提升,学生自觉完成学习任务,自行开展课后复习,从能力培养、思维发展中生成智慧。

4.共同体智慧:用智慧的共同体改变课堂

课堂是一个学习共同体,由教学主体之间的交往与对话构成,而"学习共同体"的核心价值就在于保障每一个学生的"学习权"。智慧课堂构建的智能、开放、平等的学习环境为保障学生学习权提供了平台,更是通过开展个性化学习保障学生学习差异权,个人多元智慧的发展推动着群体智慧的产生,推动着教师智慧的发展,因此智慧课堂不仅是学习共同体,更是智慧共同体。智慧共同体是每一个人的智慧得以激荡的共同体,是师生智慧生成的共同体。智慧课堂中的个性化学习是指学生借助智慧课堂智能化服务平台,能够实时获取自己的学习行为情况分析和学习数据分析,在课前预习时根据自己的学习进度和学习兴趣点选择预习内容,在课后复习时根据练习报告和专属错题自主选择复习资源,开展基于学习特点和学习基础的主动学习,使学生更了解自己的学习,也更便于掌控自己的学习。同时,个性化学习离不开教师引导和同伴的激励,教师把握着学生个性化学习的方向,能够在科学数据的基础上结合教学经验和对学生的了解,为学生推送适切的学习资源。同伴之间的协作讨论、互动交流、展示评价利于学习者查漏补缺、发散思维、能力提升,良性竞争一定程度上也激励着学生共同发展。

5.生命智慧:用智慧的互动生成课堂

课堂教学改革促使课堂开始关注学生心灵的培养,关注师生生命的发展,课堂是师生互动、思想碰撞、心灵交流、师生共同成长、充满活力的生命历程。在智慧课堂中技术使课堂发生着巨大的变化,从冰冷的智能教学工具到理性的数据分析,课堂张扬着科技理性。然而智能技术的发展并不能取代人类情感的交流,不能取代德行智慧的培育,不能取代人文精神的引导,因此智慧互动显得尤为重要。师生之间的智慧互动彰显着人文关怀,培育学生的精神层面和生命层面,使课堂流露出人性的美好,迸发出生命活力,激发师生的生命潜能,智慧互动具体包括以下三个方面。其一,智慧互动是动态生成的,学生可以利于手中的智能终端在课内课外积极响应教师,而教师在智能化服务平台的帮助下,能够给予学生及时反馈,师生双方在互动中全身心投入,关注彼此的反应,产生情感的交流。同时学生在分组讨论、全班评价、小组互评、协作学习中提出的意见和观点,在抢答互动、比赛竞答、游戏练习中出现的问题,构成了智慧课堂中的生成性资源,教师可以利用这些资源和学习数据报告,动态调整教学进度和重点,提高课堂效率。其二,智慧互动是师生所需的,智慧互动关注着学生的发展需要,出现在学生需要帮助的时机,当学生在课前预习出现疑点,课后复习出现难点需要教师沟通解答时,可以在任何地点通过智慧终端与教师实时互动。当学生在协作学习中需要合作交流、作品分享、汇报展示时,可以在课堂内外通过交流平台与同学无障碍互动讨论。教师可以根据课堂数据分析,第一时间推送所需的学习资源给学生,将所制作的微课分享给学生,不会为了互动而互动。其三,智慧互动是开放多元的,不单单包括师生、生生之间的交互,还包括了师生与信息技术、网络资源、智能终端等的互动,同时家长、学生、教师的三方互动仍不容忽视,互动介质增加,互动行为更加复杂多样,互动形式更加包罗万象。智能信息技术打通了智慧互动的时空壁垒,互动交流被扩展到课堂外、教室外、学校外,实现任何时间、任何地点的无障碍即时互动。

（三）智慧课堂的构成要素

从智慧课堂的内涵可以看出，要实现真正的智慧课堂，需要智慧教育观念、智慧课堂环境、智慧教学活动三大要素，如图6-2所示。以智慧教育观念为基础，以智慧课堂环境为支持，开展智慧教学活动，构建智慧共同体，优化智慧学习过程，提升师生信息素养和创新能力，最终实现学生个性化成长、智慧发展。

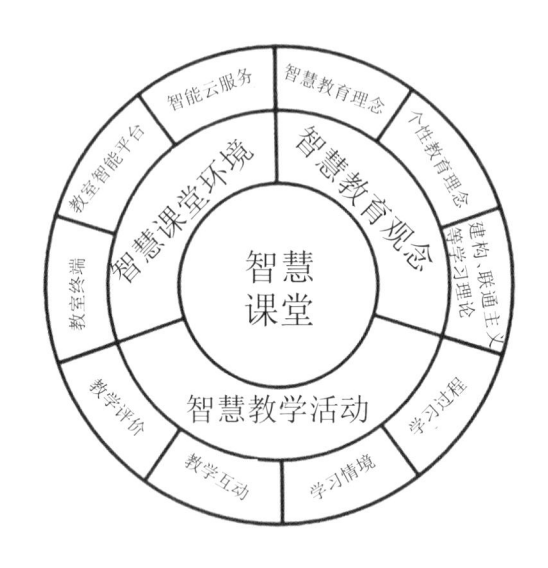

图6-2　智慧课堂构成要素

1. 智慧教育观念

智慧教育观念融合了个性教育理念、智慧教育理念和建构主义、联通主义等学习理论的概念，它们共同组成智慧课堂构建的基本理论。个性教育理念注重学生的特点，注重个体之间的独立性和差异性，注重个体自身能力的培养，使学生能够独立地以主人翁的身份参加教学活动。智慧课堂从学习环境、学习资源到教学方式无一不体现出个性教育理念，基于智能学习分析，教师对每个学生的学习过程和学习行为都了如指掌，清楚每个学生的个性化学习需求，在学生学习时为其推送专属的学习资源，并且根据学生的差异开展差异化教学，游刃有余地进行因材施教和个性化教育。智慧教育是一种基于物联网、"云计算"、大数据、移动通信等新一代信息技术的新型教育形态和教育模式,具有物联化、感知化、泛在化、智能化和个性化的特点。而智慧课堂是课堂层面的智慧教育实践,智慧课堂的教学实践源于智慧教育的相关理念,因此智慧课堂继承了智慧教育的基本理念,在内涵、特征、目标等方面有所重叠。建构主义、联通主义等学习理论,在上面提到是智慧课堂构建的理论基础,对智慧课堂构建具有重要的指导意义。

2.智慧课堂环境

智慧课堂环境是由诸如人工智能、大数据、"云计算"、物联网之类的智能信息技术创建的,它的核心是一个由"云—台—端"组成的智慧课堂智能化服务平台,可为课堂教学提供信息化、智能化的服务支撑环境。智能云服务以深度强化学习技术、虚拟化及资源调度技术、计算与存储技术等为支撑,提供资源管理、微课应用、智能推送、在线学习、智能评价、互动服务、教学工具等功能,可以满足师生对教学资源和教学互动的需求。如学生在课前课后完成微课学习后,平台能对其提交的个性化作业进行智能批改,并且开展全过程动态学习评价,便于教师实时掌握学情、即时精准讲评,系统还能根据学生的学习情况智能推送学习资源,支持资源的存储、传播、应用等。教室智能平台以智能控制技术、多媒体技术、环境感知技术等为支撑,提供多屏交互、数据汇集、智能实录、智能批改、智能管控等功能,收集教师终端和学生终端的全过程数据,并对数据进行实时挖掘、分析、加工,满足师生的课堂互动需求和精准教学需求。如教师终端能实时无线投射到大屏幕和学生终端上,从任意书写、课件讲解到插入图片、作业批注,学生都能与教师实时交互。同时,智能平台能一键开始录制模式,实时收集课堂实录资源和教学交互数据;能一键实现课堂管控,智能调控环境终端,智能推送教学资源,智能批改课堂作业。智能终端应用工具以实时通信技术、人机交互技术、数据同步技术、决策算法技术等为支撑,主要以教师端和学生端为主,包括智能手机、PAD、电脑、无线话筒、高清摄像头等智能移动终端设备,满足师生移动化课堂教学应用的需要。如教师运用智能终端进行微课制作、开展课堂互动、布置批改作业、查看课堂实录等,学生通过智能终端进行微课学习响应教师互动、提交作业、整理错题、开展自适应学习等。智慧课堂环境突显了一体化、智能化的特点,为实施智慧课堂教学奠定了基础,为智慧教学活动的开展给予了全方位支持,为学生进行智慧学习提供了平台。总之,新一代智慧课堂环境将智能云服务、教室智能平台和智能终端串联起来,使数据传输和通信通道畅通无阻,提供更好的资源、互动服务和教学工具,改变了传统的课堂环境,提供了智慧教学实践应用护航。

3.智慧教学活动

智慧教学活动是智慧课堂的重要组成部分,教师智慧的教与学生智慧的学必须通过智慧教学活动才能得以实现,在教师创设的探索、迁移、个性化的学习情境中,学生经历协作、探究、智能化的学习过程,并与教师、同学、智能终端展开动态、多元化的教学互动,主动进行知识建构,解决学习中的问题,动态生成学习成果,获得及时、开放化的教学评价,最终实现转识为智、智慧发展。智慧教学活动涵盖多方面、多维度、多主体,打破时空界限,实现教学活动随时随地为学生学习服务。运用大数据采集、分析等技术,智慧教学活动更加高效、科学,教师全面掌握学生的学习数据,能够进行科学高效的备课、互动、辅导和评价,大大提升了教学效率和教学活动的可视化。在智慧教育观念的指引下,教师智慧的教学,组织智慧教学活动,学生在这个过程中能够掌握智慧的学习方式,自主探究意识得到了锻炼,思维发展与能力得到了提升,最终获得智慧的生成。培养学生的智慧并非一蹴而就,需要智慧教学活动中的每个环节层层渗透,同时智慧教学活动推动了人才模式和教学方式变革,对信息化背景下的教学活动进行了价值重构,使其更好实现智慧课堂核心教学目标,由此看来,智慧教学活动的重要性不言而喻。因此,实现智慧课堂的构建,要坚持智慧教育观念先行、智慧课堂环境优先转变、智慧教学活动优先转化。观念先行,树立新的教育理念,与时俱进,紧紧围绕新课程实施和新考试评价改革的需要,突出学科核心素养的培养要求,支持和服务于信息环境下人才培养模式和教学方法的转变;环境优先转变,改变课堂教学环境,利用人工智能、大数据和其他智能信息技术来为课堂赋能,提高课堂的智能服务水平,创造智能化、网络化、数据化、交互化的课堂环境;活动优先转化,因"课"制宜,转变智慧教学活动,加快信息技术与课堂教学融合,构建全新的信息化课堂教学体系,以人才培养为关键,以智慧生成为根本,不断赋予智慧课堂新的生机和活力。

二、相关的理论基础

(一)联通主义学习理论

联通主义并不是单一的理论体系,它融合了混沌理论、网络、复杂性和自组织理论的原理,是数字化时代的新学习理论。联通主义学习理论的基本思想着重体现在其8项学习原则中,学习原则涵盖知识、学习、资源等多个方面,提到了学习能力比掌握知识更重要,在物化的应用中也会存在学习的可能等。而联通主义学习终极目的是获得最新的准确知识。

智慧课堂教学模式将联通主义学习理论作为其指导理论,强调在数字化学习中以个性教学和合作探究的方式,去培养学生的个性化学习能力和核心素养。智慧课堂教学模式拥有网络化、数据化、交互化、智能化的学习环境,能够使学生的学习存在于物化的应用中,学生在课堂中不仅可以通过智能云服务进行学习资源的生成,与教师、同学建立连接,还可以通过教室智能平台进行学习成果的展示、借助智能终端参与弹幕讨论,以及与远程学习者建立连接,实现多维度的互联互动。在联通主义学习中,学习发生在一个基于模式识别和网络解释的分布式过程中,网络的连接强度和多样性影响着学习过程[1]。而在智慧课堂教学模式中,学生的学习同样会受到网络多样性的影响,因为学习活动都发生在信息技术加持的新型环境中,学习资源的管理、储存、生成都离不开智能信息技术的影响,学习方式也更自主、个性、灵巧。智慧课堂教学模式将网上学习与实体课堂学习进行有机结合,使知识的传递、组织更具智慧性,将信息技术作为

---

[1]王志军,陈丽.联通主义学习理论及其最新进展[J].开放教育研究,2014,20(05):11—28.

知识分布和整个学习过程必不可少的部分,不论是课前、课中、课后都充分利用信息网络技术来组织、存储、传递信息和知识。

(二)建构主义学习理论

最早提出建构主义的瑞士心理学家皮亚杰,基于儿童发展的视角,提出了发生论和认知发展论。在此基础上、科尔伯格、威戈斯基、布鲁纳等专家学者从不同的视角丰富、完善建构主义理论,推动其发展。建构主义认为,教师教育得不到知识,学习者只有将自己置身于一定的社会文化背景下,借助必要的学习条件,在他人的帮助下,在主观意义上建构才能获得知识[1]。建构主义学习理论中的学习观认为,在学习过程中,学生是主动接受知识的主体,并且对知识进行建构,学生会按照自身的需求,并将自身已有知识作为基础,对知识进行主动选择,从而进行学习和理解。因此,学生的主观能动性非常重要。智慧课堂教学模式延续建构主义学习理论的思想,同样突出以学生为中心,不论是教师通过数据分析对学生个性化学习能力的评估,还是课后个别化的学习资料推送,都能够真正实现"一对一"个性化教学,增强学生的主体地位,激发学生主动学习的意识,推动学生主动去进行知识建构。并且新一代信息技术所创造的智慧课堂教学模式,很好地满足了建构主义对教学环境的要求,在智慧课堂教学模式信息化平台的支持下,可以达到即时、动态的评价反馈,促使师生间、生生间的沟通交流变得灵活高效,课堂内外的交互协作变得多元智能,有助于在课堂上进行协作、会话和探究,有助于打造激发性、推动性的学习环境,成为学习者知识意义建构的天堂。

(三)混合学习理论

凭借技术的进步,网络教学在教育广泛的应用发展,教育进行了各种变革,产生了新时代的教育思路与理念。混合学习又称为线上线下相结合的学习,其目的是把教育事业和信息技术相结合,充分利用两者的优势,在教学过程中实现课堂教学和网络教学的结合。具体学习过程是把学习者的自主学习时间前移,先让学习者自主学习线上知识,然后在教

---

[1]陈威.建构主义学习理论综述[J].学术交流,2007(03):175—177.

师的引导下进行线下课堂的学习,问题导向式学习相关知识,使学习者向自主学习、深度学习过渡。混合学习的关键是依据教学目标,选择适当的学习与教学方式,发挥线下教学和线上学习两者的优势,实现知识的高效传输,从而提高学习效率。混合学习的概念是一种深层次的融合,它是基于不同教学理念下教学模式的融合。它将传统教学的优势与网络自主学习的优势相结合,充分发挥教师的主导地位和学生的主体地位。网络教学模式发展下的混合学习,其新的学习理念在于追求网络教学的特点的前提下,采用合适的学习方法,达到更好的学习效果;混合学习的主要目的是获得最佳的教学效果,整合和应用各种教学要素,传递教学信息。

第二节 互联网视域下智慧课堂教学模式设计

一、智慧课堂教学模式设计方向

智慧课堂教学模式发展到2020年,经历了从1.0到3.0的完美蜕变,智慧课堂教学模式定义变得更加完善,体系架构变得更加智能,应用场景变得更加广泛,平台功能变得更加全面,实践应用变得更加成熟。从整体上看,不断发展的智慧课堂教学模式突显了智能时代下新型教育教学的特点,展现了信息技术与课堂教学有效融合的深度,顺应了时代潮流和国家政策的指向,契合了教育信息化未来发展的方向。

(一)智慧课堂教学模式设计价值取向:从工具主义走向智慧主义

信息技术融入课堂教学是智慧课堂教学模式的一大亮点,智慧课堂教学模式为课堂信息化发展提供了思路和方向。从技术辅助教学到技术逆转教学过程,再到技术与教学的深度融合,智慧课堂教学模式构想的提出全面改革了课堂教学理念、学习内容、学习方式、师生关系、教学模式、评价体系和教学结构等。技术推动了课堂教学的不断发展,不断创新,但智慧课堂教学模式在实际应用中,出现了工具主义的误区。工具主义取向的智慧课堂教学模式观主要是基于传统的"技术决定论",一方面,在课堂教学时机械使用技术,把技术当作工具,用技术去强化传统教学,从教学模式到教学方法,再到教学评价,都指向了传统课堂教学,技术只是机械的手段和工具。另一方面,在课堂教学时生硬使用技术,过于依赖技术的手段功能,一心追求技术的高效,在教学的每一个环节都让技术参与,以期出现最有效的教学成果。工具主义的智慧课堂教学模式过分追求技术的使用,且生硬融合技术和教学,最终造成了智慧课堂教学模式实施落地的形式化。首先,工具主义的智慧课堂教学模式忽视了技术中人的重要性,使得人与技术分离,技术本应该为人所控用,为人服务,反而扩大为课堂教学的主角。其次,工具主义智慧课堂教学模式颠覆了人与技术之间的正常关系,使人成为技术的附属品,失去了人的主体地位,忽视了人的本体智慧,从而导致技术与课堂教学分离,技术并不能创新教学,变革教育体系。最后,工具主义的智慧课堂教学模式将不可避免地导致课堂教学的育人作用丧失、教学活力缺失,课堂教学的智慧性价值弱化而工具性价值强化,最终,智慧课堂教学模式变异成附庸技术的虚假课堂。

凭借科技的发展,5G、边缘计算、区块链、脑科学等新兴智能技术应运而生和应用,智能技术与智慧课堂教学模式的融合创新进一步深入,智慧课堂教学模式的教学形态不断变革,促使智慧课堂教学模式出现新的内涵和特征。凭借新时代背景下人才培养要求的不断更新,智慧课堂教学模式的培养目标逐渐变化,直接推动智慧课堂教学模式服务宗旨转变,智慧课堂教学模式随之不断丰富发展。凭借智慧课堂教学模式应用场景的不断丰富,面向多领域、多形态、全方位的应用局面,推动智慧课堂教学模式涵盖全领域、全场景,智慧课堂教学模式理论更加全面扎实,适应性、概括性更强。凭借学科智慧课堂教学模式教学实践的开展,聚焦学科素养的发展培养,学科智慧课堂教学模式不断发展,使基础智慧课堂教学模式内涵更加丰富,理论结构更加完整。一开始只是对智慧课堂教学模式的定义进行了研究,然后发展为智慧课堂教学模式教学方法、智慧课堂教学模式教学设计、学科智慧课堂教学模式教学等更详细具体的研究,包括教师、学生、专家等不同领域的研究者从不同角度对智慧课堂教学模式进行理论探索下,智慧课堂教学模式走向了智慧主义。智慧主义智慧课堂教学模式注重课堂教学与信息技术的融合,强调在技术使用方面与课堂教学方面进行融合,用技术创新课堂教学,在课堂教学时灵活合理地使用技术。从时间属性看,智慧课堂教学模式是师生智慧发展的过程,是不可逆转的和谐时光,是一个可持续的信息化教育时期。从空间属性看,智慧课堂教学模式是学生智慧学习的场所,是学生核心素养、智慧发展的场所,是充满信息技术的智能环境,是以人为本、开放、自由、平等的场所。从活动属性看,智慧课堂教学模式是培养智慧型人才的主要途径,是教师、学生、家校实时沟通的主要途径,是学生创造思维和问题解决能力提高的主要阵地,是开展智慧教育活动的主要基地,是精准教学、是开展个性化学习和即时评价的大本营。因此,未来智慧课堂的教学模式将突出更多人与技术的融合,教师将成为掌握技术的魔法师,用自己的智慧引领课堂,推动学生智慧的成长。

(二)智慧课堂教学模式设计实践路径:从局部探索走向全面推进

智慧课堂教学模式所走的路是教育信息化以来课堂教学在实践和探索中走出的一条具有融合创新特色且充满智慧的发展道路。虽然这条道路在推进过程中受到诸多限制,也出现过问题和偏离,但这些仅仅是探索过程中的一次试验和一次沉淀。因为,凭借信息技术与教育教学的不断融合,我们可以看到一个不断进取的智慧课堂教学模式,不断成长的智慧课堂教学模式,一个充满智慧力的智慧课堂教学模式。智慧课堂教学模式所带来的一切变化充分说明,智慧课堂教学模式路是一条正确的智慧发展大道,是一条课堂教学改革的创新大道。因此,未来的智慧课堂教学模式势必从局部探索转变为全面推进,全面推进体现在以下三个方面。一是智慧课堂教学模式推进广度增加。智慧课堂教学模式是推动信息技术与教育教学实践深度融合的新型教学模式,是推动智慧教育发展的主阵地,是为教学改革注入活力的重要途径,是推进教育现代化的重要实践,国家大力支持智慧课程的推进。在国家教育现代化和信息化的相关文件政策的部署要求下,智慧课堂教学模式的发展一日千里,通过示范区的创新探索,发挥示范引领作用,使得智慧课堂教学模式在全国范围内推广。二是智慧课堂教学模式推进深度提升。智慧课堂教学模式智能服务平台能够统筹优势资源,扩大优质教育资源的覆盖面,精准对接贫困地区、民族地区的教学需求。智慧课堂教学模式的推进能够帮助贫困地区和民族地区改善教学设施设备,打造教育扶贫项目,丰富贫困地区、民族地区的教学资源,提高乡村教师教学专业技能,提升局部地区教育教学水平,创新推行远程课堂、双师课堂、网络课堂、同课异构等教育信息化项目,解决贫困地区、民族地区师资短缺的问题。智慧课堂教学模式深入推进拓宽了教师眼界,通过智能云服务对接省级教育资源应用平台,开发音乐、美术、英语等课程资源,带领贫困地区走出因为教师结构性短缺而导致开不齐国家规定课程的困境。智慧课堂教学模式促使教育变得更加公平而有质量,助力教育精准扶贫,未来势必深度推进。三是智慧课堂教学模式推进精度提高。智慧课堂教学模式应用更聚焦到学科专业上,分阶段精准激发学科教学活力。学校通过学科智慧课堂教学模式教学,打通课内学习与课外活动的壁垒,因地制宜,汇集校内校外资源,结合特色校园文化,利用智慧课堂教学模式创新校本课程,建设智慧特色课堂。大学借助智慧课堂教学模式推进课程思政建设,以智慧课堂教学模式为切入点,推动大学思想政治理论课提质增效,用多元灵活的教学方法和评价体系来激发学生的内在学习动力,智能平台扩展思政课堂空间,学分学时智能管理线上线下混合教学带给学生沉浸式思政学习。同时,大学全力打造各专业示范课,借助智慧课堂教学模式智能化服务平台,实现专业课授课远程直播,MOOC平台专业基础课上传,使得线上线下学习承接,完成空中课堂建设。结合不同大学的专业课程教学,打造高端学科教学平台,建设集科研、教学和培训为一体的学科课堂教学平台,依托智慧课堂教学模式加强学科教学研究,推动大学学科建设和课程建设。在智能信息技术的支持下,探索跨学科专业特色建设,将技能培养与知识传授结合,借助智慧课堂教学模式将不同专业知识融合创新,进行学科知识整合智慧教学,探索不同专业交叉的新学科建设路径。

(三)智慧课堂教学模式设计技术路线:从初步使用走向成熟应用

在实际的智慧课堂教学模式教学中处处可以看见智能信息技术的身影,通过大数据、"云计算"、人工智能和物联网等技术构建的智能化服务平台,可以打造一个信息化、智能化的课堂教学环境,更好地为智慧课堂教学模式教学提供服务与支持。智慧课堂教学模式智能化服务平台,每个科技公司都有自己的智慧课堂教学模式产品和方案,从电子白板、智能终端、无线路由器、反馈器等硬件到互动系统、教学资源云平台、录播系统等软件,不同的科技公司会提供不同的软硬件产品,不同的软硬件能够组合成不同的智慧课堂教学模式方案,例如,以录播互动为主的智慧课堂教学模式会在远程教学点和中心校都配备高清摄像头、无线话筒、教室授课端等,方便师生开展远程教学;而以互动研讨为主的智慧课堂教学模式则配备了云平台、多个展示端等,方便师生开展多样化研讨。由于智慧课堂教学模式是一种新型课堂,诞生时间不长,很多科技公司第一次开展智慧课堂教学模式业务,将智慧课堂教学模式硬软件作为新产品开发,以此作为公司产品的新起点和新创新,所以很多学校的智慧课堂教学模式产品都是新型产品。因此,当智慧课堂教学模式应用实践不断增多时,智能化服务平台也逐渐暴露出很多问题,例如,平台在应用高峰期不能为持续升级和系统融合提供支持,教学一体机的易用性和便捷性不强,系统的稳定性和可靠性在长时间不间断运作时受到挑战,学生平板耗电快充电慢等问题。同时,平台功能不全、资源更新缓慢、课件展示时间短等问题都会造成教师、学生在使用时不够顺畅、不够便利,硬件软件上出现的问题直接影响着智慧课堂教学模式带来的实际效果。然而,正是智能化服务平台在实际使用中出现的这些问题,推动着技术升级、平台完善、系统更新、服务提升,使得平台构建越来越完备,应用越来越成熟。科技公司的研发团队直面这些真实问题,能够设身处地地思考什么样的软硬件才是智慧课堂教学模式需要的,才是为教师和学生服务的,从教育角度更好地打造智慧课堂教学模式的技术环境,及时解决智慧课堂教学模式教学中出现的技术故障。当技术人员走进智慧课堂教学模式,深入了解师生使用云、台、端时出现的各类问题,真实评估软硬件的运行情况,汇集实际应用中产生的问题,不断更新、修复智慧课堂教学模式软件,不断完善、升级智慧课堂教学模式硬件,通过各种上下层的技术部署为智慧课堂教学模式的推进提供支撑保障。未来的智慧课堂教学模式应用在科技公司、学校、教师的共同努力下能够根据每个学校的特色和需求量体裁衣,提供适切的智慧课堂教学模式方案,打造高品质的智慧课堂教学模式支持平台,囊括优质课堂教学资源,成为智慧课堂教学模式的坚实后盾。

与此同时,很多学校在构建智慧课堂教学模式后,会邀请科技公司的专业人员对教师进行培训,开展大数据应用、"云计算"应用、智慧平板应用、产品展示、互动化教学、使用智能白板上的书写工具、推送课件资源等部分的培训,将技术培训与现场操作结合,使教师们熟练操作智慧课堂教学模式硬件、软件和资源,能够更好地掌握应用智慧课堂教学模式智能化服务平台,推动智慧课堂教学模式教师专业发展。

(四)智慧课堂教学模式的评价系统:从体系构建走向智能评价

在智慧课堂教学模式高速发展时期,很多中小学和大学都拥有了智慧教室,并且大力开展智慧课堂教学模式应用和教学培养活动,然而拥有了智慧教室就能形成智慧课堂教学模式吗?在智能学习环境中开展教与学就是真正的智慧课堂教学模式吗?要想智慧课堂教学模式能够规范化、常态化发展,离不开智慧课堂教学模式评价指标体系的构建,多维度对智慧课堂教学模式开展评价有利于改进智慧课堂教学模式理论研究和实践探索,推动真正智慧课堂教学模式的实施。

目前,有部分研究者对智慧课堂教学模式评价进行研究并在真实课堂中应用验证,例如,以教师智慧课堂教学模式教学能力、学生智慧课堂教学模式学习能力和智慧课堂教学模式教学媒介质量为指标的智慧课堂教学模式教学行为评价指标体系[1],从课前、课中、课后对资源、设备、工具和

---

[1] 李采. 智慧课堂模式教学行为评价的指标体系构建[D]. 重庆:西南大学,2020.

学习活动展开评价的教学资源库智慧课堂教学模式实施评价体系[1]，以浅层学习和深度学习为一级指标的深度学习视角下智慧课堂教学模式评价指标体系[2]等。智慧课堂教学模式广泛的实践应用使得评价指标体系不断更正完善，后续的评价指标体系将从多维度、多视角、多学科开展智慧课堂教学模式评价，涵盖物理环境、教学效果、学生学习、师生互动等方面，使得智慧课堂教学模式每个构成部分都有完整而对应的评价体系，能够形成从局部到整体的一体化评价体系，使评价为智慧课堂教学模式教学改进服务，为一线教师实践服务，为不同学生智慧发展服务。

在技术的不断发展下，智慧课堂教学模式人工评价体系逐渐走向智能评价分析，通过神经网络、机器视觉等技术搭建智慧课堂教学模式智能评价平台，智能监控学生学习过程，智能监测师生互动频率，实现客观评价的自动、智能、高效。智慧课堂教学模式评价结合智能客观评价和人工主观评价，将教师评价与机器评价融合，协调主观经验判断与客观数据指标，使得评价更加全面科学。在可视化数据的支持下，智慧课堂教学模式评价联结主客观评价的利弊，趋利避害，构建科学、高效、多维度的智能评价系统，让智慧课堂教学模式评价体系应用变得更加广泛便捷。

二、智慧课堂教学模式设计

教学模式是教师在教学活动过程中良好的辅助教学手段。每种教学模式都是教学过程的一部分，适用于特定的学习类型，旨在实现特定的学习目标和学习任务。教师运用教学模式的能力决定了学生学习能力的提高。教学模式有多种类型，不同的教学模式因学习理论和教学价值取向而异。智慧课堂是在智慧教育理念的延伸下，学校教育新课堂教学模式的发展方向。智能课堂教学模式的价值取向是通过构建个性化、数字化的课堂学习环境，提高学生的问题解决能力，培养智能创造性思维的目的。

---

[1] 余华明，龙建佑. 基于专业教学资源库的智慧课堂模式构建、实施和评价[J]. 中国职业技术教育，2018(08):57—62.
[2] 庞敬文，张宇航，唐烨伟，等. 深度学习视角下智慧课堂模式评价指标的设计研究[J]. 现代教育技术，2017,27(02):12—18.

综上所述，一个完整的教学模式有五个基本组成部分：理论基础、目标趋势、实现条件、操作步骤和效果评价。每种模式都有不同的侧重点、理论基础、目标和教学方法。本专著旨在改善学生的逻辑思维过程，培养批判性思维和深度思维能力，并强调学生知识获取过程和个人学习能力的发展。

在此基础上，笔者将信息处理教学模式理论与智慧课堂教学理念相结合，根据教学模式的基本要素，并结合以上内容，实现智慧课堂教学模式需要三个要素：智慧教学理念、智慧课堂教学模式环境和智慧教学活动，因此，本专著中智慧课堂教学模式的设计如图6-3所示。本专著中设计的智慧课堂教学模式包括四个组成部分：智慧目标、技术支持、教学过程、智慧评价四大构成要素。

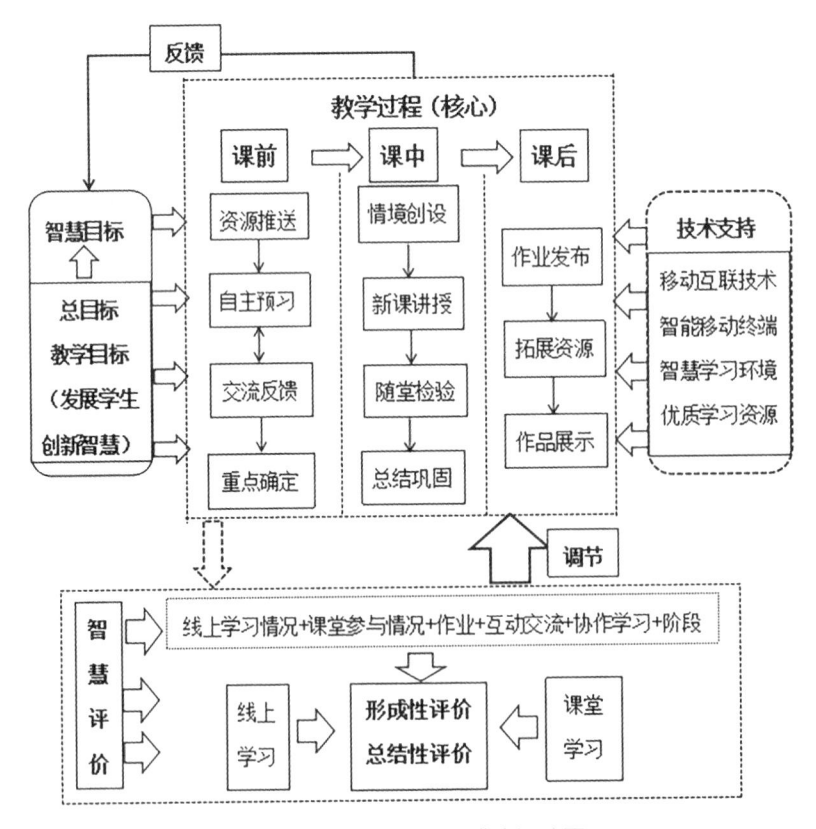

图6-3 智慧课堂教学模式设计图

在本专著的智慧课堂教学模式中,智慧目标包括总体目标和具体教学目标。作为课堂教学活动的基础,教学过程中各个子目标的实现是实现智慧课堂教学目标的基础。例如,正如一句老话所说,不积跬步,无以至千里;不积小流,无以成江海。培养学生的智慧和能力需要教师在教学过程中精心指导和培养。技术支持是智能课堂教学的基本硬件条件,包括移动互联网技术、智能移动终端、智能数据分析和高质量的学习环境。课堂教学过程分为三个部分:课前、课中、课后,包括具体教学部分的实施步骤。该模式的实施,教师可以根据具体的学科内容选择步骤。智能评价方法主要包括形成性评价和终结性评价两部分,包括在线学习和课堂学习。具体而言,它指的是所有在线学习活动数据和学生的课堂学习表现。二者的结合构成了动态的形成性评价。终结性评价是在教学活动结束后进行的评价。是对学生学习期间和学习单元整体学习目标完成情况的评价,主要是期末考试和学习作品的展示。

(一)智慧课堂教学目标

目标,顾名思义,为达到的境界或者目的。在实际生活中,人们所从事的各种活动都会带有一定的目的性,在达到一定目的之前,先会在自己的头脑中设想预期的一些情况与结果,带有导向意义。同理,在开展大学课堂教学活动之前,教师对教学活动的结果设定一定的构想与期望。而应用于智慧教学课堂当中,智慧教学的目标可确定为通过系列的智慧教学活动,推动学习者形成一定的智慧,引领学习者向智慧型人才的方向发展。具体来说,智慧教学目标由三部分构成,分别是智慧教学之总体目标、智慧教学之具体目标、智慧教学之三维目标。它们之间的关系可用以如图6-4所示图形形象地展示出来。

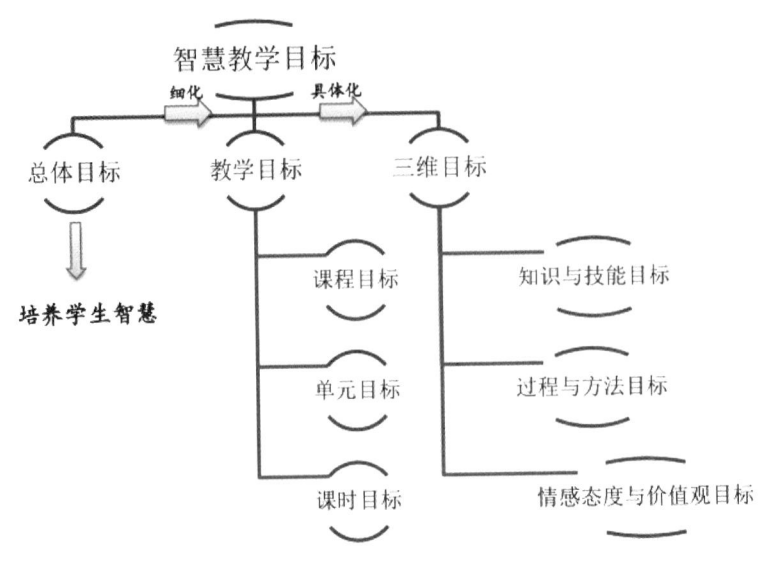

图6-4 智慧教学目标

1.总体目标分析

学生的智慧生成过程隐性而漫长。基于主体、客体关系的角度,学生智慧的形成包括理性智慧、实践智慧和价值智慧三个层面。在目标层次,智慧课堂与传统课堂具有显著的差异性。智慧课堂主要的目标为教师通过一定的智慧教学工具对学生由深入浅、由具体到抽象的学习引导,培养学生的智慧型思维与智慧型能力,最终实现全体学生的智慧成长。总而言之,智慧课堂集中了道德智慧、理性智慧、实践智慧等多种智慧,凸显了感性与理性相伴、理论与实践结合的特点,为智慧型技术促进大学生智慧生成而充满积极向上精神的创造性课堂。

2.具体目标分析

教学目标,犹如"在大海中指引轮船前进的灯塔",对教学环节的展开具有导向作用。无论是教学活动的设计还是对教学的评价都以教学目标为依据。通过对教学目标层级图进行展开,可发现其主要由三个层次构成。如图6-5所示:

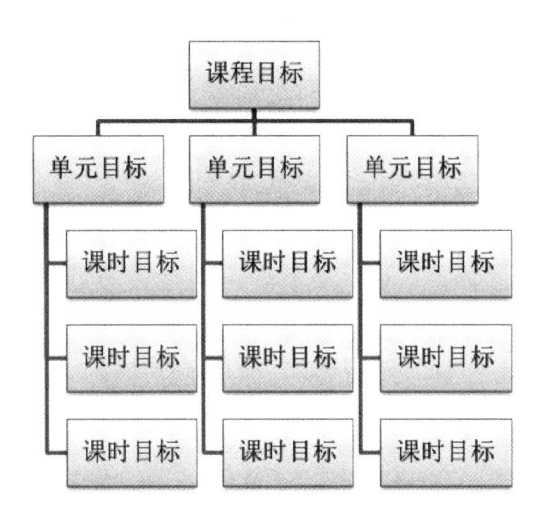

图6-5 学习目标分类体系

课程目标是以基于某门课程,在对整个课程教学阶段结束时,学生各个方面需要达到的目标;单元目标基于课程中的每一个教学单元,主要是对学生在单元教学结束后,其在知识能力、方法能力、社会能力等达到一定水平的具体规定;课时目标基于每一个课时,具体到每一节课时学生应该掌握的知识点以及技能的提升变化等。学习目标的表征方式广泛,其中典型的表征是布鲁姆和加涅的教学目标分类理论,对于具体的表述,在学习目标分类理论中,布鲁姆的目标分类和加涅的学习结果分类具有代表性。加涅认为,所有的学习都是不同的,学习的结果也不同。教师需要根据每个学习结果设计不同的学习条件。学习结果分为五种类型:语言信息、智能技能、认知策略、运动技能和态度[①]。本专著倾向于加涅的学习结果目标分类理论。如表6-1所示:

表6-1 加涅学习结果目标分类

目标层次	内涵	分类
言语信息	可以用语言陈述的知识	分为3种类别:符号记忆、知识、有组织的整体知识
智慧技能	运用符号和外部环境相互作用的能力	分为四类:辨别、概念、规则、高级规则(解决问题的思考能力)

①[美]加涅. 教学设计原理[M]. 皮连生,译. 上海:华东师范大学出版社,1999.

续表

目标层次	内涵	分类
认知策略	调节与控制学习过程中如何运用方法的技术能力	
动作技能	根据一定的规则,协调自己动作的能力	
态度	习得的对人、对事、对物、对己的反应倾向	

(二)智慧课堂实现条件

1.智慧学习技术

本专著研究的智慧课堂,是基于信息化视角。随着人工智能等智慧学习技术逐渐应用与深化于教育教学领域,在学校的课堂中设计"智慧"型活动成为可能。此外,基于智能控制技术的大数据具有速度快、真实性强、价值大等特征。在智慧教学的活动中,产生的海量数据能够通过智能移动终端进行及时捕捉与记录下来,帮助教育工作者分析学生学情,进而以学定教,实现教学效果最优化。智慧课堂应用智能技术,基于教育云提供的基础服务支持,提供完整的教育资源和交互式教学服务。本研究所提及的智慧学习技术基于智能信息技术的时代背景下,指的是智能云服务,如图6-6所示:

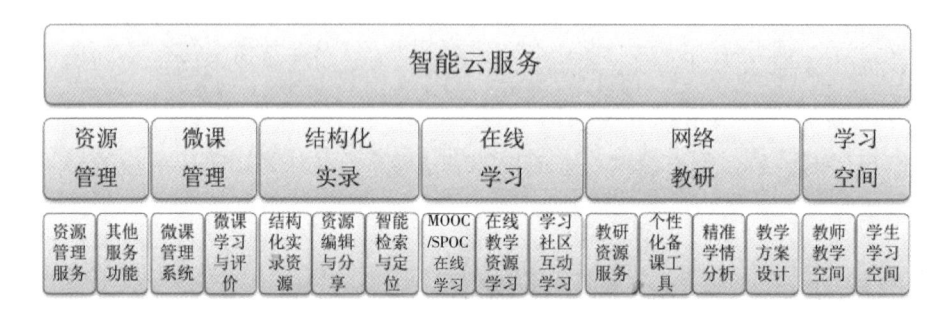

图6-6 智能云服务图

2.智慧学习环境

智慧学习环境依据一定的标准可划分为:现实学习环境、虚拟学习环境。现实学习环境指的是智慧教室,虚拟学习环境指的是智慧学习平台。从理想状态角度出发,智慧教室的移动终端由基础设施、互联网、教学平台、技术支持平台这些移动终端设备等构成。基础设施有课桌、椅子、LED

光源、投影仪、台式电脑、扬声器、无线路由器等;随着智能时代移动互联网技术的迅速发展,同时结合蓝牙技术、无线 WIFI 等无线通信技术,智慧教室实现了多网络集成与台式电脑终端、平板电脑终端、智能手机等多个智能终端的信息传递与共享;教学平台包括教学实施平台、教学管理平台、智能手机、平板电脑;技术支持平台包括数据搜集平台、数据存储平台、数据分析平台。

虚拟学习环境,即智慧学习平台。随着"人工智能+教育"时代的到来,众多智慧学习平台如春笋般涌现,功能也随着时间的流逝而不断完善,集扫二维码签到、发布预习任务、师生互动、弹幕讨论、随机点名、课堂小测试等功能为一体。目前,应用于智慧教学实践的学习平台可谓层出不穷,其中比较典型的有"雨课堂"、蓝墨云班课、超星学习通、微助教等。笔者搜集到每个典型的智慧学习平台后,对其功能及其主要特点进行了解,以对比的视角进行分析,分析后选择"雨课堂"作为本专著智慧教学研究的技术支持平台。笔者总结了智慧教育工具的一些类别和特点,如表6-2所示:

表6-2 智慧教学平台

名称	平台	教学功能
"雨课堂"	微信公众号	在线课件制作、跟进测试、实时互动、学习数据记录、学习资源推送、个性化教学指导
微助教	微信公众号	课堂教学管理、试题编辑、在线题库练习、学习数据分析、在线签名、在线互动
课堂派	微信公众号	课堂在线管理、在线作业批改、成绩汇总、学习数据分析、学习资源管理、学习互动
蓝墨云班课	教学软件	移动学习、在线学习工具、电子教材、作品分享
超星学习通	教学软件	大量在线课程资源、移动学习图书馆、在线课程学习
Nearpod	教学软件	教师在软件资源市场下载课堂资料,师生利用。软件可以进行学习评价,自主创建网络课程资源

3.智能移动终端

谈及智能移动智能终端,从其字面意义进行狭义理解,较为熟悉的为人人拥有的移动智能手机。然而,本研究强调的智能移动终端是指可以嵌入计算机系统的设备,是从信息技术的角度去理解其含义。借助分类学视觉,除了狭义意思所指的移动智能手机之外,还包括手提电脑、平板智能终端等。这些移动终端带有实时性、多媒体功能等特性,为智慧教学的顺利开展提供了可靠的实现条件。随着互联网技术日益普及于各领域,移动学习渐渐发展成为一种新型的学习模式而广泛为现代人认可。逐渐地,相关的移动学习设备如春笋般快速出现,由于其能够打破时空的限制,学习者于任何时间、任何地点都可进行独立自主的学习。

(三)智慧课堂教学设计原则与设计框架

1.教学设计原则

(1)坚持以"学生"为中心

在高等院校开展智慧教学实践,教师必须以"学生"为中心,时刻意识到学生自主学习能力的培养为重中之重。从设置一定的信息化教学环境出发,发展学生的主体性与主动性,引导学生从不同的信息资料寻找到相应的知识点主动去学习,通过自主探究或者小组合作学习的方式,培养学生的创新精神及实践能力。

(2)强调教学情境的创设

智慧课堂教学设计注重情境的设计。与传统的教学设计有所差异,智慧课堂的教学设计重视情景化的学习环境的创设,基于一定的学习目标,把学习内容融于具有一定情境化的教学活动当中,学生通过身临其境参与到活动的实践任务,获得问题的求解从而获得高效的学习。简而言之,就是以一定的教学目标为设计依据,设置信息技术支持且接近现实生活的教学情境活动,学生基于这些学习情境,进行探究式学习、合作式学习。

(3)强调全面的协作交流和互动

在实行智慧教学的过程中,教师通常采用"角色扮演法"开展教学活动。学生以"组内异质、组间同质"的方式进行分组后,在智慧课堂活动中以小组协作、交流方式进行学习,每位学生根据自己扮演的角色完成学习任务。通过全面的协作,学生之间、师生交流与互动,学生的智慧能为整个学习全体所分享。因此,教师在进行智慧课堂的教学设计时,必须把学习者本身看作学生之间学习的一种"资源"。

（4）充分利用各种信息资源

在大学智慧课堂的教学设计中，需要重点考虑信息技术工具和信息资源的使用。信息技术功能以及运用方式时常发生变化，作为教育工作者，需要关注技术工具是作为一种探索问题的手段、环境资源来支撑学习，同时筛选信息化教学素材过程中，定位其能够帮助学生自主发现、自主分析、自主得出结论的目标，以培养学生的自我探索与合作探索精神为出发点与落脚点。

（5）强调对学习过程的评价

智慧教学平台具备全过程动态学习数据分析与评价功能。在大学智慧课堂设计中，基于该功能以优化评价设计，实现"以评价促发展"。与传统课堂的教学评价有所差异，传统课堂的评价往往基于结果进行评价，倾向于终结性评价；而智慧课程教学评价重视对学生的动态学习过程以及学习数据进行评价，倾向于形成性评价。评价工具的设计要以"教学目标"为主线，重点凸显学生的学习过程与自主知识建构的能力评价，需把知识、能力、情感结合起来，促进全体学生的全面发展。

2.教学设计框架

本专著教学设计框架基于中等职业学校学生的学情，主要围绕"为什么教？""教什么？""怎样教？""教得怎样？"这四个维度进行构建。具体来说，智慧课堂教学模式主要包括教学目标设计、教学内容设计、学生学情设计、课堂组织形式设计、教学环境与资源设计、教学过程设计、教学评价设计等要素。其中，教学目标设计基于专业能力、方法能力、社会能力这三个维度进行分析；教学内容设计从教学的选取、本章节的地位、本节重难点角度出发进行具体的设计；学生学情设计主要从学生的性格、学生的知识基础这两个方面进行分析；课堂组织形式设计主要采取"组间同质，组内异质"的原则，对全班的学生划分为小组的形式，小组内实行组长负责制，负责本组的学习组织和管理工作；教学环境设计主要基于智能技术支持下的智慧教室的云—台—端的无缝对接；教学过程设计是整个教学设计框架的重点所在,基于"智慧"导向课前—课中—课后整个教学过程的设计,其中教学资源、教学策略、教学情境、教学方法四个维度贯穿于整个智慧教学的过程;教学评价从线上评价设计与线下评价设计两个维度出发,同时结合形成性评价与终结性评价两种方式,对学生智慧学习的整个过程进行评价与分析。智慧课堂教学模式总体设计框架如图6-7所示。

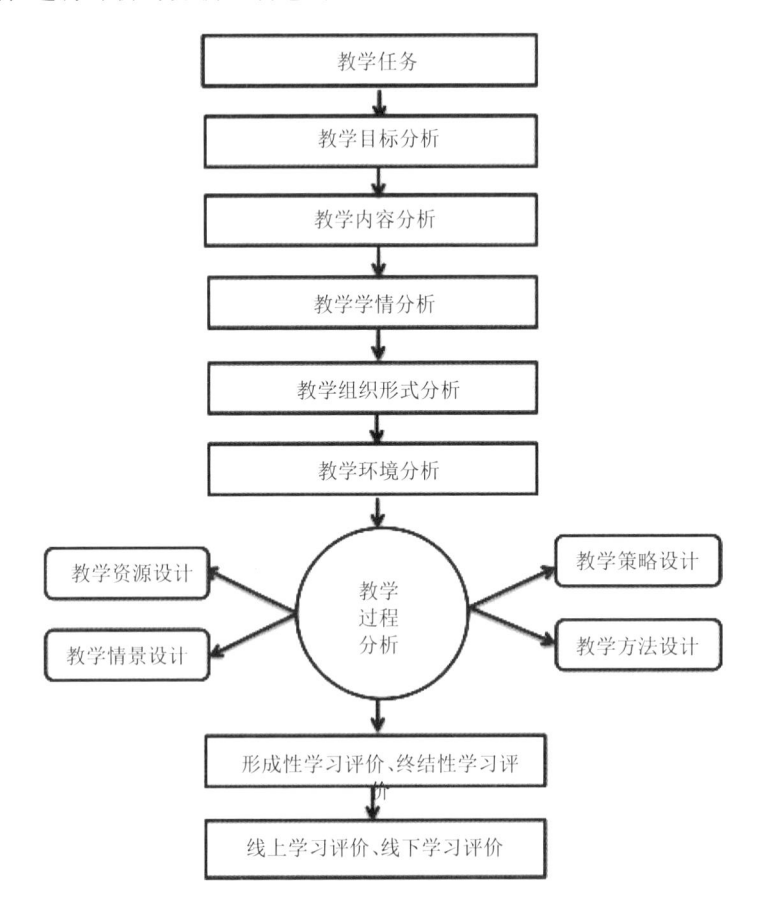

图6-7 智慧课堂教学设计总体框架

三、智慧课堂教学模式设计实施

(一)智慧课堂教学过程

教学过程是实现教学目标的基本方式,教学设计又是教学过程的核心部分。智慧课堂教学活动程序主要由3个阶段构成:课前—课中—课后。

其中,每个阶段都强调学生创造性智慧思维的培养。通过课前—课中—课后不同阶段智慧型教学活动的设计,使智慧教学目标高效完成。

1. 课前智慧预习

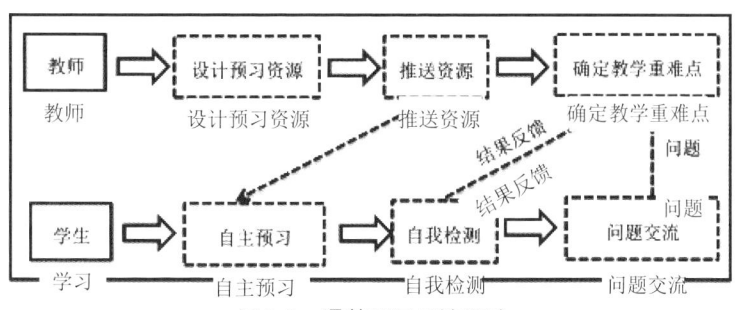

图6-8 课前预习反馈活动

课前,教师基于学生的基本学情以及本课程的教学目标,筛选预习资源并进行相应智慧设计,并通过"雨课堂"这一智慧教学平台向学生推送预习资源,并根据平台后台自动生成的数据作出"以学定教"的教学策略,进一步明确教学课时的重难点所在,基于此进行之后教学活动的设计。课前智慧教学设计的具体流程如图6-8所示。课前设计的预习资源主要包括教师自制动画微课视频、精选优质慕课视频、建立思维导图、课前预习习题等。教师以课程的职业情境为依据,设计几十秒的简短动画微课视频,结合与本知识点相关的优质慕课视频进行优化设计,以激发学生的学习动机与学习兴趣;建立简单概括性知识点的思维导图,让学生在课前对所学知识点有基本的认识;预习习题的设置要符合大学生的心理特点以及已有的知识水平,以简单而基本的客观题为主,做到"温故而知新";设计学生"智慧预习"课件,让学生在课前可以了解该知识点有关的学习目标以及建立知识图式,初步形成知识体系的知识框架。教师通过"雨课堂"这一智慧教学平台将"智慧预习"课件推送给学生,提前设置通告给予一定的提醒,学生进行及时自主的预习,进行在线的练习检测。教师基于"雨课堂"后台,通过收集动态数据以掌握学生的答题情况,从而进行学习自主预习结果的分析,以确定智慧课堂教学的重难点所在,从而设计智慧教学过程的活动策略。

2.课中智慧交流

在传统教学模式下,讲授法成为常态。教师以课程的教学大纲作为确立教学目标的依据,在课中,通常采取的是教师讲解—学生听讲—课上答疑—课后练习的固定模式。通过研究可以发现,在传统课堂中,学生处于被动学习的状态、师生互动性并不显著,通常来说,教学效果并非预期所设的理想。然而,在智慧课堂教学模式下,角色扮演法、案例法、小组合作法成为常态。教师以课中"立体交流"为中心,及时指导与反馈学生提出的问题,学生注意力比较集中,在整个智慧课堂呈现浓厚的学习氛围。主要的学习活动包括两个层次:教师与学生。具体的教学活动如图6-9所示。

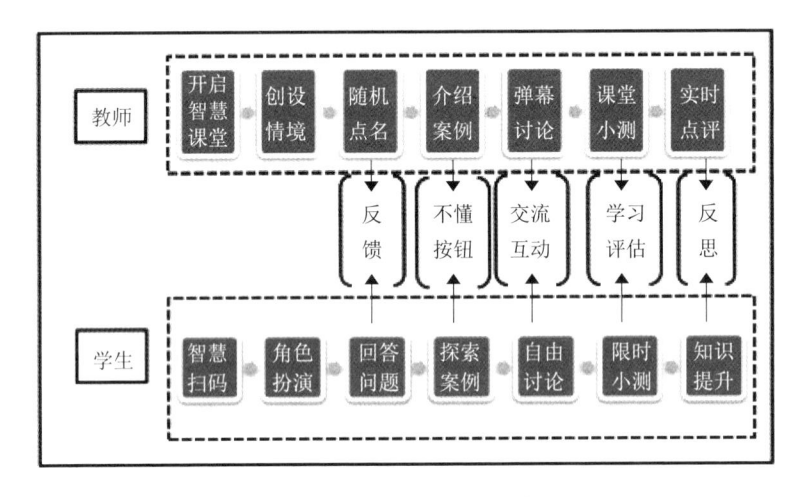

图6-9 课中教与学活动流程图

(1)开启智慧课堂

教师打开教学课件PPT,开启"雨课堂"授课,选择要授课的班级与课程,"雨课堂"开启后,在投影仪上显示二维码,要求学生通过扫一扫二维码或者输入课堂暗号进行签到,此时教师的手机端变为授课时的遥控器。

(2)创设情境

教师以不同课程内容作为情境的创设,通过动画微课视频的方式导入,并在课堂上播放两遍,第一遍是展示整个流程,第二遍是教师结合视频的具体环节进行有针对性的讲解。

(3)随机点名

小组代表完成上传小组成果的任务后,教师开启"雨课堂"的"随机点名"功能,随机邀请两名学生对参与活动的过程以及他们小组是如何分工合作的,谈谈自己的认识与想法,教师以鼓励性教学原则进行适当的反馈与点评。

(4)弹幕讨论

教师开启"雨课堂""弹幕讨论"的功能,同时注意课堂纪律的管理,向学生说明在课堂上只能讨论与学习有关的内容,在学习内容范围内畅所欲言,学生基于自己的疑问点发送弹幕讨论,其他同学也可随时加入讨论当中,教师对不同的问题及时进行归类,对学生提出的同类问题进行共性解答。通过弹幕讨论,师生、生生间的互动、交流进一步加强,活跃了智慧课堂的气氛,使每个学生都有机会参与到学习中去,凸显了"全体学生全面发展"的教学原则。

(5)课堂小测

教师在"雨课堂"的试卷库中抽取课前已制作好的课堂小测,包括单选题、多选题、简答题,要求学生尽量在课堂内完成小测试。学生根据教师的要求进行小测试,答题过程中认真审题,并在完成小测试后,认真核对答案的解析,无论自己分数是处于哪个阶段,都应该对自己学习该知识点进行一个评估,进行查漏补缺以完善自己的知识结构体系。通过课堂小测试,有利于学生及时"温故而知新",为以后学习具有更深难度的知识做好良好的铺垫。

(6)实时点评

教师根据"雨课堂"后台呈现的学生答题动态数据进行分析,针对每道题的答题率与正确率,在课堂上进行实时点评。学生认真审视自己的答题情况,基于答案的解析,需要认真聆听教师对每道题目详细的讲解,讲解后倘若还存在不懂之处,可举手向教师说明自己的疑惑点所在,教师再根据此特殊知识点进行个别辅导,学生得到个别辅导后,自我知识结构再次得到进一步的完善。

3.课后智慧拓展

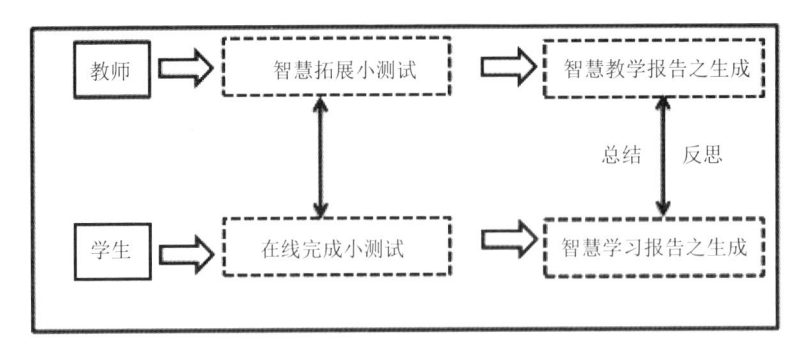

图6-10　课后教与学活动流程图

智慧课堂教学模式下的课后阶段，主要以智慧拓展小测试的形式开展。教师根据本节课的重难点内容，选择有课程延伸性、丰富性、启发性之特点的知识点，设置课后的智慧拓展小测试，要求学生在"雨课堂"微信公众号后台予以完成。学生在线完成小测试后，及时地得到了作业评价，可以拓宽视野，使课程的知识结构更加完善。在智慧教学结束时，教师会在手机端收到一份"雨课堂"自动生成的教学报告，教师课后对整个课堂进行教学反思与总结，有利于教师专业素养的提升；学生在手机端收到的是"雨课堂"自动推出的学习报告，学生在查看了自己的学习报告后，了解自己在课堂的表现以及完成预习以及课堂小测试等情况，有利于学生进一步加强自己的学业表现，取得进步。具体教学活动如图6-10所示。

（二）智慧课堂教学评价

智慧课堂教学评价的思想是以学生的"学"来评定教师的"教"，做到以学定教；同时提倡评价的多元化，其表现形式可为评价主体多元、评价方式多元、评价内容多元等。本研究从混合式教学的角度出发，结合多元评价的多样表现形式，提出智慧课堂教学评价的两种类型：线上评价、线下评价。如表6-3所示：

表6-3 智慧多元评价体系

评价主体多元	评价方式	评价内容多元
学生自评 小组互评 教师点评	形成性评价 总结性评价	知识掌握能力
学生自评 小组互评 教师点评	形成性评价 总结性评价	知识掌握能力
		自主学习能力
		沟通合作能力
		问题分析能力
		问题解决能力

1. 线上评价

学生进行线上学习的方式主要是通过微信端的"雨课堂"小程序,教师于教师端可观察到每位学生具个性化的学习足迹与成长足迹,这些足迹为可视化的动态数据信息,通过数据的表面信息可对学生的学习习惯、学习态度、学习爱好等进行本质推理,也是教师对学生进行线上评价的重要依据。

2. 线下评价

线下评价指教师基于学生在实体课堂的综合表现情况,多维度出发评价学生。基于客观性评价的宗旨,评价主体设计了学生自评、小组互评和教师点评等多个评价主体的评价。同时结合教学过程的三个阶段,综合对学生的发展情况进行全面评价。综合考虑线上线下的总体情况,实现对学生的全面评价。

第三节 智慧课堂教学模式应用研究——以"大学计算机基础"为例

一、课程分析

(一)课程概述

"大学计算机基础"是非计算机专业大一学生学习计算机基础知识的

课程。课程作为大学一年级学生必修的公共基础课程之一，培养大学生群体的算机维能力，提高个人信息素养，加深对计算机知识的认识理解，学会如何利用计算机分析和处理问题，提高问题交流能力形成终身学习意识，为学生成为现代社会所需的高素质信息人才奠定基础。课程的学习目标是通过知识学习和实践掌握与计算机相关的内容知识，掌握与计算机相关的基础知识。例如，操作系统、软件、硬件等。了解与计算机相关的办公软件，掌握如何处理文件和数据。了解计算机网络技术知识，掌握处理多媒体材料的技术方法，如图形、视频、音频和动画的制作和处理。熟悉信息安全知识，提高网络信息安全防护意识。

（二）"计算机基础"教学现状

"计算机基础"是高校非计算机专业的一门必修公共基础课。通过本课程的学习，学生可以系统地掌握计算机基础知识，包括办公软件、互联网，要求能熟练使用多媒体软件，并能运用这些技能解决学习、工作和生活中遇到的常见问题。但在实际教学中，该课程存在以下一些突出问题。

第一，学生基础差距大。该课程主要在高职一年级学生中开设，职业院校学生生源复杂，地域分布广，来自城市学生计算机操作能力强，课堂理解快，作业完成好。来自农村的学生由于高校计算机课大多被其他学科所占用，课程往往是虚构的，学生动手能力差，对计算机操作有畏难心理。在大班集体授课这一大环境下，教师不能照顾学生的学习差异，更不用说个性化教学了。

第二，师生缺乏有效的互动机制。目前高等学校计算机基础课程大多采用大班教学，以教师讲、学生听为主，教师在教学过程中不能及时收到学生听课效果的反馈，学生有问题不能随时向教师提问，从而严重影响学生学习的积极性和主动性。

第三，教学效果非常不理想。凭借移动互联网的快速发展，智能终端设备已经成为所有在校学生的必备品，他们是"移动网络原住民"，从小就使用智能手机、平板电脑等移动设备，对互联网的依赖度很高。在这种情况下,禁止学生使用手机和网络显然行不通。作为教师,何不改变教学思路,开始尝试鼓励智能手机和手机终端设备进入课堂,也可以作为帮助学生学习的工具。"雨课堂"的出现,很好地解决了这个问题。

二、"雨课堂"相关概述

(一)"雨课堂"内容呈现方式

"雨课堂"于2016年推出,由清华大学和"学堂在线"共同研发,它是一种混合式的教学工具。利用微信和PPT能够实现师生、生生实时互动,弹幕和答题结果数据分析等功能,随着教育信息化以及在线教学的推进,"雨课堂"被越来越多的教师与学生使用。"雨课堂"以幻灯片为教学内容的载体,随时随地推送到学生微信,可以使学生在上课前就进行相关内容的学习;一键发送习题,无时间与过程限制,可以随时讲随时测,快捷课上测验;弹幕、投稿、课堂红包、随机点名等方式创新学生互动等不同于其他教学工具的创新点与简洁性,吸引了大量的教师使用"雨课堂"开展教育教学工作。"雨课堂"将学习者在很大程度上作为教学中心,实现学习者"三位一体"的全面培养。

"雨课堂"中教学内容的主要呈现依托于演示文稿,在课前就可以将演示文稿通过"雨课堂"平台发送给班级里的每一位同学,方便学生课前学习。本研究中的演示文稿特指在"雨课堂"平台中,把静态文件制作成动态文件浏览,把复杂的问题变得通俗易懂。前文中提到数字化学习资源中文本资源的建设不受重视,这里的文本资源是指平面呈现的,不需要借助录影录像设备采集制作的资源。在"雨课堂"平台进行设计与编辑后,教师将包含需要传递的信息与学习者需要知识的内容以文件的方式发送给学生。本研究中的"雨课堂"内容呈现方式特征只是基于本研究应用的少部分特征,主要集中在演示文稿的内容呈现方式上,主要包括:

"雨课堂"平台中演示文稿内容的呈现方式为纯文本;

"雨课堂"平台中演示文稿内容的呈现方式为图片加文本;

"雨课堂"平台中演示文稿内容的呈现方式为视频加字幕;

开启实时弹幕情况下的纯文本、图片+文本、视频+字幕的内容呈现方式。

(二)"雨课堂"教学功能及特点

在教师端,使用"雨课堂"进行教学,教师首先要完成前期"雨课堂"的安装,在电脑上通过"雨课堂"官网下载"雨课堂"4.2版,在安装提示的指引下完成电脑端的安装,在手机端进入微信,关注"雨课堂"微信公众号,并填写相关信息。然后可以使用"雨课堂"进行教学,在课前,教师利用"雨课堂"制作"预习课件",并向学生手机端推送,为让学生在手机或者平板终端查看预习课件有更好的体验,该课件采用竖版PPT,在课件中可以添加习题、视频、语音等材料,也可添加慕课视频和网络视频等材料。预习课件制作完毕,点击上传试卷/手机课件,将制作的预习课件同步到手机端的课件库中,同时保存在指定文件夹中,通过手机预览课件无误后,发送到指定班级。教师可以通过"雨课堂"公众号随时掌握学生的预习完成情况,也可对主观题进行批改批注。使用"雨课堂"授课时可以根据学生的预习情况和教学需要,在已有课件中添加测试题,可以第一时间掌握学生的学习情况。开启课堂授课的方式有两种,一种是通过制作好的课件开启"雨课堂"授课,另外一种是在Web端使用课件库进行授课,这种授课开启方式的优点是即使教室电脑端没有安装"雨课堂"的插件,只要有网即可上课。两种授课方式在开启后,需要选择相应课程和班级,然后点击开启授课,学生可以扫码或以课堂暗号进入虚拟班级中,教师对PPT进行翻页,可以同步到学生的手机上。在课堂上可以进行限时答题、客观题作答情况投屏、主观题发布给个人或小组进行讨论作答和课堂互动等活动。使用"雨课堂"授课也可查看学生签到,课堂随机点名、发送弹幕并对弹幕内容生成词云。结束授课后,"雨课堂"会向教师发送课后小结,教师可以精确地了解本次课数据。在课后,使用"雨课堂"可以制作课后作业,有多种题型可供选择,也可批量导入作业,将作业发送给学生后,可以随时查看学生作答情况以及与学生进行互动。除上述功能外,"雨课堂"还具有群发公告、主观题批改、蓝牙热点、直播等功能。

在学生端,学生可以通过关注"雨课堂"微信公众号的方式加入相应的虚拟班级，也可以通过第一次上课扫码的方式加入班级。在课堂上学生可以通过"雨课堂"多种形式与老师进行互动，授课教师在电脑端开启"雨课堂"授课，待大屏幕上出现本节课二维码时，学生就可以拿出手机，打开微信扫一扫，加入本次课程。随着授课教师PPT的翻页，同学们可以在手机上同步接收课件。对于PPT中的重点和难点，学生可以对该页PPT进行收藏或者匿名点击不懂，教师可以及时收到学生的信息反馈。在上课过程中，对于老师发送的题目可以限时作答，作答情况可以被系统记录，也可作为同伴教学法中的应答器。另外学生也可在教师的准许下进行发送弹幕和向老师表达自己的观点等功能。在课下，学生可以通过"雨课堂"对教师推送内容进行预习，对于疑惑的地方可以向老师留言请教，也可在上面完成教师所布置的课后作业，对于课后作业，"雨课堂"有上传照片、音频等功能，大大方便了学生作业的提交。

（三）"雨课堂"的优势

第一，通过使用"雨课堂"组织学生开展相应的教学活动，学生的课堂出勤率和作业完成情况都有较大程度的改善，特别是以前上课玩手机不听讲的"低头族"变少了，上课时认真听主动问问题，回答问题的学生多了，学生愿意主动参加学习。师生只需在手机和微信上关注"雨课堂"即可使用。学生通过"密码"（扫描二维码）进入教室，显示教师实时推送的幻灯片、提问等信息。这不仅省去了学生在课堂上用手机拍摄重点难点内容的麻烦，还可以通过点击"不懂"按钮将不懂内容的幻灯片反馈给教师，教师可以实时调整课堂的节奏和方式。

第二，"雨课堂"提供的课后小结用数据真实再现了学生参与课堂、沉浸课堂的情况。课后，根据"雨课堂"收集统计数据，如了解学生答题情况、内容反馈等，教师对教学效果有更直观、准确的理解。这些数据对教师诊断教学问题提供了方向性的引导，同时也为考核学生提供了可量化的参考。

第三，教师可以通过"雨课堂"将学习资料发送到学生的手机上，学生也可以通过平台提交作业或自主学习，这无疑延长了教室有限的在线时间,让师生有更多的时间在课堂上互动使学习探究更深入、更长、更有效。

三、"雨课堂"课程设计以及存在的问题

(一)"雨课堂"课程设计

课程前期设计以"学习知识——掌握技能——提高综合能力"为总目标,将课程内容分为若干大板块,在各板块设置不同的学习资源,将"雨课堂"引入课程学习。将"计算机应用基础"课程分为四大板块:计算机基础知识板块、Office基本操作技能板块、计算机应用能力提升板块和大作业板块。计算机基础知识板块主要涉及计算机系统、操作系统、计算机网络知识,增加了拓展学生知识面和思维的内容。Office基本操作技能板块主要包括Word、Excel和PowerPoint软件的操作和应用。计算机应用能力提升板块主要包括Office软件高级应用和文献检索两个方面。大作业板块考查学生综合能力,选题不限,学生选择感兴趣的题目制作PPT,全面考察课堂讲解、学生老师提问考核、学生计算机应用能力。充分利用"雨课堂"教学,监测学生预习情况、出勤情况、课堂掌握情况,活跃课堂气氛。

课堂中,改变传统教学教师上课直接讲、学生听的方式。通过"雨课堂",在每节课前提出对学生感兴趣的开放性或前沿性话题,让学生进行充分的讨论,师生之间相互交换看法,深入互动,引入讲解内容。这可以加强师生之间、同学之间的交流和互动,增进情感,拓展学生的知识面,提高学生认知上的广度和深度。

(二)"雨课堂"应用中存在的问题

"雨课堂"不适用于苹果电脑的Mac系统,给很多人的使用带来不便。使用"雨课堂",电脑系统要求Windows 7以上版本的操作系统,电脑必须安装Office 2010以上版本或WPS(个人版)6930后版本。

"雨课堂"中使用的网络环境问题。"雨课堂"的使用对网络稳定性有很高的要求,教学过程中网络中断或不稳定会产生PowerPoint推送延迟、学生反馈不到等问题,影响教学效果。

综上所述,"雨课堂"作为一种新的智慧型教学手段,可以与课堂教学

配合使用,很好地辅助老师进行教学活动,提供一种更好的师生交流互动的相处方式,教师也可以更为全面了解学生的学习现状以及进展。将"雨课堂"应用于计算机基础教学,得到了学生的良好评价。"雨课堂"以平民化的教学实现方式,结合在线教学和实体课堂的优势,打破传统的课堂教学方式,帮助教师实现差异化教学,提高学生自主学习的能力,让学生和教师一起参与到课前、课中、课后多个环节。

第七章 互联网视域下大学教育个性化学习模式研究

第一节 个性化学习理论背景

一、相关概念界定

(一)个性化学习模式

个性化学习起源于近代"个性化学习:以学生为中心"的演讲报告。报告强调了个性化定制教育的重要性,以便不同的学习者在教学中获得一定的收益。同时,教育工作者还应关注并积极探索每个学习者的独特性[①]。个性化学习模式是基于学习者个体差异的学习范式,它在遵循个体差异的前提下,分析和推动学习者的个性化发展。个性化学习平台的构建需要遵循个性化学习模式核心理念的指导。现代社交网络教育平台注重为学习者提供个性化教学定制服务,例如引用的研究载体"蓝墨云"教育平台,包括其他一些互联网教育平台:慕课、超星、智慧树、"雨课堂"等等。

(二)学习行为数据

在新的教学理念和先进科学技术层出不穷的时代,对一种教学方法优劣的评价不能简单地以其"是否足够新颖"或"是否更引人注目"来推断,而应以实际数据为依据。基于大数据理论,学习行为数据是大学生在日常学习中产生的一系列数据集,可以在一定时间内使用常规软件收集,包

---

① 胡德维. 新西兰教育部长论个性化学习及其对教育的重要性[J]. 基础教育参考,2006(10):28—30.

括课前预习数据、课程签到数据、与教师的课堂互动数据、课后复习巩固和作业完成数据、课堂测试数据、期中期末考试成绩数据等。目前,现有的在线课程有各种形式和类型的教学资源,这使得教学平台更加人性化,方便学习者学习。然而,也存在一些不足,如管理不善,在线学习中师生缺乏互动,学习者无法及时回答问题等。如果我们分析学习者在在线学习平台学习过程中产生的具体学习行为数据,如获取课程学习资源、参与讨论、学习进度等,可以帮助学习者实现自身优势和内在潜力。教师可以预测学习者未来的学习行为轨迹,在其帮助下发现学习者的问题,并为学习者定制不同的学习策略,从而保证在线学习平台的教学质量以及学习者的学习状态和效果。

(三)互联网技术

1.互联网特征

由于互联网技术具有高效、准确和使用方便的特点,它可以更好地改善人们的生产和生活,帮助提高人们的生存和发展质量。因此,它在世界范围内逐渐普及和应用,成为现代社会广泛应用的重要技术成果之一,是推动社会和人类发展的重要技术力量。从互联网技术的应用来看,它具有以下特点:

虚拟性。互联网是一种人造的程序化应用软件。它将信息数字化,取代传统的实物和真实场景,为人们的工作、学习和生活创造一个虚拟空间和网络平台,扩大了人们网络虚拟实践的范围。人们可以在这个空间中与远离海洋的用户进行网络互联、信息共享、数据传输等活动,不受时间和空间的限制,因此,它具有虚拟的特点。

自由开放性。互联网为用户创造了一个虚拟、开放和免费的社交平台,以及各种新的开放程序和社交软件。从设计开发到推广应用,他们一直在进行技术升级和创新,以满足人们的发展需求;此外,人们可以根据个人喜好在各种社交平台上更新动态、记录生活、发表评论、互动和交流活动等。

信息资源共享性。互联网收集了大量的数据和信息资源。通过资源整合,为人们提供丰富的互联网信息资源;同时,借助互联网强大的信息和数据传播功能,大大提高了人们获取信息的速度,能够最大限度地满足人们的信息共享和传播需求,进一步推动信息资源的传递和共享,从而节约成本,大大提高工作和学习效率。

实时交互性。互联网信息技术不断优化升级,信息传输速度加快,实现了用户的精准对接和互联互通,方便用户及时高效地进行实时通信和交流,营造了网络化信息传输环境;实时更新的网络数据信息资源可以为人们提供最新有效的信息,帮助人们准确定位信息范围,人们可以根据自己的需要随时随地选择不同的信息资源,充分体现了信息的实时交互性。

2.互联网技术在个性化学习产品中的应用

互联网信息收集、信息处理和信息呈现技术已应用于个性化学习产品和服务中。信息收集和信息处理技术主要用于向学习者提供学习信息和分析学习者的学习状态,而信息呈现技术主要用于呈现学习内容。通过获取和分析学习者的学习状态,个性化学习产品可以为学习者提供满足其学习需求的学习内容和信息,根据学习者的学习情况提供不同的课程,并根据学习者的需求定期提交学习成果评估报告。在这一方面比较典型的产品有 Pintrest 和 Coursera。

Pintrest 本身是一个图片社交网站,但由于其对信息的处理和提供能够很好地贴合用户的学习行为,因此在 C4LPT 的 2017 年的个人学习产品排名中能名列第 27 名,比很多专门针对学习而设计的产品更加受到学习者和教育专家的认同。

在 Pintrest 网站上,用户可以十分方便地收藏感兴趣的图片和话题,并为其打上标签,以便在将来需要时随时查看。Pintrest 在这一过程中,通过使用智能互联网的相关技术,为用户提供了两种智能化的信息处理方式:第一种是对用户自定义分类的学习,在用户将某一图片收藏并写上自己对图片定义的标签后,Pintrest 能找出这张图片的内容和用户自定义标签之间的关系,当用户再次收藏相似内容时,Pintrest 能自动将其打上用户希望的标签,并将这一类内容放入同一个文件夹下,便于用户管理;第二个则是通过用户收藏的内容向用户推荐新的内容,由于能够使用信息理解相关的技术,因此Pintrest不仅能推送和用户已有标签相同的内容,还可以提供与用户现有内容有紧密联系的其他领域的内容,帮助用户不断拓展视野,这也是Pintrest大受用户追捧的原因之一。

Coursera则是专门针对学习而设计的学习平台,是智能互联网环境下的新一代学习管理系统,跨平台提供个性化学习体验。通过使用智能互联网相关的技术,分析学习者的特点以及结合以往其他学习者的学习经历,Coursera可以自动根据学习者的学习情况为其提供专门的课程安排、学习计划、学习日程,推荐更适合他学习的课程。

这一套服务改变了以往在线学习中学习者不知道如何选择学习内容、如何安排自己的学习日程和制定学习计划的局面。通过运用互联网中信息呈现的相关技术,学习内容可以以更加符合学习者需求的形式呈现和表达,便于学习者理解,激发学习者兴趣,给学习者带来更好的学习体验。在这方面具有代表性的产品有Proko医用人体解剖在线教程。

Proko系列在线教程运用3D图形与实拍相互结合的技术,能够让学习者更好地理解人体的构造和肌肉的运行动态,并且通过3D动画角色生动地表演吸引学习者的注意力和兴趣,在学习后的练习过程中,学生还可以运用官方提供的在线模型,随时随地从各个角度观察人体的构造,根据自己的需求改变在线模型的姿势、显示的角度以及模型的内容,使学习者可以根据自己的需要补充在课程中没有充分理解的内容,提高了学习者的学习效率和成功率。

通过使用互联网相关技术,个性化学习相关产品和服务可以以新的功能和形式为学习者提供价值,为用户带来更好的学习体验,增强其竞争力。

二、相关技术基础

(一)数据分析

数据分析是指运用适当的统计分析方法,对收集到的大量数据进行分析,提取有用信息,对数据进行详细研究和总结,形成结论的过程。这一过程也是质量管理体系的支撑过程[①]。在使用过程中,数据分析可以帮助人们做出判断,以便采取适当的行动。数据分析的核心目的是对无序数据进行整合和提炼,找出目标研究数据对象所包含的内在价值规律。至于所收集数据的统计分析,统计中也有许多类别;对于数据分析方法,通常可以使用列表法和绘图法。无论做什么类型的数据分析,首先,数据分析的目标应该明确,每个原始数据和中间数据的含义应该明确,应该从中发现问题,从而得出结论或检验假设。例如,在学习行为数据分析过程中,可能会收集学习者在学习过程中生成的一系列行为数据,如课程签到、课前预习、课内学习互动、课后复习和巩固。从采集层面来看,这些数据都是非常好的原始数据。此时,有必要对数据进行整理和处理,以便教师和教育管理人员做出相应的有效结论和科学决策。

(二)特征选择技术

特征选择是一种非常常见和有效的方法。当原始数据集中的数据量较大且需要研究的维数较多时,通常采用特征选择技术来降低数据的维数,以降低问题的复杂性。例如,在蓝墨水云教育平台的数据中,对于同一个学习者,可以从资源学习和课堂互动两个方面来表征学习者的学习行为,可以从课堂成绩、期中考试成绩和期末考试成绩来评价学习者的学习效果。如果数据完整、全面,描述学习者行为的数据甚至可能包含"学习者早餐吃面包"和"学习者步行上学"等信息。然而,很明显,如果将学习绩效作为衡量学习效果的标准,那么关于食物和运输方式的此类数据将不会对绩效起到至关重要的作用,而只会增加数据的总体复杂性。特征选择的目的是"选择对判断结果影响最大的特征"。因此,为了选择一个或多个最优的个性化学习模式,还可以引入特征选择技术。

在现有软硬件完全支持的情况下,使数据集发挥更大的应用价值,建立各种分析模型是一个重要的命题。虽然从狭义上讲,数据量越大代表的信息越有价值,但如何从原始数据中获取所需的知识是数据科学中最困难的问题。相反,大量的特征,如数据中的不相关、数据错误或冗余,可能

---

① 陈星,马燕.基于学习行为大数据的深度学习分析模型及实现[J].数字教育,2019,5(02):19—23.

会对最终的模型产生非常负面的影响,因此特征提取和特征选择也得到了广泛的应用。特征选择(Feature Selection),顾名思义在字面上对其进行理解可解释为"选择特征",也就是在原始数据中获取到一部分更具代表性的特征,以此方法达到降低维度、减少冗余特征的目的。特征选择是为了选择数据集中的属性,而这种属性可以理解为描述某一事物的不同角度,最终通过特征选择的方法,挑选出一组特征子集。这个过程是为了减少数据全集中的维度、降低机器学习的问题复杂度。特征选择会通过剔除冗余信息,寻找出所有特征的较优特征子集(Feature Subset Selection),由于这个过程是一种NP问题,不能通过非穷举的方式找到最优解[1]。

一般来说,要实现特征选择,需要从以下四个方面入手:搜索起点和方向、搜索策略、特征评价函数和停止标准。特征选择本身就是一个搜索过程,需要初始化搜索起点,包括特征位置和特征方向。搜索方向包括向前、向后、双向和随机。根据不同的评估标准,将特征添加到子集或从整个集合中删除特征。搜索策略大致可以分为三类:穷举搜索、顺序搜索和随机搜索。穷举搜索可以最终获得最优的特征子集,但这种方法往往会导致资源消耗高,特别是当特征集数量大、特征复杂时,计算时间会很长。为了提高计算效率,可以选择向特征子集动态添加特征或从特征集中删除某些元素的方法,如前向搜索、后向搜索等,但这种顺序搜索方法无法获得最优解,很可能陷入局部最优解。最后,我们还可以使用随机搜索和添加启发式知识,这将比序列搜索更容易以更少的计算资源找到最优解。特征评估函数用作最终"选择"的基础,以评估所选特征子集的"好"或"坏"效果。为什么选择特征A而不是特征B,或者为什么选择特征子集C而不是特征子集D,是评估函数要解决的问题。一般来说,该函数可以从两个方面来评价特征:某个特征对预测结果的影响和某些特征组合对预测结果的影响。在特征评价过程中,以统计学等学科为指导思想,根据对预测结果的影响对所有特征进行排序,然后选择最优特征作为新的特征子集。停止标准是确定当前特征子集是否满足要求以及是否可以停止搜

---

[1] 黄铉. 特征选择研究综述[J]. 信息与电脑(理论版),2017(24):67—68.

索。一般来说,搜索算法是否可以停止根据三个标准来衡量:时间、次数和阈值。即,当搜索算法的运行时间满足时间要求时,可以停止程序;或者搜索算法已经运行到运行次数上限,可以停止程序;或者搜索算法已达到给定阈值,可以停止程序。

三、个性化学习用户体验研究

(一)个性化学习的概念界定

个性化学习可以理解为学生的学习个性化,所谓个性的学习就是要围绕学生的个人特质,以真正适合他们学习风格的方式来进行教学,从而挖掘出每一个学生的优势。其实,个性化学习并不是一个新概念,"因材施教"这一教育理念自千年前孔子提出后在我国的教育模式中得以扎根萌芽,美国著名教育学者杜威在其著作《明日的学校》一书中也将"更灵活的教育"作为未来的教育价值取向,通常就是指以学生为中心的学习。个性化学习的概念引领我们朝这一方向更进一步寻求以学生的需求与成就为中心的教育。

笔者所理解的"个性化学习"是指:学生在教师的指导下,针对自己的学习需求、发展期望和现实情况,以个人喜好的学习风格、认知方式、情感价值等为基础,在一定教育环境与教育技术的支持下,自主选择并安排个人的学习内容、学习方式与学习计划,从而形成自己的独特个性,掌握知识与技能,逐渐养成个人的人生观、价值观和世界观的过程。

(二)个性化学习的特点

个性化学习与普通学习相比,主要有如下特点:

1.针对性

不同学生有着不同的学习水平。即使面对同一学习内容,不同的学生也会表现出不同的认知方式。每个学生的接受能力和理解能力是不同的,对于所学知识的掌握水平也是有差异的。因此,若对全班同学采用统一的教学方式,就无法使每一位学生达到最好的学习效果。但在传统教学课堂,教师普遍会以班级的整体平均水平来进行教学安排,导致难以真正实现因材施教。

2.高效性

个性化学习可以使学生将大量的时间用于对自己未掌握的知识点进行学习和练习,从而有效地提高自己的知识水平。由于传统教学的一致性,有些学生可能在反复学习和练习已掌握的知识点,而有些学生在还未掌握该知识点时,课堂教学就已经进入下一阶段,这样的学习对于学生知识水平的提高没有太大的作用,可以归为无效学习。故在传统教学中,学生的部分学习时间并没有被真正利用起来,只有通过增加练习量来对自己的学习情况进行反馈,教师再根据整体的反馈结果调整教学,也就是所谓的"题海战术",显然这样的学习效率是比较低的。个性化学习可以根据学生现有的学习水平与知识结构进行教学,为不同的学生定制差异化的学习目标,从而提高学习的有效性,循序渐进地帮助学生提高。

(三)个性化学习的实施步骤及条件

个性化学习的核心步骤主要有两个:其一,了解并收集学生的学情数据;其二,根据学生的学习水平安排教学。

在传统教学课堂中,若要为每一位学生安排其个人的学习路径,则对教学实施者来说无疑是一项巨大的挑战。首先,教师需要通过学生的课堂表现和一些基础的练习来判断每个学生当前的知识水平,这对于经验丰富的老教师来说可能还相对容易,但对于新教师,无疑是难如登天。其次,为每一个学生安排教学方案,这一工作量是巨大的,教师在针对性教学内容的选取、教学过程的有效组织及教学方法的运用上,甚至是学生练习的安排上都需要耗费大量的时间和精力。最后,教师还要掌握认知心理学等知识,以便更好地把握每个学生的个性需求等。总的来说,面对传统班级授课制学生众多,而教师的时间和精力有限的情况,由教师来长期实施个性化教学是不现实的。

个性化智能学习系统能够很好地解决这个问题,由计算机系统来完成学生学情数据收集及学情分析的这一过程,在当今信息技术飞速发展和大数据的背景下,是能得以实现的。人工智能教育已经发展起来,个性化学习的两大核心步骤可以依靠个性化学习系统的算法来实现,从而为学生的学习和教师的教带来效率的飞速提升。

(四)个性化学习用户体验基本环节研究

探讨把握事物发生发展的基本环节具有重要意义,因为它可以解开一个复杂的活动,使人们更容易接受和感受事物的本质,从而更全面地审视事物的发展过程。同样,要真正了解个性化学习用户体验是如何发生的,首先必须把握其发生的基本环节。总之,探索个性化学习用户体验的基本环节就是系统地描述个性化学习用户体验的具体过程,这对于我们从整体上把握个性化学习用户体验具有重要意义。探索经验过程一直是心理学关注的重要问题。许多学者讨论了经验或经验学习的基本过程。例如,杜威、库珀等学者构建了不同的经验学习过程框架。然而,由于经验发生的内隐性,对经验发生过程的研究还没有得出一个得到所有学者认可的结论。通过以上对经验发生的基本方式的分析,不难发现,经验过程可以理解为个体试图与对象整合的过程。这种融合应该是全心全意和无私的。它需要个人行动、情感和信念的共同参与才能真正实现。可以看出,与传统的知识体验过程相比,个性化学习用户体验呈现出一些特殊的特征,需要经历的环节和步骤更加复杂。我们有必要解释个性化学习用户体验涉及的具体环节,这将有助于我们从整体上理解个性化学习用户体验的实施背景,理清其内在逻辑。

如前所述,知识学习至少包含两种不同的内涵:一种是以知识为对象的学习活动,另一种是以获取知识为目的的学习。从这个逻辑上讲,个性化学习用户体验也可以分为两种不同的类型。一是直接以知识内容为体验对象,使学习者能够在知识内容本身的体验中进行学习过程。我们可以称之为接受性个性化学习体验。二是引导学习者体验一些包含知识内容的情境,使其体验到获取知识的过程。我们可以称之为探究式个性化学习体验。显然,上述两种知识学习可以称为个性化学习体验,但它们之间的基本联系存在一些差异。接下来,我们将逐一讨论这两种个性化学习体验方法的基本环节。需要指出的是,这里讨论的个性化学习体验的具体环节是一个通用环节,也可以理解为最通用的环节。在实际的知识学习过程中,还会出现在没有完成所有步骤的情况下完成经验知识学习。我们在这里不会讨论太多。只寻求最常见的经验知识学习过程。

接受式体验性知识学习顾名思义便是指,将知识内容本身直接当作体验性知识学习的对象,将接受知识内容当作开展体验性知识学习的根本目标。在此种体验性知识学习过程中,学习者面对的往往是知识内容本身,知识学习的目的便在于通过体验的方式实现对于知识内容的掌握。具体而言,接受式体验性知识学习主要包含以下基本环节。

本专著将接受式体验性知识学习大致划分为知识接触、知情融入、领悟反思、知识习得四个基本环节,各环节之间相互关联,如图7-1所示。图中清晰地呈现了接受式体验性知识学习活动发生的具体环节,从这个流程图中我们不难发现,接受式体验性知识学习可谓是学习者知、情、思三者统一的过程,它不仅需要个体认知方面的参与,还要求个体对知识对象情感和理性思维的投入。下面我们将就接受式体验性知识学习的各个环节进行具体说明。

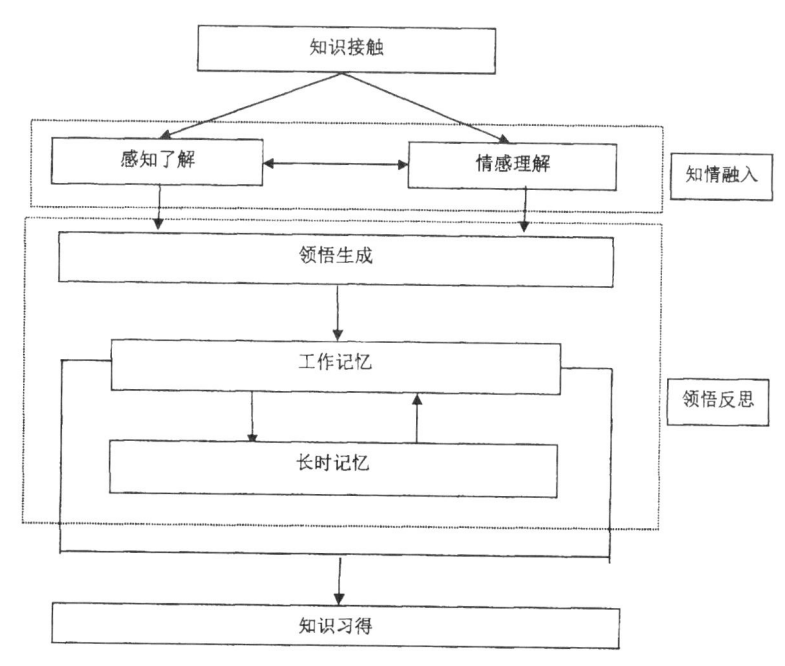

图7-1 接受式体验性知识学习基本环节

1. 知识接触

接受性经验知识学习应该真正发生。我们需要一些具有知识内容的接触对象作为前提,我们应该为学习者提供一些能够激发个体经验的知识对象,使学生能够在与知识的接触中产生经验。从本质上讲,经验知识学习可以分为一种经验活动和一种心理现象。它的发生需要一定的刺激对象作为前提。正如行为心理学家沃森指出的那样,刺激-反应(SR)模型是所有心理问题的基本公式,因此,从这个角度来看,如果我们控制学习者想要接触的知识内容,我们可以在一定程度上引导个体的知识学习行为,进而掌握体验性知识学习活动的趋势。我们可以将知识接触的对象分为以下类型:由各种概念和表示形式组成的知识内容,如书籍中呈现的知识,以及包含知识本身的事物;它包括自然界中存在于客观世界中的、没有被人类改造过的事物;它还包括人类社会中经过加工和改造的事物;包含丰富知识内容的各种情境可以通过体验这些情节激发学习者对知识内容的体验。在体验式知识学习中,学习者接触的知识对象可以根据与个人的关联程度分为三个不同的层次:个人不知道的新知识、个人涉及的知识和个人已经完全掌握的旧知识。相比之下,在接受性经验知识学习过程中,如果学生被呈现出一些他们从未知道的新知识,这些知识的水平高于学生现有的认知水平,学生很难体验到。当一些学生的旧知识呈现出来时,他们会感到厌烦,失去继续体验知识的兴趣。因此,只有那些涉足生活但没有吸收深层知识内容的学生才是触发学生接受性经验知识学习的最合适的接触对象。这类似于维戈夫斯基提出的"近期开发区",根据该理论,真正有价值的学习内容不可能是学生已经掌握的内容,也不可能是学生自己努力无法实现的内容,而是学生自己努力能够实现的内容。只有选择这一层次的知识内容作为体验的对象,才有可能激发学生体验知识内容的兴趣,并且他可以继续体验知识学习活动。这表明,在接受性经验知识学习中,为学生提供合适的知识接触对象是非常重要的。这是确保体验式知识学习顺利开展的重要前提。

2.知情融入

当我们为学习者提供适当的知识联系对象时,下一步要做的是将学生与所提供的知识对象进行整合。正如前面所强调的,这种整合状态应该是全面的、忘我的。它不仅需要学习者的感知输入,还要求学习者将相应的情感投入到所接触的知识对象中,从而最终实现个体对知识对象理解的生成。因此,我们可以将接受性经验知识学习的第二个环节命名为无私的整合。在某种程度上,只有当学生真正沉浸在他们所经历的知识对象中时,经验知识学习才能发生。为了让学生实现所谓的无私融合,有必要让学生在感性和情感两个方面投入所触及的知识内容。首先,很容易理解个体感知和理解包含知识的对象的行为。这是因为开展一系列活动的最终目的仍然是实现知识内容的学习。因此,当个体接触到知识内容时,必然会进行感性输入。否则,他们将无法理解知识内容是什么样的,更不用说理解和掌握知识内容了。因此,从这个角度来看,没有感性输入的知识学习不能称为真正意义上的知识学习。需要指出的是,与其他知识学习方法相比,体验式知识学习在对知识对象的感知输入水平上表现出一些特殊性。一方面,这一看法没有深入涉及。它并不强调学习者对知识对象的记忆和背诵,而是要对这些知识对象产生基本的性意识。另一方面,这种对知识对象的感知也具有一定的开放性。学习者对知识对象的感知可能不正确。凭借体验过程的加深,这种看法可能会相应改变。其次,除了对知识对象的感性输入外,无私地输入还要求学习者通过情感理解来理解他们所学的东西。经验的知识对象构建了一个新的意义。

如上所述,人是情感动物,情感关系是人与物之间的原始关系,最基本的关系。对人类来说,情感是原始的。任何人类活动都需要强烈的情感输入才能继续,知识学习活动也是如此。当一个人以经验的方式接触知识对象时,总是凭借对对象的情感理解。这种情感上的理解是多种多样的。一些学习者可能会同意物体所呈现的知识,然后表达他们的欣赏和喜爱。一些学习者可能会质疑物体所呈现的知识的真实性,然后表现出怀疑和厌恶。然而,无论是何种情感,都可以看作是学习者对学习对象的个性化情感理解。个体对知识内容的情感理解远比感性理解更有价值,因为当个体对某一对象有相应的情感时,更容易调动学习的内在兴趣。加深对客体所包含的知识内容的理解,进而实现从个体头脑中的知识向素养的转化。

在这里,有必要进一步解释情感理解在实现从个人知识到识字的转变中的重要价值。识字是人们固有的,也是相对普遍的、相对稳定的生理和心理特征。它是比知识和技能更深的东西,并且已经被内化为学科的一部分。在某种程度上只有当知识内化到个人的素质结构中并成为一种内在素质时,它才是有价值的。然而,仅仅通过记忆和掌握知识来形成一种品质是不够的。它还需要情感参与。基于知识的视角,一些学者认为,识字应该包括三个部分:知识内容、知识形式和知识旨趣。但是,人们的素质显然不仅仅是知识水平,还包括他们是否相互信任以及是否能够付诸实践的问题。

总之,人的修养应该是知、信、行的统一,其浅层次是知识。中层是信念,深层是行动。个人直接将知识转化为行动是不可行的。他们还必须经历信仰和信仰的层次。只有当学生真正相信某些知识时,他们才能将其转化为行动,并最终将其内化为识字能力。然而,在信仰层面和行动层面都存在情感因素,只有对情感的理解才能完成。

因此,在接受体验式知识学习中,学习者对知识内容的情感理解是实现知识向识字转化的重要条件。它可以在一定程度上将知识与学生的内在需求相结合。态度和概念,然后形成信念,使学生真正相信他们所学的知识。把它变成有意识的行动。一个人素质的形成取决于他的信念,信念的形成与情感密切相关。信念是"为个人行动做准备"。但信仰本身并不能引发行动。它还需要情感参与,情感不仅影响信念,而且将这些想法的表达融入行动。这就像看电影一样,我们总是支持电影中我们喜欢的英雄的行为。我们越喜欢他,我们的支持和认可就越强。这表明,一个人对知识内容的情感理解越深,他拥有的情感体验就越强烈,产生的信念就越坚定。只有当学生真正相信自己所学的知识,知识才能真正内化到学生心中,进而实现向识字的转化。应该指出的是,感性理解和情感理解之间往往没有区别。在接受性经验知识学习的过程中,两者通常是携手并进,甚至相互作用的。当认知同一知识对象时,理性人往往首先感知其认知表象,而感性人则首先考虑自己对知识对象的情感态度。然而,无论是什么类型的人,他们往往从认知理解和情感理解两个方面入手,最终形成个人对知识学习对象的理解。

3. 领悟反思

通过与知识对象的知情整合,个体已经能够对知识内容产生一定的理解和感受,可以说已经获得了对知识内容的个性化理解。如果能够做到这一点,就意味着接受性经验知识学习的第一阶段已经基本完成。接下来,我们将进入理解与反思的环节。所谓的理解可以从字面上理解为一个人的经验和对某事的理解。当对象是知识时,意味着个人可以将知识的内容转化为系统的认知模式。通过系统理解获得的知识往往对人类社会的发展具有更重要的价值。理解往往高于感知。这就像一个人在读一本英语书。当他合上这本英语书时,他对这本英语书的看法就结束了,取而代之的是他对其他类型事物的看法。然而,如果一个人对英语书的内容有了理解,即使他合上了英语书,他也会在感知其他内容时,无意识地使用之前在英语书中获得的理解来看待新事物和解决新问题。可见,感知在个体获取知识的过程中处于初级阶段。单纯感知知识并不能真正实现知识内容的体验。为了真正体验知识内容,我们必须将知识内容提升到理解的水平。同样,在接受性经验知识学习过程中,理解也起着非常重要的作用。它可以看作是个体体验知识对象的一个象征性事件。换句话说,只有当个人理解了感知到的对象内容时,知识内容的体验才会真正发生。否则,个人的知识学习将保持在知识感知和理解水平之上,不会产生新的想法。正如一些学者所指出的,"理解"可以理解为抛弃"旧的无效思想",连接"新的有效思想",从而实现"新旧融合"的过程。知识学习过程中个体理解体验的发生也是基于"放弃"头脑中现有知识内容与"接受"新知识内容之间的联系。

在接受体验式知识学习过程中,当学习者无私地融入知识对象并对其有了相应的理解之后,就标志着个体已经完成了对知识内容的体验。接下来要做的就是将通过理解获得的经验与自己头脑中的经验进行比较,通过不断地反思和内化,形成知识内容的新经验。这个过程就是所谓的内化反射。经过这个过程,个体才能真正实现对知识内容的体验。否则,这种体验将只停留在感官层面,缺乏内在的意义建构。在某种程度上,这种反思过程可以看作是一个理性的过程。因此,显而易见,体验式知识学习的发生也需要理性参与。这也表明,经验知识学习与理性知识学习在本质上并不是对立的,而是一种相互包容的关系。

为了更直观地解释个体通过理解获得的经验的内化和反思过程,本文运用信息加工心理学中记忆加工的相关理论进行分析。如果我们把个人通过理解获得的对知识对象的理解作为信息处理过程中的对象,那么对知识内容的理解就会存储在人们的工作记忆中。所谓工作记忆,有时也称为短时记忆,是信息加工心理学中一个非常重要的概念。工作记忆可以理解为大脑的执行区域。在接受性经验知识学习过程中,工作记忆是处理理解过程中形成的情感个体经验的重要场所,通常在与长时记忆的交互作用中完成。一方面,如果工作记忆中的经验与长期记忆中的现有知识相一致,那么身体就会从长期记忆中提取部分现有知识,达到理解当前经验的目的,最终实现工作记忆中经验的同化。另一方面,如果工作记忆中的经验与长期记忆中的现有认知不一致,个体将不得不反思。重新审视所有与之相关的记忆和知识,判断它是否是工作记忆:工作记忆中的新经验是否正确,或者现有长期记忆中的知识是否更科学,或者两者都不科学,因此我们应该重建知识对象的知识。最后,得出一个个人可以信服的结论,作为对某一知识对象的最终理解。与前者相比,当工作记忆中的经验与长期记忆中已有的认知发生冲突时,经验知识学习往往能取得更好的效果。这是因为,辩证对立和冲突的出现往往会激发孩子们的想法和期望得到指导的动机。也就是说,冲突也可以被视为认知发展的重要驱动力。

在某种程度上,内部反思阶段是体验式知识学习与理性知识学习区别的关键。理性知识学习所追求的是如何科学化。它能有效、准确地将个体的工作记忆转化为长期记忆。因为只有熟练使用长期记忆,才能避免一些不必要的错误。然而,经验知识学习关注的是工作记忆内容与长期记忆内容之间的关系。它认为只有那些合理的部分才能进入长期记忆。它不强调记忆转换的效率,追求知识对象的合理性。正是由于追求的不同,这两种知识学习导致了完全不同的结果。

4.知识习得

通过理解和反思的过程,个体最终会实现知识内容的获取。此时,学习者不仅获得了基于简单认知和情感的感知,还通过理解和内部反思的重建获得了对知识对象的信任和接收。当这种信念真正形成时,个人已经完成了知识内容的二次体验,并获得了此类知识内容。知识获取与知识的获取之间存在一些差异。知识获取强调学习者更加注重知识内容的完整性。它强调学习者应该通过知识学习过程获得逻辑性、组织性和层次性的知识。相比之下,理性知识学习更多的是获取知识,它通常鼓励学生准确地获取前人创造的知识对象。知识的获取强调学习者对知识内容过程的把握。它强调学习者在知识学习中要经历一系列步骤,以获得更真实、更生动的知识。显然,以知识为对象的体验式知识学习应该追求学习者对知识内容的获取,而不是知识的获取。它鼓励学习者对知识内容形成自己的理解。为了保证学生深入获取知识,体验式知识学习还鼓励学生在创造知识的过程中重复学者所经历的过程,从而使所获得的知识"活"起来。更容易发现和创造新知识。如果知识的获取指向学习者对知识的准确掌握,那么知识的获取指向学习者的全面发展。这是因为知识获取的过程不仅可以给学习者带来知识,还可以让他们体验知识学习的过程。

显然,与其他知识学习方法相比,体验式知识学习更加复杂,学习者花费的时间也更多。然而,理想的知识学习过程往往是一个迂回的过程,而直接指向知识本身内容的知识学习效果往往并不理想。理想的知识学习应该允许学习者走一些奇怪的道路,而不是捷径。曲折的知识学习往往能给学习者带来更好的学习效果。接受体验式知识学习可以为学生创造更多体验知识学习过程本身的机会,帮助学生身心全面发展。

第二节 个性化学习用户体验过程和认知过程研究

一、DEFG 体验与需求框架推导研究过程

在实际研究过程中,DEFG 个性化学习体验和需求框架的推导经历了复杂的修改和迭代,在形成最终的四象限结构之前经历了多次修改和演变。为了使本研究的解释逻辑流畅,便于读者阅读和理解,本节首先简要描述了之前失败的推导过程,然后详细描述了最终成功的推导过程。首先,笔者没有意识到将学习动机作为一个框架分类的重要性,而是关注学习内容,并推测学习者在学习类似内容时会有类似的学习行为。基于这一假设,笔者进行了少量探索性的全开放用户访谈。根据访谈内容,结合一定数量的产品案例功能分析,笔者以行为功能为主要逻辑依据,抽象出原始框架,如图7-2所示:

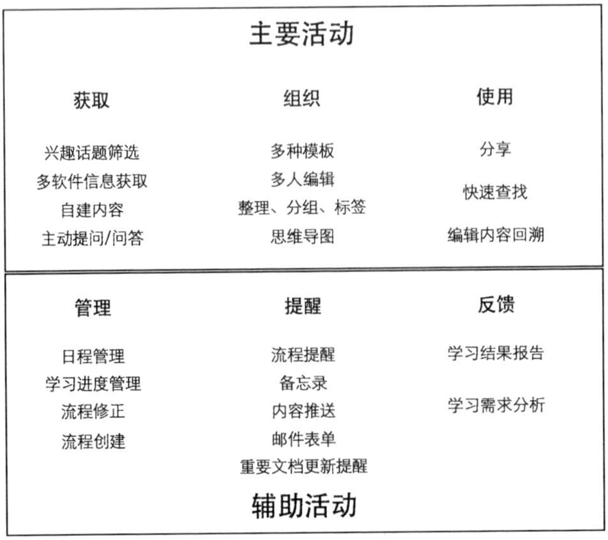

主要活动		
获取	组织	使用
兴趣话题筛选	多种模板	分享
多软件信息获取	多人编辑	快速查找
自建内容	整理、分组、标签	编辑内容回溯
主动提问/问答	思维导图	
管理	提醒	反馈
日程管理	流程提醒	学习结果报告
学习进度管理	备忘录	学习需求分析
流程修正	内容推送	
流程创建	邮件表单	
	重要文档更新提醒	
辅助活动		

图7-2 DEFG 个性化学习体验与需求框架雏形1

该框架的原型将个性化学习者的学习行为分为主活动和辅助活动,描述了个性化学习者在学习过程中的行为以及相应学习产品的功能。然而,该框架没有突出体验的关键研究要素,也没有反映个性化学习中不同用户的个性化特征,更接近于一般的学习模式,不符合本专著的基本目标。然而,这部分工作使作者能够更深入地了解个性化学习者的行为及其使用的工具。

在基于"行为功能"的研究尚未取得良好效果的情况下,笔者试图从网络教育实践者的角度进行突破。笔者了解了在线教育行业在设计课程和改善用户体验方面采用的一般方法,并总结了其设计和制作过程。如图7-3所示。

结合在线教育设计课程的特点和采访两位实践者获得的信息,将商业内容添加到原有的个性化学习体验和需求框架原型中,并进一步细化为三级结构框架。如图7-4所示。

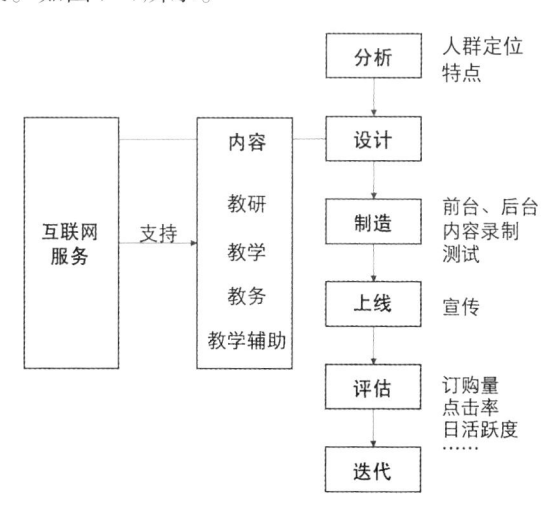

图7-3 在线教育课程设计一般流程

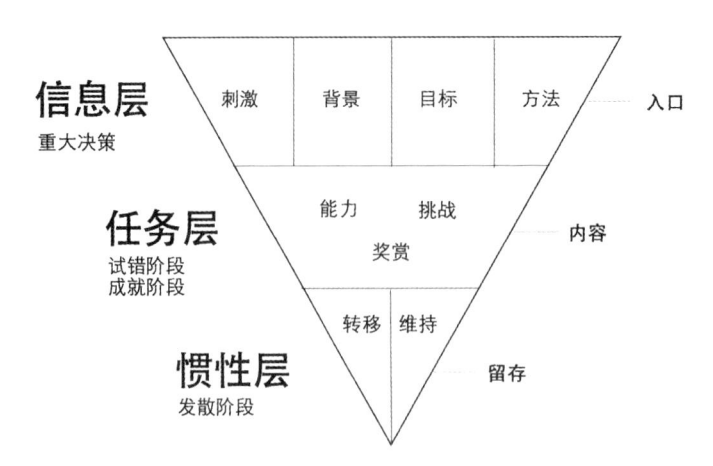

图7-4 个性化学习体验与需求框架雏形2

这个新框架的原型削弱了用户的行为,开始添加用户体验元素,并用在线教育产品体现了一般的产品设计思维模式。然而,这一基本概念仍然不能反映不同个性化学习者之间的差异。它以统一的方式对待所有学习者,没有个性化学习的精神。此外,由于现有成熟的在线学习商业模式更多的是基于Web 2.0社交网络,这种模式没有体现智能互联网的技术特点和优势。在直接从第一手研究材料中总结抽象提炼框架不断失败后,笔者决定借助更多的学术教育学理论,从更抽象的层面理解学习的本质,以推动个性化学习体验和需求框架的提炼。

二、基于学习动机的DEFG体验与需求框架基本结构研究

通过多次尝试和失败,笔者认识到学习动机和学习的基本需求是个性化学习的核心要素。在个性化学习的不同定义中,虽然具体的学习理念、学习方法和学习内容或多或少有所不同,但都指出"个性化学习是基于学习者的需求……"。因此,本研究接下来从个性化学习的动机和学习需求出发,探索不同学习活动在动机和需求方面的潜在联系和规律,并建立个性化学习体验和需求的框架。

(一)研究目的与研究方法

找出个性化学习动机和需求之间的联系和规律。个性化学习的形式、内容和方法因学习者自身的条件和习惯而异,但这些看似不规则的个性化学习要素与学习者自身的学习动机和需求直接相关。因此,笔者希望找出个性化学习在学习动机和需求方面的共性,并将其抽象为具有鲜明特征的几种类型的学习动机或学习需求,在此基础上,进一步研究相似学习动机和学习需求下的学习行为、决策过程和学习体验。

1.问卷法

通过百度问卷服务发放了两份付费问卷。第一次调查收集数据,并根据数据进行分类研究;第二次调查是为了验证初步分类的合理性,补充其不足。在第一次问卷发放中,考虑到高中及以下学生由于考试要求很少获得个性化学习机会,问卷发放的样本仅限于本科及以上学历,通过百度付费问卷服务回收了67份有效问卷,样本年龄分布如图7-5所示:

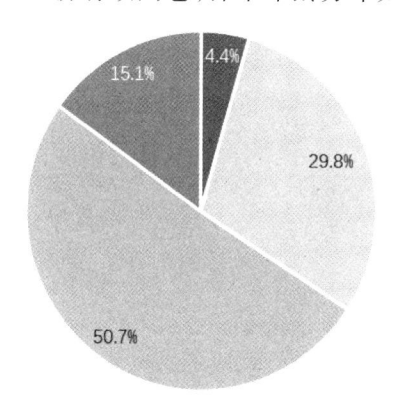

图7-5 样本年龄分布

在第二次问卷发放中,为了更广泛地收集不同学习者的学习动机和学习需求,没有学历和年龄的限制,通过百度付费问卷服务收集了113份有效问卷,样本属性分布如图7-6所示:

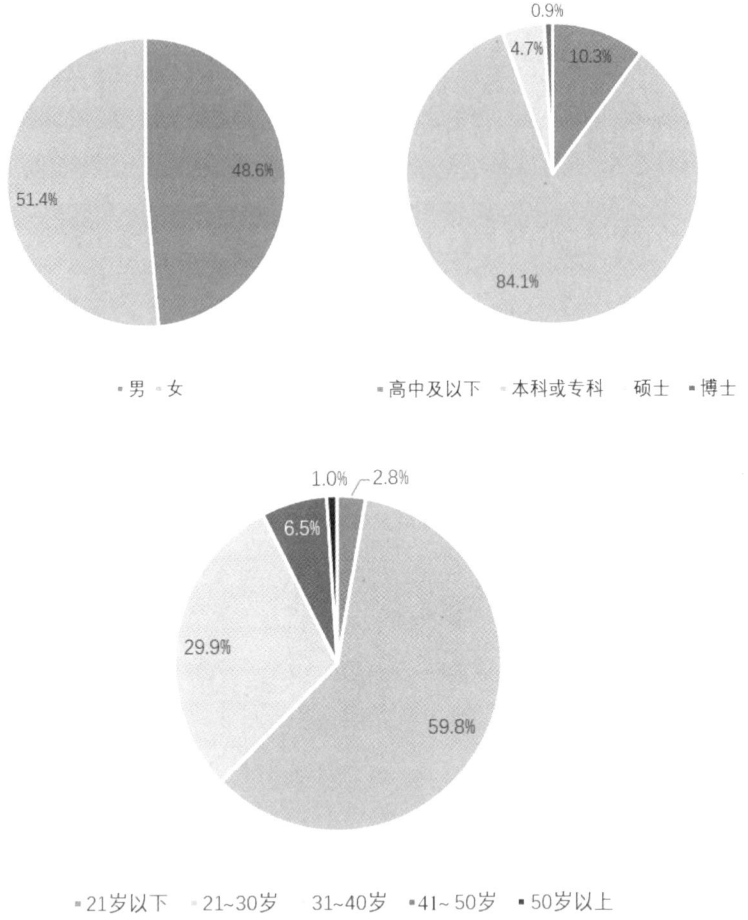

图 7-6 样本属性分布

2. 卡片分类

卡片分类是设计领域的一种常用方法。通过这种方法,我们可以看到参与者如何将不同的项目聚集在一起,并找出不同项目之间的关系。卡片分类还可用于获取和测试不同项目的分类。该方法可以找出那些难以分类或重要性与其他项目不同的项目。同时,通过用户的分类可以观察用户的心理模型,了解这些项目在用户心目中的逻辑和意义。卡片分类的应用包括两个阶段。在第一阶段,所有项目都被一对反义词分为两类。在第二阶段,根据第一阶段的结果,通过一对新的反义词对项目进行分类。这两种分类的结果可能不兼容,有些项目很难分类。此时,选择一对现有的反义词进行优化和修改,并重复,直到每个项目在其类别中没有歧义为止。

本专著通过使用卡片分类,对问卷调查中获得的数百种不同的学习动机和学习需求进行解码、编码、验证和改进,最终得到8种不同的学习需求。最后,将八种不同的学习需求归纳为四种类型的学习需求,并在此基础上将个性化学习的学习者分为四种不同类型。

(二)针对个性化学习动机的研究

在第一次问卷调查中,受访者被要求写下积极学习体验的动机和内容,以及学习过程中遇到的困难、使用的方法和安排的计划。其中,学习动机和学习内容是解码的核心信息和主要材料。其他信息是为解码过程提供更多的参考信息,使解码更符合用户的初衷。

在第二次问卷调查中,受访者被要求尽可能多地写下他们在不同积极学习经历中的学习动机和学习内容。每份问卷至少获得了同一受访者的两次不同学习经历。在邀请其他用户分类卡片的过程中,在清理第一次问卷调查获得的数据后,作者邀请具有个性化学习经验的用户对这些项目进行分类,并在分类前向他们简要介绍研究背景,帮助他们理解项目的含义和分类的目的。分类结果如图7-7、图7-8所示:

图7-7 用户1的分类 图7-8 用户2的分类

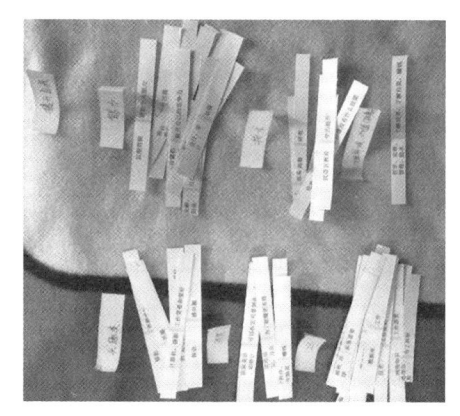

第二个用户将这些项目分为两个类别,每个类别包含三个子类别。这

两类是自我提升和非自我提升。自我提升包括能力、技术、世界观和价值观;非自我提升包括兴趣、赚钱和工作。这种分类意味着学习的目的分为"追求有用性"和"不追求有用性",这是实际学习和愉快学习之间的区别。然而,仍然存在一些模糊的地方,比如赚钱和工作有很多交叉点,技术和能力也有很多交叉点,很多项目可以概括为能力和技术。

通过初步的卡片分类方法,结合以上两个用户的分类,最终将这些不同的学习动机归纳为以下八种个性化学习动机,如表7-1所示。

表7-1　个性化学习动机总结

动机	动机描述
解决工作和生活中遇到的具体问题	工作或生活中遇到的具体问题,如"如何在Excel中添加一列数据",学习并解决这些问题。
业余爱好	成熟的个人爱好会让你在学习和使用它们的过程中感到快乐,比如在业余时间学习新的摄影技能。
为了紧随社会的变化趋势	了解社会或行业发展的新趋势,学习相关知识,了解相关领域的背景或新趋势。
自我提升,个人成长	学习本身就是目标。通过学习,你可以感受到自我成长的喜悦,比如在业余时间学习中国文化,加深自身的文化底蕴。
尝试了解,好奇	遇到新事物,想要理解,并探索。
使工作更加有效率,提升能力	根据工作或生活的需要,它不能解决具体的问题和困难。这是一种类似于技术储备的学习。
考证、评职称、加薪、提升竞争力	机械学习,目标明确,学习内容范围明确,学习后评价方法和标准明确。
支持某种复杂目标的实现	目标明确的综合性学习只有模糊的学习内容,面临的问题更为复杂和困难,如学习创业、开店学习技术等。

(三)DEFG体验与需求框架基本结构的建立

虽然已有数百种不同的学习动机被归纳为上述八类,但这八种类型的学习动机之间的关系并不明显,每种类型的学习动机的特点都不够突出,不足以构成一个稳定的动机模型。因此,作者进一步对这八种学习动机进行了分类。

1.第一版学习动机分类结果

受第二次用户分类和William Bagley对知识作为工具和背景的作用的

分解的启发,作者将这对反义词"自我提升"和"非自我提升"分解为两对反义词:"认真学习"——"娱乐学习"——"工具学习"——"背景学习"。"严肃"——"娱乐"轴是学习初衷之间的区别,"工具"——"背景"轴是学习内容之间的区别。在这种分类下,作者发现一些研究既包括内容学习,也包括背景学习。例如,在"考证、职称评定、加薪、竞争力提升"中,既有与实际问题直接相关的工具性知识,也有作为整个学科或行业背景的背景知识。因此,很难在第三象限和第四象限之间选择该项目的分类。如图7-9所示:

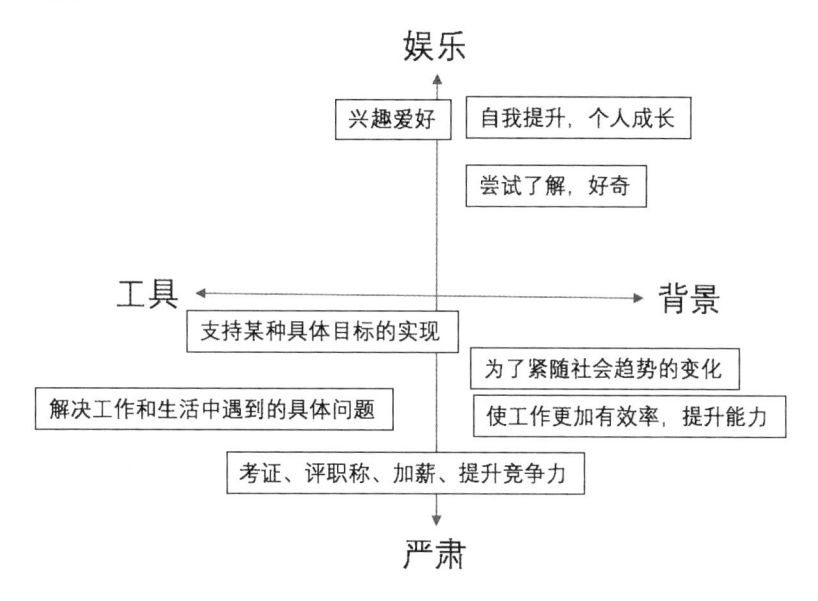

图7-9 第一次卡片分类结果

这种分类的缺点是"工具"——"背景"轴无法处理学习内容丰富复杂的项目,因为它对学习内容进行了分类;"严肃"——"娱乐"轴的分类过于简单,主观上将学习动机归纳为两个相对的动机是不合理的。这种分类的贡献在于它保留了"严肃"——"娱乐"作为维度的一般方向。虽然不够准确,但这两种对立的情绪可以保留下来,作为以后分类的灵感;除了学习内容的可用性作为分类的基础外,应从其他方面考虑分类。

2.第二版学习动机分类结果

在第一版分类的基础上,作者进行了第二版分类。考虑到学习本身就是一种行为,作者尝试在第二类中使用动词。原来的"工具"——"背景"轴已替换为"转变"——"强化"。这对反义词是学习目标的分离和学习动机的另一种表达;同时,将原来的"娱乐"——"严肃"改为动词,形成"享乐"——"生存",这不仅是学习本意的分裂,也是学习动机的另一种表达。这种分类能够更好地对现有物品进行分类,但仍存在一些小缺陷:"愉悦"和"生存"在某些特殊情况下可以共存。例如,在"支持实现特定目标"中,目标的实现可以基于生存。同时,学习者也可以享受自己的学习过程和逐步解决问题的成就感。因此,这也是一种"享乐"。如图7-10所示:

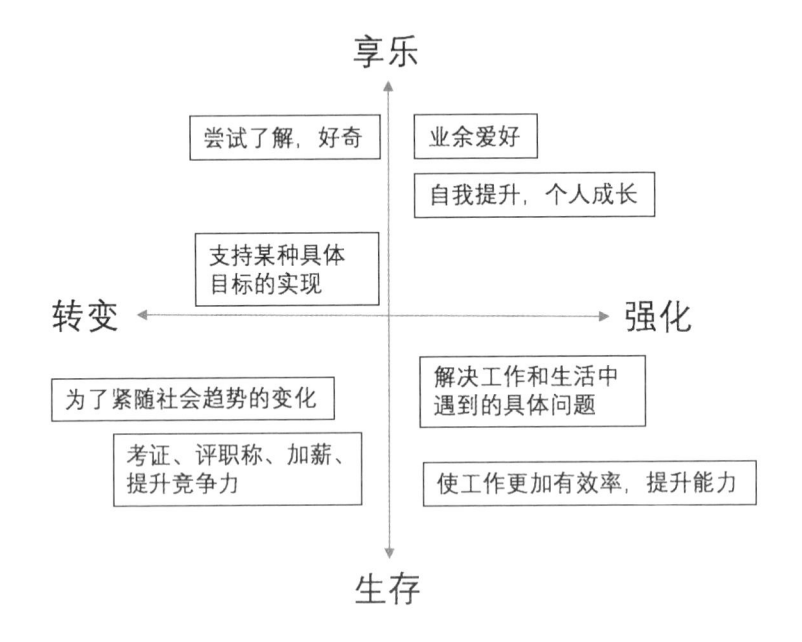

图7-10 第二次卡片分类结果

因此这种分类的缺陷在于:"享乐"——"生存"之间的非互斥性使得一些条目的归类出现歧义;而"转变"——"强化"轴中"强化"也可以被看作是一种"转变",在用词方面还需要进一步改善。

这种分类方法的贡献在于:确立了"转变"——"强化"这一轴向的合理性,在之后的分类中这一轴向不需要大幅度调整。

3.第三版学习动机分类结果

第三次分类主要调整了原有的"享乐"——"生存"轴,受心理学家弗里茨·海德在他的归因理论中提出的导致行为发生的原因的分类[1]启发,将其修改为"内因"——"外因"。内因是行为者内在的因素,包括能力、动机、兴趣、爱好、意愿和努力程度等。外因是来自行为者以外的因素,如工作环境。在这种分类下作者认为所有条目都能够得到明确的归类,但"内因""外因"这两个词的含义还是比较模糊。如图7-11所示:

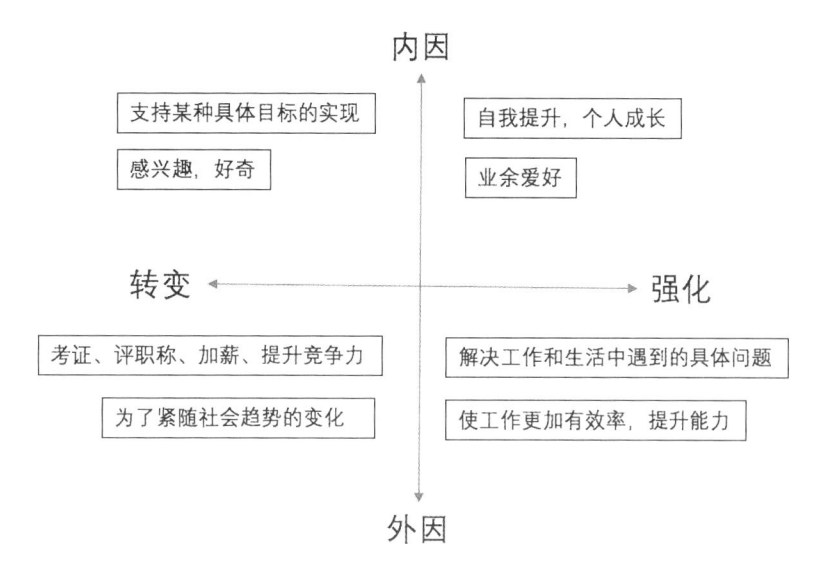

```
                        内因
                         ↑
  支持某种具体目标的实现    │   自我提升,个人成长
  感兴趣,好奇             │   业余爱好
                         │
  转变 ←──────────────────┼──────────────────→ 强化
                         │
  考证、评职称、加薪、提升竞争力 │ 解决工作和生活中遇到的具体问题
  为了紧随社会趋势的变化    │   使工作更加有效率,提升能力
                         │
                         ↓
                        外因
```

图7-11 第三次卡片分类结果

4.最终分类结果:个性化学习动机框架

在与导师进行沟通后,作者最终对分类使用词语进行了优化改良,形成如图7-12所示的分类框架。其中原有的"改变"——"强化"替换成了"改变"——"巩固",避免了"强化"带来的歧义;同时将原有的"内因"——"外因"替换为"追求"——"生存",使得用词更加明确,"追求"是个性化学习者自发想要去实现的目标或者达到的状态而引发的学习,而"生存"意味着个性化学习者受到环境或其他方面的挑战,需要通过学习来解决眼前的问题或是未来可能会出现的问题,既包含了原来"内因"——"外因"所体现的动机的方向感,又避免了过于抽象的语汇。

---

[1]中国人民大学心理研究所. 社会心理学[M]. 北京:中国人民大学出版社,2013.

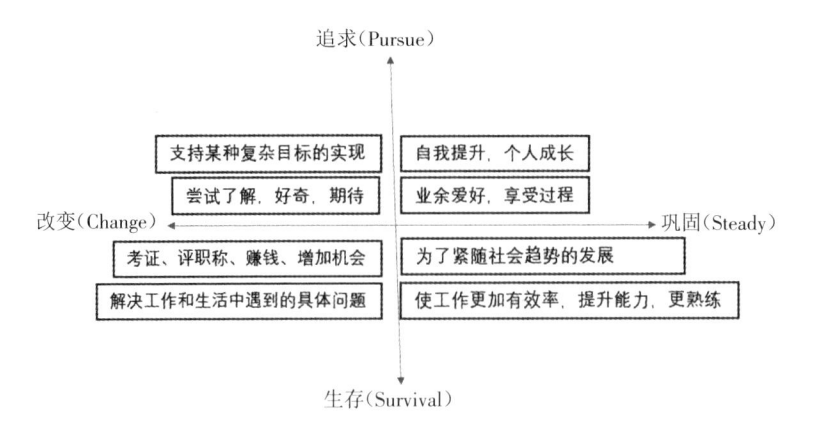

```
                    追求(Pursue)
                        ↑
         ┌──────────────────┐  ┌──────────────────┐
         │ 支持某种复杂目标的实现 │  │ 自我提升，个人成长  │
         │ 尝试了解，好奇、期待  │  │ 业余爱好，享受过程  │
改变(Change)←──────────────────┼──────────────────→巩固(Steady)
         │ 考证、评职称、赚钱、增加机会│  │ 为了紧随社会趋势的发展 │
         │ 解决工作和生活中遇到的具体问题│  │ 使工作更加有效率，提升能力，更熟练 │
         └──────────────────┘  └──────────────────┘
                        ↓
                    生存(Survival)
```

图 7-12　第四次卡片分类结果

在建立了个性化学习动机的框架后，笔者对个性化学习者的学习动机有了充分的了解，并在此基础上进一步研究了个性化学习者的学习阶段。

三、DEFG框架中决策偏好与体验特征的研究与推导

(一)研究目的和研究方法

个性化学习体验设计策略研究的核心是用户学习过程中的体验。体验设计策略关注用户追求的体验。在研究个性化学习的学习动机之后，为了进一步了解学习者在特定学习动机下所追求的学习体验，有必要了解用户在学习过程中的决策，并寻找这些决策背后的用户心理，即了解用户为什么选择一种方式而不是其他方式学习，并通过总结这些决策的特点，找出用户的体验偏好。因此，现阶段的研究包括两部分：一是通过半开放式访谈在学习体验中收集尽可能多的决策；二是通过认知映射找到用户决策背后的共同特征。

1.半开放式访谈法

半开放式访谈法是设计研究中常用的研究方法。这种方法提前准备好面试大纲，并在面试过程中根据被面试者的回答进一步提出详细问题或补充问题。一方面，它可以控制面试的内容和范围；另一方面，它可以使面试者积极参与。这是一种灵活且有针对性的用户信息收集访谈方法。访谈内容可以通过笔记或录音保存，并作为后续研究的基础数据。

2.认知地图法(Cognitive Mapping)

认知地图方法是一种基于用户决策的信息可视化方法。通过使用认知地图法,我们可以揭示用户如何思考某些特定问题,以及这些决策之间的关系以及它们如何影响用户体验。认知映射方法的使用分为三个步骤。首先,对收集到的基本文本数据进行解码,找出其中的用户决策,并以"追求A事物……追求B事物"的形式表示,其中"……"表示"不",然后用箭头连接密切相关的决策节点。每个箭头表示"means",即"decision A 表示 decision B",最后统计其他节点指向的节点数,找出最大的节点数。这些节点的决策内容是反映用户追求的核心价值的决策点。

(二)针对个性化学习决策偏好与体验特征的用户访谈研究

半开放式访谈大纲分为三个部分:回忆热身、阶段细化、回顾总结。热身回忆部分的目的是让受访者回忆起他们的长期学习经验,并为下一部分做准备;分阶段详细介绍的目的是收集用户在学习过程中的决策点;回顾与总结部分的目的是获取用户对这种学习体验的主观体验,为认知地图的构建提供参考。具体大纲如下:

1.预热回忆部分

请受访者提供一些积极的学习内容,并选择一个更合适的经历继续面试(为了便于受访者理解,请举例给受访者,如钓鱼、做蛋糕,或严肃的,如编程、一些软件等);

选择体验后,请受访者对该学习体验进行总体描述。

2.分段详述部分

要求受访者将这段学习经历进行细分,可以分为几个部分,也可以不分(可以分为一个部分);对于每一段,要求受访者回忆他们的学习动机或学习目标;对于每一段,要求受访者回忆其学习过程的具体过程,例如他们使用了什么软件、问了谁、如何计划、如何实施等;对于每一段,请受访者指出推动其持续学习的部分和阻碍其持续学习的部分;对于每一段,请受访者描述他们理想的学习状态,或者想象一个全面的学习助手,并描述他们希望助手如何帮助他学习。

3.回顾总结部分

请受访者用几个词描述一下这一段学习经历;

请受访者用几个词描述一下理想化的这段学习经历。

研究样本选择方面,由于本专著针对的用户是成年学习者,他们对个性化学习的需求更强,在学习内容和节奏的选择上有更多的自主权,有能力和权利以自己喜欢的方式学习所需的内容。因此,本次半开放式访谈的样本主要集中在22岁以上的工作或阅读人群中,其中包括14次学习经历,包括积极经验和消极经验。由于访谈内容涉及学习经历的各个方面的细节,访谈的原文很长。为了便于读者掌握采访的整体内容,作者对采访进行了提炼,形成了采访总结。

(三)建立个性化学习的认知地图

根据半开放式访谈得到的文本资料,根据四种不同的学习动机,建立了四种不同的认知地图,如图7-13所示:

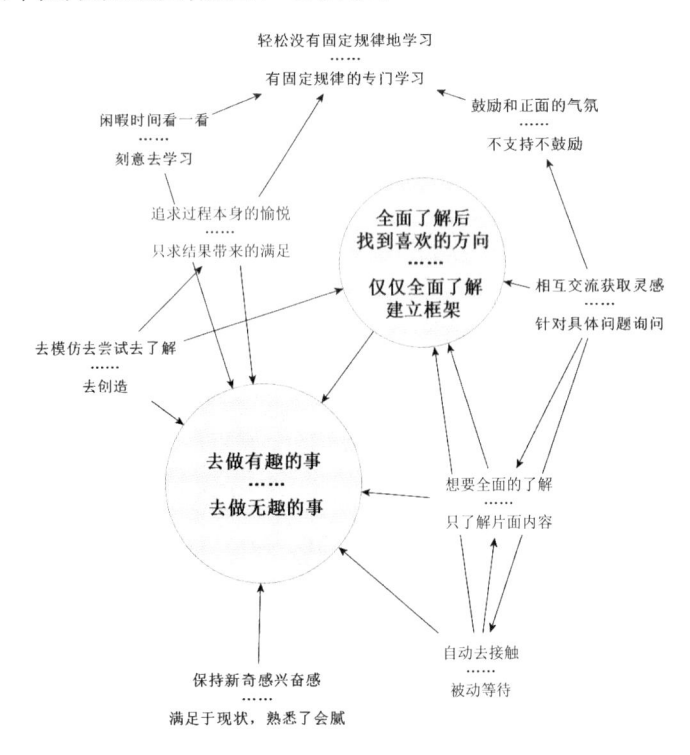

图7-13 探索者认知地图

当用户的学习动机处于"追求"和"改变"象限(支持实现一些复杂的目标并试图理解奇怪的期望)时,用户的决策重点是"做有趣的事情,而不是做无聊的事情",以及"在全面理解后找到自己喜欢的方向,而不仅仅是全面理解和构建框架"。可以看出,在这种学习动机下,用户追求的核心价值是兴趣——学习内容的选择、学习效果的评价以及是否继续学习的决定都是基于当前的学习内容是否能引起他们的兴趣;他们的经验偏好是兴奋——学习过程中产生的积极情绪主要来自学习他们感兴趣的内容时产生的兴奋。同时,学习过程中产生的负面体验来自无聊,这让用户觉得没有什么新鲜感和有趣的东西可以触摸。如图7-14所示:

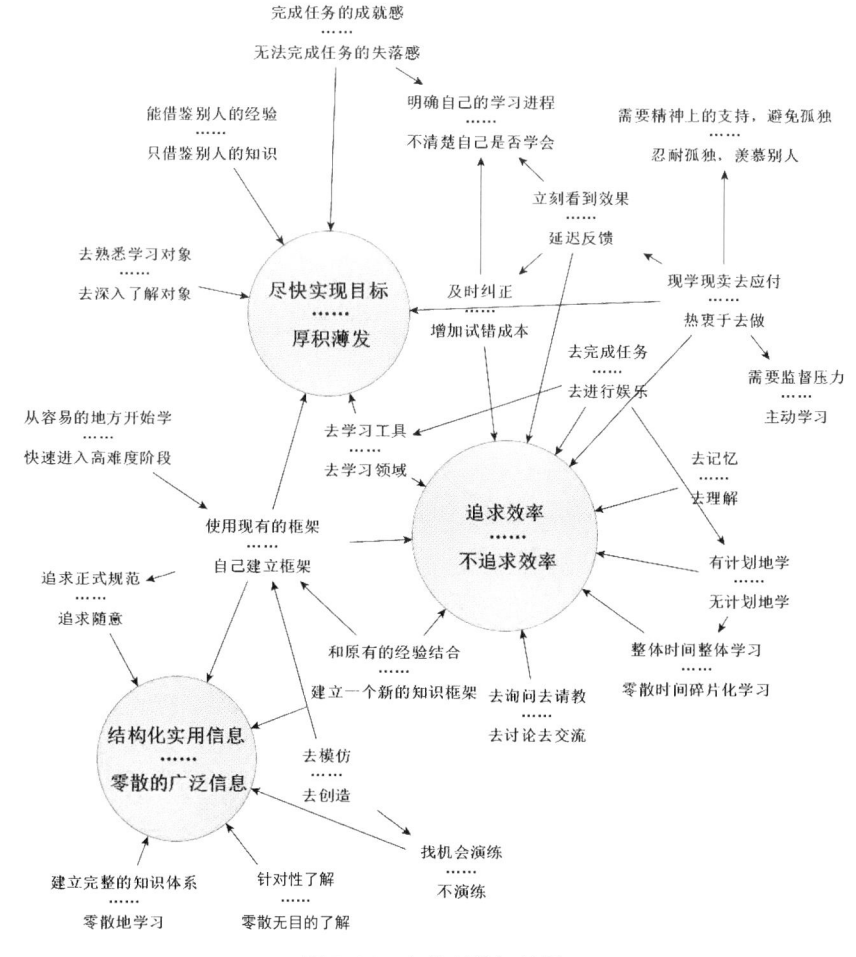

图7-14 奋斗者认知地图

当用户的学习动机处于"生存"和"变化"象限(考证、职称评定、赚钱、增加机会、解决工作和生活中遇到的具体问题)时,用户的决策重点是"追求效率而不是不追求效率","尽快实现目标而不是慢慢积累财富","需要结构化和实用的信息,而不是分散和广泛的信息"。可以看出,在这种学习动机下,用户追求的核心价值是效率——学习内容的选择、学习效果的评价以及是否继续学习的决定都是基于当前的学习内容能否有效解决他们所面临的问题;他们的经验偏好是效率感——学习过程中产生的积极情绪主要来自使用所学内容快速解决自己的问题和实现自己的目标。同时,学习过程中产生的负面体验来自低效感,这让用户觉得自己的学习努力是不值得的,并且在努力后面对问题时很难解决挫折感。当用户的学习动机处于"追求"和"巩固"象限(自我提升、个人成长、爱好享受过程)时,用户的决策重点是"追求成就感和满意度,提高生活质量,而不是毫无疑义地降低生活质量",以及"创造以应用而不是模仿",以及"整合知识内化框架"而不是肤浅地理解。由此可见,在这种学习动机下,用户追求的核心价值是提高生活质量——学习内容的选择、学习效果的评价以及是否继续学习的决定,都是基于当前的学习内容是否能让他们感受到生活质量的提高,以及他们是否能充满积极的情绪。他们的经验偏好是满意度和成就感——学习过程中产生的积极情绪主要来自接触他们喜欢的学习内容时,产生的满意度和使用所学知识实现目标时产生的成就感。与此同时,学习过程中产生的负面体验来自无意义感和孤独感,这让用户感到没有其他人与他们有共同的语言,或者他们对自己关心的东西没有任何肯定。如图7-15所示:

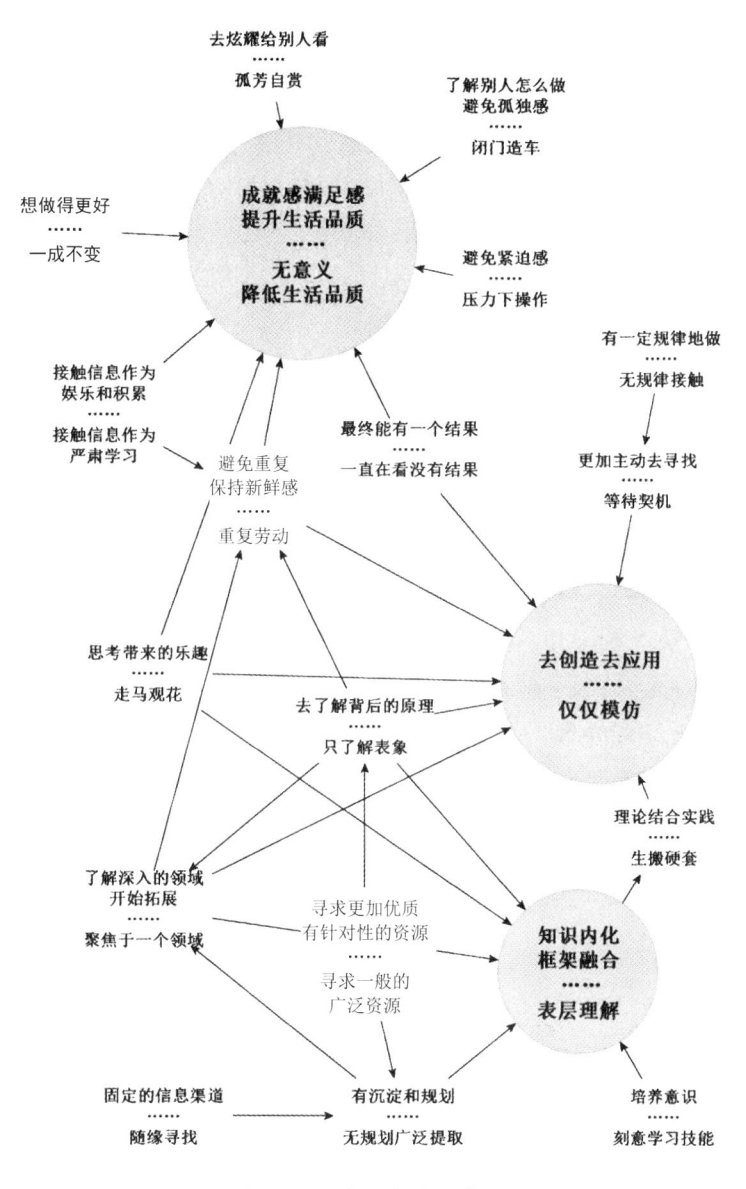

图 7-15 享乐者认知地图

当用户的学习动机处于"生存"和"巩固"象限时(为了顺应社会发展，提高工作效率，提高能力和技能)，用户的决策重点是"自信，不忧不惑"，"注重实用，检查和弥补不足，而不是全面学习，逐步提高"。可以看出，在这种学习动机下，用户追求的核心价值是稳定性——学习内容的选择、学习效果的评价以及是否继续学习的决定都是基于当前的学习内容能否使其当前状态继续健康发展,结束未来可能出现的消极局面,防患于未然;他们对经验的偏好是一种安全感——在学习过程中产生的积极兴趣主要来自他们能够通过查漏检测和缺陷填充的学习来应对未来事件的信心,以及他们能够用当前的努力换取未来的利益的期望。同时,学习过程中产生的负面体验来自不安全感,这让用户觉得他们无法控制局面,无法应对未来的挑战。如图7-16所示:

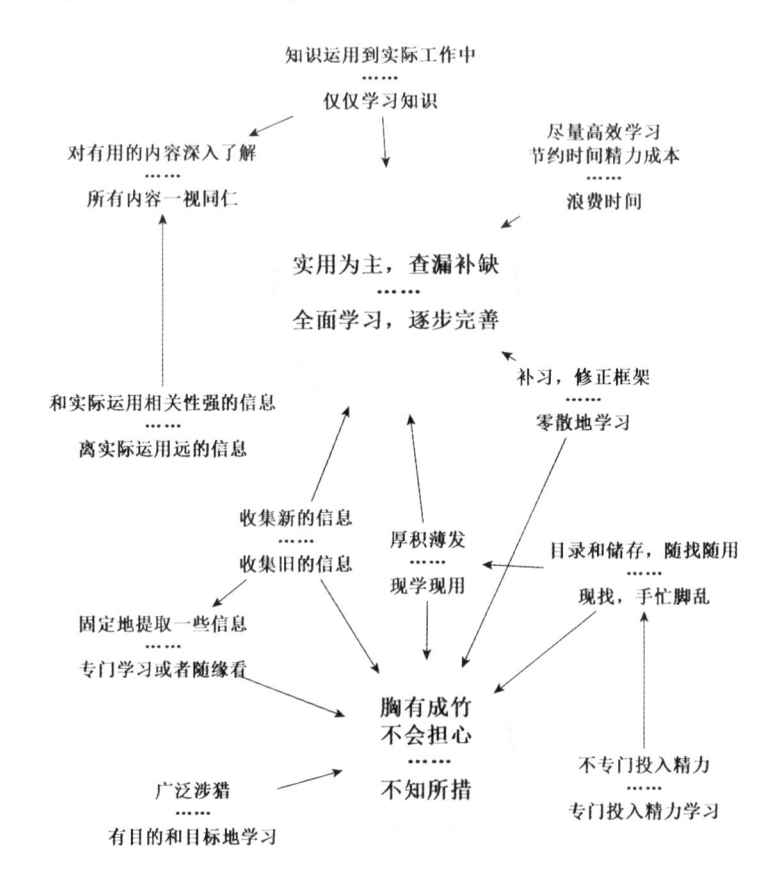

图7-16 驻防者认知地图

(四)DEFG个性化学习体验与需求框架

结合DEFG个性化学习体验与需求框架基本结构的研究以及决策偏好于体验特征的研究,形成完整的个性化学习DEFG体验与需求框架,该框架将个性化学习用户分成探索者(Discoverer)、享乐者(Enjoyer)、奋斗者

（Fighter）、驻防者（Guard），并揭示了他们学习的动机、需求以及体验偏好，如图7-17所示：

```
                    追求 (Pursue)
                        ↑
        探索者                    享乐者
        Discoverer                Enjoyer

              兴奋感    满足感
改变 (Change) ←                    → 巩固 (Steady)
              效率感    安全感

        奋斗者                    驻防者
        Fighter                   Guard
                        ↓
                    生存 (Survival)
```

图7-17　个性化学习体验框架

探索者的学习动机是追求和改变。他们需要不断更新内容以保持学习动机。他们的经验偏好是兴奋。当他们在学习过程中感觉不到足够的兴奋时，他们的学习行为就会慢慢消失。同时，为了追求刺激感，在学习了一段时间的新领域后，探险家自然会专注于自己最感兴趣的一个小领域，并开始深入探索。此时，探险家的学习已经进入了一个分水岭。如果探索者由于缺乏学习资源或其他原因无法继续深化，他会开始感到厌倦，逐渐放弃学习；如果探索者能够顺利深入学习，凭借他们对学习内容的掌握程度提高，并开始使用所学知识，他们的学习动机将逐渐转向寻求享乐者。

享乐者的学习动机是追求和巩固。他们需要从学习或应用行为中感受到生活质量的提高。他们的经验偏好是一种满足感和成就感。当他们在学习或应用过程中感到不够满意时，他们的学习行为就会慢慢消失。同时，为了追求满足感和成就感，享乐主义者倾向于将自己的学习行为社会化，加入同一圈子，在与同一圈子互动的过程中获得满足感，获取新信息，掌握新技能。这种学习行为的社会化不一定是双向的。一些享乐主义者并不热衷于分享，但他们也会建立多个稳定的信息渠道，以获取相关信息和其他业内人士的动态。奋斗者的学习动机是追求和解决问题。他们需要根据面临的问题快速学习。他们的经验偏好是一种满足感和效率感。当他们在学习或应用过程中感到效率不够时，他们会感到沮丧甚至放弃学习。同时，为了追求效率，奋斗者倾向于直接寻求他人总结的信息，寻求专家帮助，或在学习过程中模仿他人的解决方案。奋斗者的学习动机不是来自学习本身，而是来自解决问题所带来的价值。因此，奋斗者对待学习的态度是尽量减少时间和精力成本，追求目标明确的内容，不愿意学习更广泛的内容。驻军的学习动机是解决和巩固问题。他们需要通过学习来储备力量，以应对未来可能出现的挑战。他们的经验偏好是一种安全感。当他们在学习或应用过程中感觉不到足够的安全感时，他们就会不知所措甚至放弃努力。同时，为了追求安全感，驻军更喜欢在学习过程中记录、理解并留下印象，而不是追求完全的理解，因为驻军学习的内容往往超出了他们当前的适用范围，驻军的学习是一个知识储备的过程。

第三节 基于智能互联网的个性化学习体验设计策略研究

一、基于智能互联网的个性化学习体验设计原则

本研究认为，基于智能互联网的个性化学习体验策略的设计应首先考虑学习者的特点，然后及时提供体验策略来解决学习者的学习问题。此外，应根据具体的教学情况灵活调整策略，选择经验形式，并在实施策略时考虑成本和人力投入。因此，基于智能互联网的个性化学习体验服务策略的设计原则如下：

（一）个性化原则

个性化原则强调以学习者为中心，尊重学习者学习条件和学习需求的差异。在设计体验策略时，我们应该在分析学习者的学习风格和初始能力的基础上，明确不同学习者的需求和问题，充分考虑不同学习者的优缺

点,关注特殊群体,为不同的学习者提供更准确的体验服务,让每个学生都能感受到贯穿整个学习过程的持续关注和体验。

(二)及时性原则

学习体验贯穿于整个学习过程。当学生遇到问题时,他们会及时提供帮助,确保学习者能够在策略的支持下解决难题并顺利进行后续学习,从而避免因未能及时解决问题而引起的焦虑和厌倦,延缓学习进度。因此,当学生发现问题或开始寻求帮助时,必须在第一时间向他们提供经验,以保持学习者的学习热情和兴趣。

(三)灵活性原则

学习经验需要根据教学过程的变化进行调整。因此,在提供体验时,我们应该灵活运用策略,针对不同的问题、问题发生的时间和不同的学习者不断尝试、反思和调整,找到适合解决不同学习者学习问题的体验策略。同时,我们应该根据具体情况灵活选择战略的实施方法,线上还是线下哪个更有效。

(四)可实施性原则

在设计体验策略时,应考虑策略实施的可行性,如技术、设备和学生的实际情况。如果所设计的策略有限且无法实施,则该策略也无效。同时,在实施战略时也要考虑成本,包括资源、人力、资本等的成本投入。

二、基于智能互联网的个性化学习体验策略设计框架

泰特认为,发展学生学习体验的策略包括六个要素,即"你的学生是谁""他们的需求是什么""你将如何满足他们的需求""你如何管理相关服务""这些服务的成本如何"和"你如何进行评估"[1]。笔者认为,这六个要素中的前三个侧重于体验战略的设计,后三个要素更侧重于体验战略实施期间和实施后的管理和评价。薛伟指出,在制定和实施学习体验策略之前,体验者需要考虑学习体验目标,关注自身特点、学习体验内容和学

---

[1] 艾伦·泰特,陈垄. 开放和远程教育中学生学习体验之理念与模式[J]. 中国远程教育,2003(15):15—23.

习体验环境[①]。泰特提出的六个要素中的前三个要素与薛伟的学习体验目标、学习者特征和学习体验内容有一些共同之处。在设计学习体验策略时，我们应该首先分析体验对象是谁以及他们有什么特点。然后我们应该分析他们需要什么。因此，在设计学习体验策略之前，我们需要准确分析学生学习中存在的问题。当这些问题和困难得到解决时，我们将达到学习经验的目的。如何满足学习者的需求，就是提供什么样的学习体验内容。学生在不同的学习环节和不同的学习时间的需求是多样的，学习体验的内容也是广泛的。我们必须明确考虑从哪些方面提供经验，以便设计有用和有效的经验策略。

本专著中基于智能互联网的个性化学习体验策略针对在线和离线混合课程，学习体验策略也必须以在线和离线混合的形式提供。因此，本研究中学习体验策略的设计不仅要考虑学习者的特点、学习问题、学习体验内容，还要考虑学习体验的方式。因此，基于个性化学习体验系统，更好地提供个性化的学习体验。如图7-18所示：

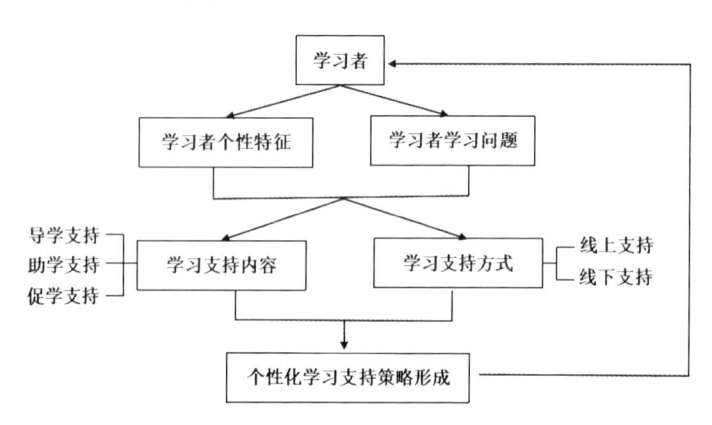

图7-18 本专著中的个性化学习体验体系

本研究旨在针对学生在成绩报告和实践练习等学习活动中遇到的问题，提供个性化的学习内容策略，帮助学习者愉快、轻松、优质地完成学习任务，实现学习目标。在成绩报告的学习活动中，学习中的个性特征是指学生的学习风格，而在实践的学习活动中，学习者的个性特征是指学习者

[①]薛伟. 现代远程教育5S学习体验模式研究[D]. 上海：华东师范大学，2009.

的初始学习能力。同时,学生在两种学习活动中的问题也存在差异。在分析不同学习活动中学习者的个性特征和学习问题的基础上,选择合适的个性化学习内容和支持方法,针对不同的学习活动设计个性化学习策略,为学生带来不同的个性化学习体验。

三、学习者特征分析

(一)学习者的学习风格分析

本专著所依据的是Kolb[①]的学习风格模型。在学习过程中,学生要吸收知识,掌握技能,最终实现能力的发展。这也是一个不断循环、由知识向能力转化的过程。因此,本专著将学生分为这四种学习风格。不同学习风格学生的特征如表7-2所示:

表7-2 不同类型学习风格学习者特点

学习风格类型	学习者特点
发散型	以具体经验和反思性观察为主要学习能力。善于从多个角度看待具体情况;喜欢收集信息,在需要产生想法的情况下表现得更好,例如"头脑风暴"会议;具有广泛的文化兴趣,倾向于专攻艺术;富有想象力和情感。在正式的学习环境中,我更喜欢团队合作,以开放的心态倾听,并接受个性化的反馈。
同化型	以抽象概括和反思性观察为主要学习能力。善于理解广泛的信息,并将其转换为简洁、逻辑的形式;他们可能不太注意与他人的互动,而对抽象概念更感兴趣;在正式的学习环境中,这类人更喜欢阅读、讲课、探索分析模型和思考问题。
聚合型	以抽象概括和主动实践为主要学习能力。善于发现想法和理论的实际应用;有能力在发现问题或解决问题的基础上解决问题并作出决策。喜欢处理技术任务和问题,但不喜欢处理社会和人际问题。在正式的学习环境中,这类人喜欢尝试新想法、模拟实验室作业和实际应用。
适应型	以具体经验和积极实践为主要学习能力。喜欢执行计划,参与新的挑战性任务;没有逻辑分析,分析事物往往是"直观的"。解决问题时,更多地依赖他人获取信息。在正式的学习环境中,我更喜欢与他人合作完成任务,设定目标,并在完成项目时尝试不同的方法。

(二)学习者初始能力水平分析

学生的初始能力水平不同,在学习过程中需要付出的时间和精力也不

---

① 大卫·库伯(David Kolb)在总结了约翰·杜威(John Dewey)、库尔特·勒温(Kurt Lewin)和皮亚杰经验学习模式的基础之上提出自己的经验学习模式亦即经验学习圈理论。

同,获得的学习经验也不同。因此,本专著在开展实践学习活动之前,根据学生现有的基础和学习态度,将学生分为不同的初始能力类型。首先,闫寒冰等编制的师范生信息技术应用能力自评量表[①],初步测量学生的信息技术应用能力。根据本专著的需要,选择《基础技术素养》中的技术环境评价主题,主要衡量学生对现有技术环境和各种软件的掌握程度。然后,通过问卷调查和与学生的交流,了解学生在开始学习之前对本课程实践练习的学习态度。最后,将28名学生分为三类不同能力水平的学习者,并从准备技能、目标技能和学习态度三个方面描述了学习者的初始能力水平。

表7-3 不同初始能力水平学习者分析

初始能力类型	能力水平分析		
	预备技能分析	目标技能分析	学习态度
新手类学习者	学生不具备或只有少量必需的技能。在学习之前没有听说过Photoshop软件,不具备任何技能;具备PPT和微课制作部分工具(PPT和易企秀)的基本操作。	不掌握或掌握少量目标技能。没有掌握在Photoshop软件中学习的技能;掌握PPT中插入图片、形状的技能;易企秀的部分技能。	对基于技能的内容非常抵触,缺乏自信。
基本类学习者	学生必须掌握一些技能。了解Photoshop软件的用途和软件界面;PPT的基本操作和一些微课制作工具。	掌握一些目标技能。可以在Photoshop软件中打开和保存图片;成功将视频、动画等多媒体资源插入PPT,掌握电子商务展示的一些技巧。	将本课程中的技能内容视为信息技术课程,存在误解,他们对此不感兴趣。
高手类学习者	学生们有一些必要的技能。研究了Photoshop软件的基本操作;具备一定的PPT制作技能并掌握基本的微课制作工具。	掌握一些目标技能。能在Photoshop软件中保存图片,并转换图片格式;能够在PPT中插入多媒体资源、设置动画和安排版面;掌握一些微型课件制作工具的基本操作,如会声会影、易企秀。	一些软件之前已经学习过,他们认为自己掌握了很多技能。这门课的内容毫无意义,而且对它们有偏见。

四、基于智能互联网的个性化学习体验内容

本专著中的学习体验是面向学习过程的,不同学习活动中的学习体验内容也不同。在成绩报告的学习活动中,主要是引导学生了解本课程中小组合作的过程和要求,使学生能够适应以学习为基础的翻转课堂模式

[①] 闫寒冰,李笑樱,任友群. 师范生信息技术应用能力自评工具的开发与验证[J]. 电化教育研究,2018,39(01):98—106.

下小组活动的开展方式,帮助小组完成任务。主要是在小组合作和演示报告两个环节帮助不同学习风格的小组。本课程的小组合作环节并没有在本课程中进行,但这一环节的效果将直接影响课堂上的表现。因此,在小组合作环节也提供学生援助体验。学习推动体验是为了提供一定的策略,推动小组协作学习,在完成每个小组任务后取得更好的效果。在实践学习活动中,根据学生的初始能力水平,在课前提供学习指导经验,引导学生做好准备;在课堂上提供学生帮助体验,帮助学生掌握学习内容;课后提供练习和资源,巩固学习,激发思考,推动学生技能的学习和应用。

五、基于智能互联网的个性化学习体验策略设计

根据学生在不同学习活动中存在的问题和学习者的个性特点,提出了解决这些问题的预设策略,并在成绩报告学习活动中为不同学习风格的群体提供个性化体验策略,以解决不同群体的问题。在实践学习活动中,针对不同初始能力的学习者提出预设策略,解决不同初始能力学习者的技能学习问题。

(一)成果汇报类学习活动个性化学习体验策略

在分析不同学习风格学生的学习特点和成绩报告学习活动中存在的问题的基础上,从引导、帮助和推动三个方面提出了线上和线下体验策略,并对策略的具体内容进行了说明。方法学习指导策略是在本课程中引导学生熟悉小组学习的学习过程。由于同化群体和趋同群体在合作方面没有优势,作者为他们提供了一个单独的任务划分表。使用活动流程图、评估量表和任务划分表,引导学生熟悉课程模式,明确学习过程。

助学策略主要是解决学生在小组合作阶段和展示阶段的问题。要解决学生不重视自主学习的问题,我们主要从学生在学习过程中与同龄人的差距入手。学生了解同龄人的学习数据后,会产生心理冲突,形成"竞争"感,更容易激发学生的学习动机。在完成小组任务的整个过程中,组长起着组织协调的作用。对于参与度低的学生,组长可以与他们沟通。作为同学,组长比老师更了解小组成员的基本情况,取得了更好的成绩。报告的内容无法确定此问题。教师需要给予适当的指导,为小组内容的确定提供指导,但不能直接告诉学生具体内容。因此,问题支持的形式不仅可以为学生指明方向,还可以为学生留下思考的空间。在报告形式上,不同的群体有不同的问题。一个学习风格群体的问题只是另一个学习风格群体的优势。因此,以优秀群体为例,让不足群体密切学习,甚至与优秀群体的学生进行交流,以便在观察、交流和总结的过程中不断提高。学习推动旨在推动不同学习者的深入理解和实际应用。学生完成报告后,可以在问题的引导下,主动、有方向地总结和反思,在整个任务完成过程中发现优缺点,然后在下一个任务中加以弥补,高质量地完成报告。

(二)实践练习类学习活动个性化学习体验策略

通过以上分析,笔者提出了实践学习活动的个性化学习体验策略。考虑到学习态度问题会影响学生的整体学习效果,笔者选择线下形式,通过面对面交流和现场指导帮助学生解决态度问题。仅仅依靠课堂上教师的指导,很难解决技能、方法和思想上的问题。学生需要在课前和课后付出更多的时间和精力,尤其是那些初始能力较弱的学生。为此,作者为不同的学习者提供了课前学习任务列表、课后练习和资源。前者帮助学生有目的地完成课前准备,减轻课堂学习负担;后者帮助基础薄弱的学生掌握课堂上没有学过的内容,为初始水位较高的学生提供补充练习,帮助他们巩固技能,厘清方法和思路,以便在工程生产中充分利用它们。

第八章 基于虚拟现实和增强现实动画技术的课堂教学研究

第一节 虚拟现实和增强现实动画技术概述

一、虚拟现实技术概述

（一）虚拟现实技术含义

虚拟现实技术（Virtual Reality，VR）是由美国VPL公司的创始人Jaron Lanier在20世纪80年代提出，但在20世纪末才兴起的综合性信息技术[1]。目前国内外还没有对虚拟现实技术形成统一的定义，我国学者赵沁平认为虚拟现实是以计算机技术为核心，结合相关科学技术，产生与一定范围的真实环境在视觉、听觉、触觉等方面高度相似的数字环境。用户通过必要的设备与数字环境中的对象进行交互，交互可以产生与真实环境相对应的感觉和体验[2]。通过文献回顾发现，无论哪种观点，虚拟现实技术都可以反映出虚拟现实技术是综合利用计算机图形学技术、多媒体技术、人工智能技术等来模拟用户所需的三维虚拟环境。通过虚拟现实系统，用户可以完全接触到虚拟环境，而不受时间和空间的限制，获得真实逼真的体验，这是现实世界无法体验到的。

虚拟现实技术有三个特征，即Immersion（沉浸感）、Interaction（交互性）和Imagination（构想性）。用三个"I"对虚拟现实技术的三个基本特征进行说明。它们的具体含义是：

---
[1]刘光然.虚拟现实技术[M].北京:清华大学出版社,2011.
[2]赵沁平.虚拟现实综述[J].中国科学(F辑:信息科学),2009,39(01):2—46.

第一,沉浸感(Immersion):也被称为"临场感",用户使用交互式设备,如VR头部显示器、VR手柄和数据手套来调动他们的感官。理想的虚拟环境可以让用户沉浸在计算机创建的三维虚拟环境中,完全不受外界影响,达到用户难以辨别真假的效果。在现实世界中,人们可以通过视觉、听觉和触觉来感受现实世界。因此,为了让用户在理想状态下体验沉浸感,对虚拟现实设备提出了更高的要求。视觉沉浸、听觉沉浸和触觉沉浸应运而生。

第二,交互性(Interaction):指虚拟现实系统能够支持基于自然技能的人机交互[1],用户在虚拟环境中对虚拟对象进行一系列操作后,从虚拟现实系统获得反馈的过程。交互性强调虚拟空间与人之间近乎自然的互动。用户可以通过反馈设备(如数据手套、特殊头盔等)感受真实世界。例如,当用户用手抓住虚拟环境中的对象时,他们可以感受到握住对象的感觉和对象的重量。因此,用户会觉得自己是虚拟空间的主体,而不是被动接收信息的第三方,这也强调了反馈的即时性。

第三,构想性(Imagination):虚拟现实技术为用户提供了非常广阔的想象空间。通过虚拟现实可以再现现实世界,也可以创造一个客观的不存在的环境。通过虚拟现实技术成为现实,可以扩大人类的认知范围。设计师可以在头脑中构思、设计虚拟世界,发挥出自己的创意。

(二)虚拟现实技术在课堂教学中的优势

虚拟现实技术是一种先进的辅助教学手段。大量的研究文献和教学实践结果证明,虚拟现实技术在教学领域具有独特的优势,可以提供沉浸式的教学环境,使教学内容可视化,节约教学资源,丰富课堂教学形式。

第一,提供沉浸式教学环境。学生在创造的虚拟空间中学习、直观体验,增强学生在学习过程中的注意力,打破灌溉式教学方法,体现以学生为中心的教学思想。针对实践操作能力强、理论知识学习困难的大学生的学习特点,理论知识与技能实践的恰当结合可以有效提高学生的学习兴趣。

第二,教学内容可视化。虚拟现实技术适用于教学的重点和难点。将

---

[1]陆颖隽.虚拟现实技术在数字图书馆的应用研究[D].武汉:武汉大学,2013.

理论和静态教学内容转化为图像和三维模型。学生可以直观地感受空间物体,弥补课堂中二维平面图和动漫的不足,培养学生从简到深的空间想象能力,降低学习难度,提高学习效率。

第三,节约教育资源。很多学校资金不足,教学设备不能及时更新,还需要专人管理和维修。与实际设备相比,虚拟现实创建的三维模型和学习环境可以随时随地学习,不仅可以提高课堂教学质量,降低教学成本,还可节约大量教学资源和资金。

第四,丰富教学形式。利用虚拟现实技术辅助教学,丰富课堂教学形式,拓展虚拟现实教学应用领域。通过适当的方法激发学生的学习潜力,可以开阔学生的视野,提高课堂兴趣。合理设计教学实施过程,使教学过程更加灵活,增加师生互动的频率和效果。

在虚拟现实特点基础上,刘德建等[①]人提出了虚拟现实情境认知模型。如图8-1所示,由交互度、沉浸度、认知度三个方面构成的虚拟认知模型是对虚拟现实特征的更深入的解释。虚拟现实情境的认知模型可以为虚拟现实课程教育提供相关教育理论的研究指导。

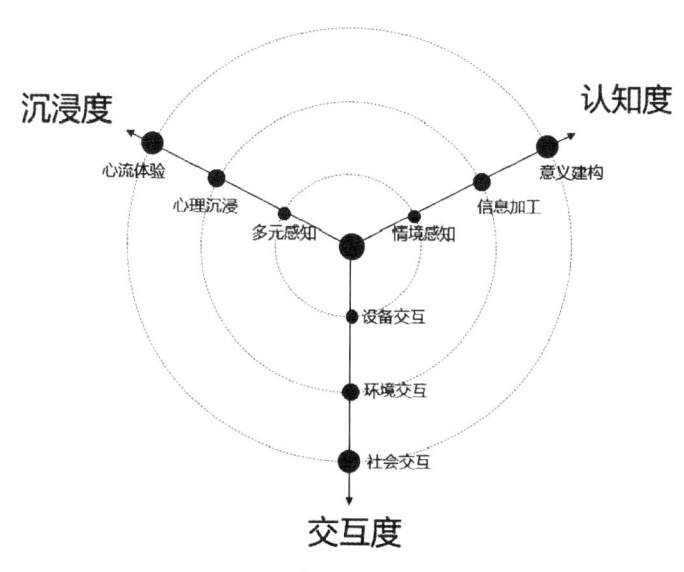

图8-1 虚拟现实认知模型

[①]刘德建,刘晓琳,张琰,等.虚拟现实技术教育应用的潜力、进展与挑战[J].开放教育研究,2016,22(04):25—31.

二、增强现实动画技术概述

(一)增强现实技术含义

增强现实技术(Augmented Reality,AR),是在虚拟现实技术基础上发展和扩展的一种技术,它将现实世界的信息与虚拟世界的信息无缝地连接起来。增强现实是一种实时计算摄像机图像的位置和角度并添加相应图像的技术。整合现实世界特定时空范围内无法体验的实体信息(视觉、味觉、触觉等),通过计算机技术进行模拟和叠加。通过感知由真实世界信息和真实世界信息叠加而成的虚拟信息,人类可以获得"真假结合"的世界信息的感官体验。扩展现实技术通过计算机技术、电子信息技术和仿真技术将虚拟环境与真实环境相结合。实时覆盖真实世界和虚拟对象,使图像和空间同时存在。增强的现实技术可以实时覆盖真实环境和虚拟对象的创建,不仅反映真实世界的信息,还反映虚拟世界的信息。现实世界和虚拟世界相辅相成,相互重叠,我们认为加强现实技术将成为改变现代教育的高科技体验工具。

在增强现实技术中,增强现实技术设备将现实世界与虚拟环境相结合,获得虚拟世界。增强现实技术集成了实时三维图形生成、动态环境建模、实时视频显示与控制、实时跟踪、多传感器融合等多项技术。增强现实技术提供了不同于人类知觉的信息。我们的目标是在屏幕上显示真实世界的虚拟世界,并相互对话。增强现实技术以多种方式呈现。除了搭载在智能移动设备上的增强现实技术外,一些公司和科研机构还在开发增强现实眼镜等设备,但还没有普及。一是扩建现实技术设备昂贵不可接受,难以推广。二是在一定程度上,增强现实技术还处于逐步完善的过程中,产品远远达不到用户的期望。但是,基于增强现实技术的智能移动设备的价格不像专业设备那么昂贵,可控性高,易于推广。它是最流行的增强现实技术设备。

(二)增强现实技术在课堂教学中的优势

学生在学习过程中感知通道偏好是不同的。一般来说学生学习喜欢通过各种方式来辅助,如记笔记等。有的学生不太喜欢教师讲授为主导的方式进行上课,也不善于口头表达,他们却往往在需要动手操作实践的科目上表现突出。但是当前的多媒体教学往往是讲授式教学,并且所用的教学资源,例如教材、PPT大多是以视听通道为载体,大多数时候学生都是安安静静坐在教室里听教师授课,让学生可以亲自动手的操作实践类课程比较少。因此不是所有的学生都能在传统教学中获得合适的教学方法与资源,因此,采取多元化的教学方法,利用合适的教学资源,开展适合各类学生的教学活动,他们也能取得良好的学习效果。

增强现实技术在医学、自然科学、工程设计等众多领域的成功应用,促使教育者们研究将其应用到教育教学中的效果。增强现实技术在教育中具有巨大的发展应用空间和潜能,通过增强现实技术改善与拓展原有的教育教学方式,不断探索新的学习路径是未来的发展趋势,也是时代所需,对促进国家信息化教学更深层次的发展具有重大意义。增强现实技术具有独特的信息呈现方式,除提供了传统的视觉、听觉通道外,还有独特的动觉通道呈现信息的特性。众多研究表明,在增强现实教学应用中,学习者与学习内容可以进行实时交互。学习者的多种感知通道被有效调动以获取信息,如视觉、听觉、动觉等,学生可以在虚实融合的学习空间中,增强认知交互与参与感,促进学生对知识的理解与吸收。正是因为增强现实具有多通道呈现特性,运用增强现实教学以提升学生的学习效果具有一定可行性。

第二节 虚拟现实和增强现实技术在教学中的应用

一、虚拟现实技术在教学中的应用分析

为了实现教学模式的进步,现有的教学资源和教学内容是不够的,需要引入新的教学方式和教学系统。而虚拟现实技术就能够很好地解决现阶段在教学中所出现的问题。对于教师来说,在教学中,老师能够给学生们展示的实体教育产品有时无法能跟上时代的迭代速度,即使是有相应的实物产品也不是最新的,但是学校也无法频繁更换教学中所需要的产品。虚拟现实技术的加入能够很好地解决这个问题,它给教师们提供了一个相互交流的平台,通过互联网教师们能够将自己的教学模式相互分享,教学的过程相互交流,甚至能够在教学中对使用的相关教育产品进行讨论,这样的交流速度是现实中很难实现的。

(一)虚拟教学场景

不同于传统意义上的计算机虚拟场景,这里所说的虚拟场景是在虚拟现实技术的支持下通过计算机软件在虚拟世界中搭建的一个以实现虚拟现实技术的环境。虚拟现实技术的实现都是在一个完善的虚拟场景中完成的。影视作品是将现实中的场景让用户以第三人称的角度去体验所设定的情节,而虚拟现实技术就是将用户带到所设定的情节中以第一人称的角度去实现体验。与传统的虚拟场景不同的是在虚拟现实技术中的虚拟场景是以用户为中心来搭建的一系列的仿现实的虚拟环境,所以虚拟场景与现实场景可以说大致上是相同的,现实中所拥有的环境要素都能在虚拟场景中体现。总体来说虚拟场景是由三个大模块组成的:静态环境模块、动态常见模块和人机交互设计模块[①],如图8-2所示。

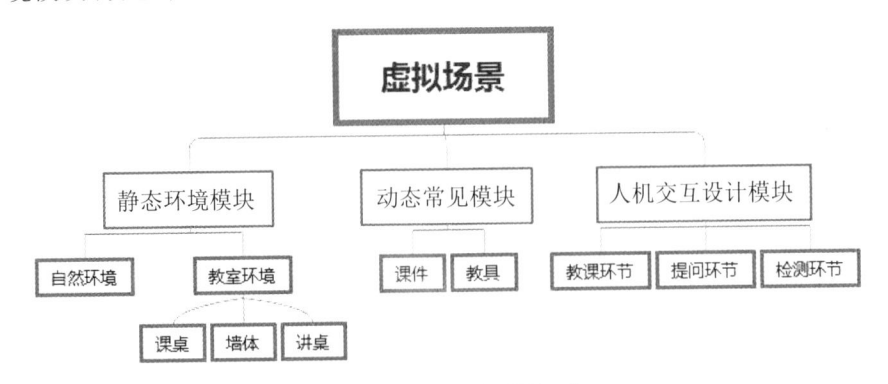

图8-2 虚拟教学场景组成

①邹永新,陈晓莹.基于虚拟现实技术的场景设计可视化建模研究[J].现代电子技术,2021,44(01):83—87.

1.静态环境模块的研究与分析

(1)静态环境模块定义

静态环境模块是指在虚拟环境中不涉及运动,于其他物体没有约束条件,在虚拟环境中只用来构成场景并不产生动作的模块。

(2)静态环境模块分析

在虚拟现实技术中静态环境模块中所包含的是一些没有进行动作交互编辑但是为了使得虚拟环境更加地贴近现实世界所必需的环境因素,一般来说是包括两大方面,一方面是自然环境中的静态组成和应用场景的静态组成。静态场景可以使虚拟环境更加真实,并减少设备的处理负担,一般的静态模块都是提前渲染或是烘焙好的贴图附到模型上。

2.动态模块场景的研究与分析

(1)动态模块场景的定义

动态模块场景指的是在虚拟现实环境中有动作表达或是在虚拟环境中对其他物体有动作约束,或是与使用者产生交互的物体。

(2)动态模块场景的分析

动态模块作为在虚拟环境中完成交互的重要组成部分,它反映了物体对象的运动状态、行为特征和力的作用。动态模块在虚拟环境中的作用是为完成用户的交互功能或者是为了完善虚拟环境的真实性而制作的具有运动功能的物体。动态模块在普通的虚拟场景中一般包括NPC(游戏中的虚拟人物)、玩家本身的动作指令、与玩家进行交互的物体如装备、技能、怪物等。在教学的虚拟环境中与普通的虚拟环境不同,一般是指在教学环境中能够使用到的课件、教具等。

3.人机交互设计模块的研究与分析

(1)人机交互设计模块的特点

在虚拟环境中人机交互的模块是根据现实中人机交互的方式来定义的,主要分为三个方面:

第一,根据在现实中人机的动作行为交互演化的在虚拟环境下的可视化(visibility)交互特点,主要是在虚拟现实环境中生成和显示物体的特性。

第二，根据现实生活中的各类感知，在虚拟环境下生成了可感知（awareness）的特性，主要的特点就是使得使用者在虚拟环境下能够感知到自己存在虚拟环境中。

第三，根据社会原则、规则、规范以及习俗等在虚拟环境中出现了可说明性（accountability）的特性，就是在虚拟环境中将自然界的原则、规则、规范等变成数字系统的有效机制。

(2)人机交互设计模块的分析

在虚拟环境中的人机交互模块是多种多样的，其中包括两个方面：①是使用者与进入虚拟环境中的设备进行的交互。②是使用者在虚拟环境中与虚拟环境中的物体进行交互。

虚拟环境中的人机交互不同于其他的机器的人机交互的形式，在虚拟环境中人机交互可以用到使用者的所有感官系统来进行交互，将使用者的多种感官都调动起来以形成一个虚拟的环境。虚拟环境之所以能够真实，就是因为它将使用者的多种感官都添加到了虚拟环境中的人机交互中去，让使用者误认为在虚拟环境中形成了一个真实的环境。

综上所述，虚拟教学场景是通过静态环境模块、动态模块场景和人机交互模块三大部分组成的，通过这三个模块的相互作用组成了一个完整的虚拟空间。所以在虚拟教学环境的设计中要明确这三大模块的组成结构和特性才能够完成虚拟环境的设计。为了能够让虚拟教学系统更加真实，在这个前提下在虚拟环境中实现现实中的教学任务，需要的是以静态环境模块为底层基础加上动态模块的中层构造最后将人机交互模块作为骨架，来完成虚拟环境下的教学系统的设计。

(二)虚拟现实仿真教学系统

为了推进教育信息化的进一步发展，提升学生的实践技能和创新能力，依托于互联网技术、多媒体技术、人机交互等综合技术的虚拟现实技术，因其不受空间和时间限制的优越性，在教学领域得到了广泛应用，由此产生了虚拟现实仿真教学系统，为面向教育的过程提供了可能性。虚拟现实仿真教学系统因其具有高仿真性、高沉浸感、低教学成本的特点，可以超越各种客观条件的限制,将"学习、实验、测评"融为一体,有效实现共享优质教学资源。虽然虚拟现实仿真教学系统能够融合网络教学优势,可以实现学生的学习自由,但因为教育资源过于丰富,构建全面完整的平台难度系数较大,因此完全取代传统教学模式的虚拟仿真平台还有待发展,但其可以作为有效教学辅助工具,充当远程线上实验和学习平台,将现实教学与网络教学紧紧联系在一起[①]。

虚拟现实仿真教学系统一般由虚拟资源管理平台、虚拟实验系统和硬件管理系统组成。虚拟资源管理平台为各种虚拟课程提供了模拟教学环境。虚拟实验系统则是模拟了真实世界制作实验过程中的所有细节以及过程现象、结果现象等。硬件管理系统则包括用于沉浸现实的头戴式显示器、计算机和手持设备作为终端载体。

目前虚拟现实仿真教学系统主要分为两类:技能培训仿真系统、学科专业实验仿真系统,实现了对传统实验学科教学的补充和辅助。使用者可以自由通过操作输入端,完成各种实验设备的组装、实验项目的建模,获得与真实实验等效、相似、相同的实验结果或优于实际实验结果,在更注重实验环境的虚拟性、安全性的前提下得到实验结果,更多的是从实验者的体验获得角度出发。

近年来,随着5G时代的到来,虚拟现实技术与教育联合的方式也受到国家教育部门及各类高校的重点关注,教育部要求,在国家级实验教学示范中心建设的基础上,继续推进国家级虚拟仿真实验教学中心的建设,为全国高等学校实验教学提供示范作用,并且自2015年起,教育部每年都会遴选100个国家级虚拟仿真实验教学中心[②]。

1.虚拟现实仿真教学系统呈现

虚拟现实仿真教学系统构建了集文字、图形等多媒体资料于一体的新型教学模型,为使用者提供一个开放式、沉浸感且可以自由进行交互的虚拟环境。与传统实验教学的区别在于,虚拟现实仿真教学系统转变了学

[①] 郎振红. 虚拟现实技术在虚拟图书馆中的应用[J]. 科技导报,2020,38(22):41—49.
[②] 韩晓敏,李建颖,王文忠. 虚拟仿真实验教学项目的建设与应用[J]. 实验室科学,2020,23(03):186—188.

生主动和被动的关系,有利于发展学生的创新技能,提高学习效率。依据虚拟现实技术的特征,虚拟现实仿真教学系统如图8-3所示:

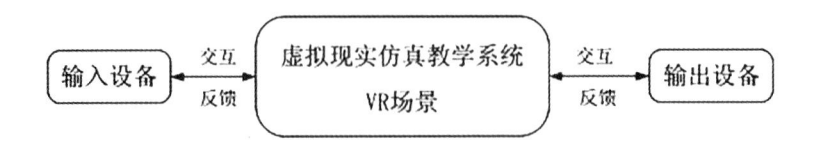

图8-3 虚拟现实仿真教学系统结构

输入设备有:手柄、VR手套、全身动作捕捉设备、头戴式眼控设备等。使用最多的是手柄设备,使用者通过手柄操作,可以在虚拟现实仿真教学系统中实现抓、拿、扔、触碰等动作。

输出设备有:VR头戴显示器、洞穴Cave、音响等视听觉设备。基于立体显示原理和硬件上的位置跟踪器,计算机会根据当前位置数据和动作信息,产生相应的场景图像,使用者可以通过显示器具体感知到,而耳机或音响等听觉设备则会实时反馈环境中的声音,从而增强了沉浸感。

2.基于虚拟现实技术的仿真教学系统的优点

基于虚拟现实技术的仿真教学系统相比传统的教学,主要有以下优点:

(1)教学技术先进

传统意义上进行教学任务时,各个专业所需要的设备不同,有的学科所需的设备体积较大,比如说机械自动化专业。由于设备体积较大,那么直接导致学校的实验室存放设备占用了很大的面积,所以,老师带领学生做实验的时候,只能对实验器材进行口述,机器的原理以及真正实操时有一定的困难。而现如今的虚拟现实仿真教学系统可以大大解决这个问题,该系统将实验设备虚拟化,利用相关设备或者设备中某个单一零件进行展示,利用虚拟技术,学生们仍然可以多角度地进行实验观察,实验体验和真正进行实体操作是一样的,有利于学生的理解和对实验设备的熟悉。

(2)减少办学成本

实验所用的设备,大多都是采用高精尖的技术,价格方面自然比较贵,学校为了让学生进行实验,只能购买这种价格昂贵的实验器材,以及花费大量的金钱对实验设备进行维护与保养。而虚拟现实仿真教学系统就会解决这个问题,只要根据设计图纸来建立模型,将实验设备的虚拟化,这样大大减少了学校的办学成本,而且免除了今后长期的对实验器材维护和保养所需用的费用,起到了省时省力省钱的作用。

(3)提升学习效果

利用虚拟现实仿真教学系统,学校可以让每一个学生都能独立地进行实验操作,并且根据虚拟设备对学生的实验结果进行检验,从而使学生知道自己的实验结果是否正确。这种新型的实验模式是传统实验方式所不能比拟的。学生通过查看自己的实验结果来监察自己的学习情况,并且对于有一定难度的实验,学生还可以进行大量重复的实验,直至学生自己对实验内容熟悉以及掌握,这将大大地提高学生的学习效率,对学生的学习起到了极大的作用。

(4)增强学习兴趣

虚拟现实仿真教学系统以虚拟现实技术为支撑,真正意义上打破了传统教学中出现的枯燥、无趣、单一的授课模式,使得课堂具有生动性、灵活性,很大程度上增强了学生的学习的兴趣。在今后,还可以进行协同教学,即对于一些有一定困难的实验,学生可以进行分组合作,共同解决实验难题,这也锻炼了学生们之间的合作能力。

二、增强现实技术在教育教学中的应用形式

近年来,中国电信运营商和互联网公司相继推出了深受广大用户喜爱的增强现实技术软件。各种增强现实技术软件层出不穷。但从现有研究成果可以看出,国内关于扩张现实技术与教育融合的研究仍停留在单纯的扩张现实技术理论或低端技术研究上,这比国外相关研究滞后了几年。增强现实技术是继多媒体技术之后,在教育领域又一个有前途的技术。增强现实技术提供的沉浸式学习环境改变了传统的静态文本学习方式。总结了现实技术在教育教学中的应用形式,主要体现在以下几个方面:

第一,利用增强现实技术制作教学模型。陕西师范大学陆雪闻在化学教学中,利用增强现实技术开发设计了分子结构式的三维模型。以前,学生必须使用传统的2D方法来计算和构建3D对象,但现在他们可以在3D空间中看到构建的3D对象,这增强和丰富了学生脑海中空间图像的形成。

第二,利用增强现实技术渲染教学环境。增强现实技术可以创建虚拟模型来呈现真实世界的场景,并基于物理仿真构建真实场景,增强学习沉浸感。北京理工大学王涌天教授利用增强现实技术在圆明园现场搭建的"数字圆明园现实增强系统"机器,是将破坏前的场景与"大水法"和"水景法"景区之间的场景进行实时一对一叠加,并进行实时渲染,以再现完整的历史场景。游客可以通过虚拟场景欣赏历史悠久的圆明园,成为爱国主义教育的典范。

第三,利用增强现实技术呈现教学内容。在增强现实技术的支持下,可以在教室的白板上呈现交互界面,完成虚拟与真实的交互,为课堂教学中的"教"与"学"提供补充,从而增强课堂教学中的表现能力,因此,课堂教学具有立体性和层次性。华南师范大学使用的Eyebobi系统采用安装的智能交互摄像头,学生可以在大屏幕上进入虚拟世界,在大屏幕上看到另一个自己。

第四,增强现实技术使传统平面媒体知识的承载形式得到拓展和延伸。通过传统的移动设备,学习者可以在真实的环境中阅读传统印刷媒体的知识,读者可以通过增强现实技术渲染的场景看到书中的人物,也可以收听阅读书中的内容。这种效果为读者提供了一种新的阅读体验。

第三节 虚拟现实在课堂中的应用实践

一、概念开发

根据虚拟现实的三个特性:沉浸性、交互性、构想性,这是一个多种学科高度综合交叉的研究领域。其构想性需要Maya等三维软件建模来模拟立体空间,交互性需借助游戏引擎unity3D的交互功能,沉浸性需要unity3D引擎和VR眼镜的配合生成实时画面。经过多种技术的对比,借助移动平台+VR眼镜+AR交互的方式成为效果明显且成本适中的选择。

二、技术方案

该应用的整体技术开发路线如图8-4所示。前期设定:包括整个应用开发的流程、各软硬件之间对接点的设置。

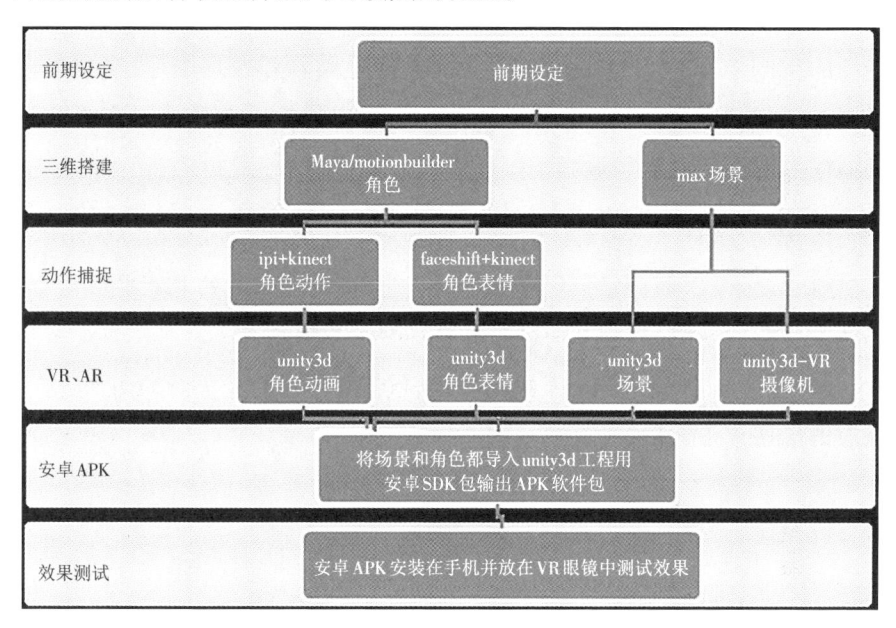

前期设定	前期设定			
三维搭建	Maya/motionbuilder 角色		max场景	
动作捕捉	ipi+kinect 角色动作	faceshift+kinect 角色表情		
VR、AR	unity3d 角色动画	unity3d 角色表情	unity3d 场景	unity3d-VR 摄像机
安卓APK	将场景和角色都导入unity3d工程用安卓SDK包输出APK软件包			
效果测试	安卓APK安装在手机并放在VR眼镜中测试效果			

图8-4 应用开发技术方案

三维搭建:从角色和模型角度,分为两部分模型。Maya是现在主流的三维动画软件,国内外的三维视觉艺术创作普遍都是利用Maya软件操作完成的。由于Maya软件系统庞大,功能全面,自由组合的工具可适用于各种三维动画制作流程,这次选用Maya软件一是在于它的便捷和强大,二是在于它与motionbuilder还有动作捕捉软件之间方便衔接。

动作捕捉:这部分由肢体动作捕捉和表情捕捉两个部分组成,使用ipistudio和faceshift两个软件配合微软的kinect体感设备组成两个系统。

VR/AR:Unity3D是由Unity Technologies开发的游戏开发工具,是跨平台整合的专业游戏引擎。可将应用发布至Windows、Mac、Wii、iPhone、WebGL(需要 HTML5)、Windowsphone8 和 Android 等平台。本次研究也正是利用 unity3D 的跨平台输出和良好的创作界面。

这部分 Vuforia 是 unity3D 的一个扩展插件,作为 AR 开发的重要软件工具包(Vuforia Augmented Reality SDK)。将需要作为识别图的图片上传到高通公司的服务器,然后把图片变为黑白图像;加强并提取图像特征点;将特征点数据装入 package;unity3D 将 package 识别包解压并匹配在程序中,程序运行时将连续对相机取景内容对比特征点数据包,实时搜寻识别图的空间位置。它利用图形识别技术实时侦测并跟踪图像,通过处理器反求摄像机运动轨迹,然后将开发者的虚拟物体完美地叠加在真实场景画面中,实现 AR 效果输出。

三、细节设计

细节设计:这部分重点在于突破一些技术应用当中的非标准部分,需要做一些特殊的定制,或者通过设计技巧显著提升效率。

调整 kinect 双机位进行录制动作信息(图8-5),选择正对的两个方向,能取得最佳采集效果。

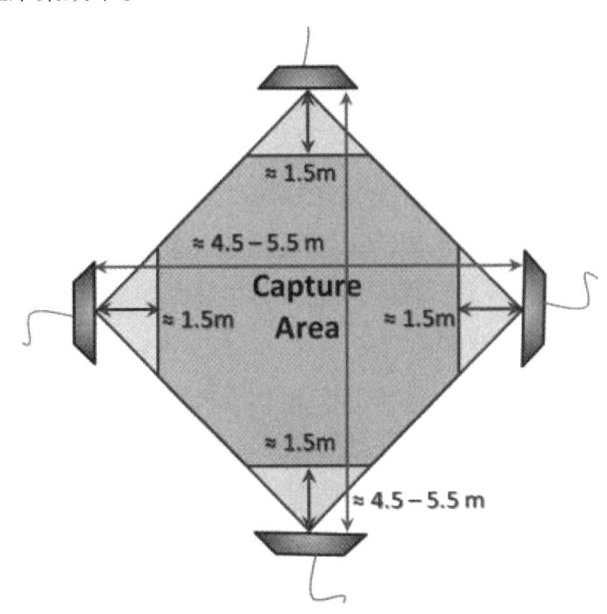

图8-5　多机位kinect组合的空间布置

改变校对器具，让动作捕捉数据更准确，将 ipistudio 中的方形校对板，换成十字木架，提高了校对过程中两个 kinect 设备的对位效率，迅速生成摄像机位置关系文件。

利用 Vuforia 扩展插件的识别机制，制作合适的识别图，提高识别效率。

识别图中应避免使用亮度相似的色块。否则，当它成为黑白地图时，只剩下亮度关系，图片的形状特征不明显。对于看似复杂的图片，由于亮度相似，很难生成识别点。

色块之间的分界线是识别效率的重要指标。彩色碰撞图的设计可以使经过灰度处理的识别图像仍然有一条清晰的分界线。

沿途识别信息的不均匀分布也可能导致识别率非常低。例如，图像边界显示在识别地图的一端或小范围内。如果通过融合显示的 3D 对象不放在识别地图的中间，则极端光学误差和计算能力将最大化。因此，虚拟物体需要尽可能位于识别地图的中心区域，否则，成像结果会有不完美的振动。

四、测试和改进

在测试和改进阶段，将在不同的平台上测试输出程序，优化程序在移动平台上的运行速度，以适应尽可能多的 Android 设备，体现最佳的显示体验。

五、输出

测试程序 APK 文件的最终输出通过各种网络平台发布，以便更多人参与体验。我们希望能够共同研究教育工作，探讨和推动 VR/AR 在教育中的大规模应用。

第九章 互联网视域下教育模式多元评价与智慧管理

教育评价和管理改革是教育体制改革的核心内容。在教育评价方面，网络教育背景下的评价体系是以推动学生个性全面发展为核心的综合评价标准体系。在内容上，要注重学生全面人格发展和创新创造，构建自我评价、相互评价和教师评价相结合的多元评价体系；在方法上，综合评价手段主要包括综合评价、过程评价和结果评价；同时，建立基于大数据分析的个性化智能评价，有效发挥互联网教育评价标准体系的作用，真正实现互联网教育的价值目标。在教育管理方面，物联网技术在互联网时代的应用和扩展，最终为教育管理的感知、智慧和共享提供了最完整的技术支持，并提供了更加科学的，更好、更高效的资源分配方案，用于教育管理的智能决策和智能管理。同时，基于互联网结构的网络化、扁平化特点，它不仅为学校教育资源、教学过程、教育活动等教育管理带来了扁平化的管理结构，还潜移默化地影响着社会组织的创新思维和行为，从而带来教育管理领域的变革。

第一节 个体本位论与社会本位论

教学评价是教学环节的一个重要组成部分，是推动教学改革的动力，它不仅是对学生学习能力和学习成绩的评价，也是对教师教学能力和教学效果的评价。①教学评价的目标不仅是证明,更是提高。科学而有意义的评价可以在一定程度上提高教师的自我反思意识和能力,影响教师的教学积极性和学生的学习主动性,直接决定教师的教学效果。

一、重视学生全方位个性发展

在以应试教育为导向的指挥棒下,对学生的评价多以"考试分数"单一的一元化评价方式进行,但这无法如实地反映出学生各方面的能力素质,也无法从多角度反馈出学生的个性品质。这种单一的评价方式扼杀了师生的创造性,忽视了不同学生之间存在的差异性,忽视了对学生创造性的培养以及导致学生得不到全面发展,阻碍了老师与学生的成长空间。

在互联网教育的背景下,对学生学习能力和学习结构的变化的要求将导致常规的学习能力评价方法,并对当前的学习能力作出准确和理性的判断。能力评价的重要性,推动学生学习能力的发展,发展发展评价,真实评价,表达评价和文件袋评价等研究。传统教室中的教育评价系统太有限了,学习的结果更为重要。换句话说,对学生的最终分数的摘要评价忽略了学习过程的形成,忽略学习者和学生人格的全面发展、全面评价。

二、重视创新评价

合理的评判准则是建立教学评价体系的保障。首先老师必须建立合理的评价目标,教育评价对学校的发展有着巨大的作用,老师所选定的评价目标对新课程的开展有着巨大的引导和控制意义。老师必须实时更新自己的评价观念,针对学生的特点和课程标准制定、选用各种评价目标。对学习者而言,树立科学的评价观念可以有助于学生准确认识自己的意义,所作出的评价具有某种价值,作出评价最主要是为了鼓励学习者的成长。学生培养良好的评价观念可以让学生通过评价来学习,通过评价来发现自己的缺点与问题,并且也能够比较客观地去评判别人,从而在评判别人的过程当中得到了自我的发展。

---

①郭莲. 国外教学评价策略研究[J]. 理论前沿,2007(11):23—24.

创新精神是互联网的精髓。互联网从诞生之日起,就以创新为使命,改变了我们的生产、生活方式和思维方式。网络教育以其分散化、扁平化、平等化、互动等特点,改变着传统的教学模式和教学方式,改变着传统的育人观、教师观,改变着当前的教学方法。学生成长档案袋,通过网络记录学生成长学习过程,整合学生德、智、体等综合数据,为学校和家长以及学生升学提供客观、公正、可量化、可动态化的学生成长资料,形成学生综合素质评价的过程管理数据库。其方法是详细记录学习和评价的过程和成果,无论网上可以进行活动,还是线下进行的活动,都可以在网上进行记录和评价。多年动态记录和评价,将各项活动过程和成果换算成积分量化考核(如科技学习、小发明、小创造、小论文、志愿者、社会实践时间和效果等),构建学生网上成长档案袋,使之成为学生综合素质评价最含金的结果,能引导学生个性发展和特长发展,推动创新精神和实践能力培养。使价值判断真正建立在事实判断的基础上,减少主观评价,加强客观评价,体现公平公正公开。

智慧评价关注学习者素质的综合评价。教学质量评价包括运用互联网等信息化技术对学校、学科、班级和学生的学习成绩进行诊断分析和科学评价,设置总分、平均分、合格率、优秀率、良好率、最高分、最低分、满分率、低分率、零分率、超平均率等常规教学质量分析功能。设置现代教学测量分析诊断功能,提供有效点、标准点、标准差、闪光点、弱点及成绩分布等。以学生全面人格发展为重点的综合评价内容,不仅要评价学生的知识和学习技能,还要注重思维习惯、思维方式、学习习惯以及方法。除此之外,我们还应关注学生学业表现与发展之外的价值观、身心健康、情感、兴趣与特长、合作与分享、心理素质等。全球学生素质测评系统是基于学校学籍管理信息系统的信息化测评系统,是一个多维度、多权重、多角色参与的测评系统。学校直接在互联网上进行自我评估、其他教师评估和学生综合素质评估。系统自动记录和监控过程,自动分析和统计评估结果。整个评估过程应该科学、客观、安全。

三、构建多元评价模式

在网络教育背景下,教育评价已经从"统一分数评价"转变为"多元化质量评价"或"综合评价"。网络教学背景下有很多方法和手段,如教师观察、提问、测试、访谈、学生档案等。最常用的评价方法有自我评价、相互评价和教师评价。第一,自我评价。自我评价是指学生根据量化的评价指标或评价标准对自己的行为和学习进行评价。它推动学生的反思,培养学生正确认识自我、评价自我的能力,提高学生的自信心。学生的自我评价需要教师进行设计,评价可以在教学过程中随机发生。方法因教学目标、学习者基本情况、教学内容等不同而异。常用的操作性自我评价包括问卷调查、学生自查、课堂演示等。第二,相互评价。互评是指以学习群体为单位,按照互评标准,对学习者之间的学习行为、学习过程和学习效果进行互评。相互评价是团队成员之间的相互评价。学习小组的建设提高了学生的合作能力和沟通能力。同时,这种评价模式可以无意识地反映小组成员之间的互动,实现对学生的"帮助、引导"和培养人才的作用。第三,教师评价。教师评价是指教师在教学过程中对学生学习状况的评价。教师以多种形式对学生进行评价,如作业评价、观察、访谈、课堂学习活动评价和课外学习活动评价。通过鼓励学生积极参与评价,开展自我评价和相互评价活动,采用诊断性评价、形成性评价和终结性评价相结合的评价方法,打破以知识评价为主要指标的传统教学评价,打破学生的学习过程,并注重对学习行为和解决问题能力的评价。

多元的评价工具。评价多元化不仅体现在评价手段和评价内容方面,也体现了信息技术在评价工具方面的有效运用。不仅创新和改进了现有的评价方法,而且产生了学习合同、量规、学习档案夹等多种新型评价方法,使教学评价对教学过程的诊断、调节、导向、监控、反馈和激励作用更易于充分发挥。

第二节 教学评价方法体系革新

评价方法改革目标是通过提高学生学习创新能力的有效杠杆,建立以发挥学生深度学习才能为主要导向的教育评价体系,主要强调更加关心学生对知识点的内化和把握,以及如何能够运用批判性思考和发展迁移能力,更加重视对学生的终身发展目标和适应未来挑战所需知识与素养的提升。通过革新教学评价体系,在课堂复杂的环境中开展对学生高阶思维、深层理解、技能表现的观察评价,以此搭建学习评价的综合素能评价体系。争取做到尊重学生个体差异,关注学生深度学习效率,保护学习热情和兴趣,通过"多元化、过程性、综合性"的评价,有效培养学生生命成长的健康心态。

一、前置评价:诊断性评价

诊断性评价,顾名思义,又称为教育前评价、准备性评价或前置评价,在教育活动开始前,由教师预测学习者的学习基础、学习风格、学习能力、学习特点、情感态度等情况以判断学习者是否具备达到当前教学目标所要求的条件[1]。从诊断性评价的定义可以看出,诊断性评价的实施阶段是在教育活动之前,在这里的教育活动之前,通常意义上不仅是在一学年、一学期、一门课程的教育或课程的开发开始之前,还包括提问、讨论、展示、交流等活动开始之前在教育过程中包括其他任何教育活动。诊断性评价是教师评价学生的有效方法之一。笔者认为对学生的评价应包括对学生知识、技能、情感、态度和价值观等方面的评价,如知识储备数量和质量、基本技能水平、学生的教育背景、身体状况、性格特征以及教育面临的问题等。教师应根据学生的这些基础背景对症下药,进行教学活动。

诊断性评价通过一定的手段或方法收集学生学习准备情况,为识别学生个体差异、分析问题、诊断问题、改进教学策略或采取补救措施提供依

---

[1] 李伟成.教学过程中的诊断性评价研究[J].教育导刊,2011(03):76—79.

据。因此,诊断性评价是教师在教学活动之前对学生学习状况的一种衡量,其结论是教师"立即采取补救措施或变革"的依据。诊断性评价作为教育评价的一种形式,具有不可忽视的优势。教师通过诊断性评价识别影响不同类型学生继续学习的因素,使教师能适当帮助学生,在下一步教学活动开展前及时调整教学策略,做到因材施教,对学生的学习有针对性地进行评价。在教学过程中教师要找到合适的教学方案和策略,就必须深入了解自己教学对象的诊断性评价,熟练掌握诊断性评价的基本步骤。诊断性评价的实施主要分为三个步骤,分别是收集相关信息,评价相关信息,进行诊断。首先,收集相关信息。通过课前测试和提问了解学生对基础知识的掌握情况等,通过各种可行、科学的方法获取有关学生的信息。然后评估相关信息。对于第一阶段收集到的相关信息,教师对有价值的信息进行整理和评价,明确有价值的相关信息指向,然后对表现比较异常的相关信息进行评价,评价异常信息的真实性和准确性等。最后,进行诊断。深入挖掘、深入分析、推理、综合产生这些信息的原因,最后做出诊断。

二、过程评价:形成性评价

形成性评价是教学评价的一种方式。目前,形成性评价概念的定义数不胜数,有学者认为,形成性评价是指在教学过程中,为了更好地发挥教学活动的效果而对教学运作过程进行的对学生进展的评价。因此,形成性评价也被称为学习性评定和过程性评价。这很容易理解为教师在课堂内操作的持续终止性评价。形成性评价是在教学活动实施过程中,教师及时对学生进行的多次和动态的评价,是一种侧重于推动学生进步发展的评价。教师通过形成性评价,可以及时调整教学活动的策略,以确保教学活动的持续有效性。同时,形成性评价关注学生的学习过程,注重及时反馈,能直观地反映学生在学习中存在的问题和困难,便于学生不断改进学习策略,是推动学生进步和发展的重要手段。形成性评价不仅有助于学习者评价等级成绩,也有助于学习者掌握下一步学习顺利进行应掌握的内容,掌握学习者尚未掌握的要点。形成性评价具有以下特征:

第一,有效反馈性。反馈是形成性评价的基本组成部分,对形成性评价的效果起着至关重要的作用。在教学活动过程中教师通过形成性评价,获得学生有效的反馈信息,并及时调整教学活动策略,不断完善教学设计。学生也能及时发现自己的缺陷、不足或薄弱环节,不断改进学习策略和学习活动。

第二,评价实施主体包括师生。传统模式的教学评价主要以结束评价为主,其评价实施主体是教师,即教师通过考试、评价等对学生实施评价。凭借信息技术的发展,新的教学理念、教学模式层出不穷,同时教学评价也随之改变。形成性评价也更加全方位、立体化,不仅注重认知能力的评价,更注重学生情感和行为能力的评价,其实施主体不仅包括教师,还包括学生。学生既可以自我评价,又可以相互评价,这种评价模式在不知不觉中培养了学生自我反省的习惯。

第三,注重过程评价。形成性评价也称为过程性评价或学习中评价。通过对教育各个环节的实时监控,对教育者和教育者的即时性产生影响。评价的核心目的不是为了证明学生的能力或简单地排名,而是为了促进学生的学习,评价教育活动实施的全过程。

第四,评价形式多样性。与传统的教学评价相比,形成性评价在评价内容、评价过程和评价形式方面都有很大的创新。评价实施主体也由教师转向既包含教师又包含学生,精心设置"综合素能考评、社会家庭评价、探究性成果评价、学生成长档案袋"等多元化的评价方式,但不管采用什么形式的评价,都要尊重学生,让学生能用更加积极的态度配合教学,推动教学效果[①]。

第五,开放性。形成性评价的形式、内容较为创新,同时也更具开放性。学生自评与互评、家长点评与参评的过程均体现了师生互动、家校结合的特征,具有随机的开放性。

形成性评价的作用主要体现在三个方面:首先,向教师提供反馈。形成性评价凭借整个教育活动的过程,其评价是随机的,评价结果也是及时

[①] 祖婷婷,祖雪莲.高中英语教学形成性评价的特点及策略研究[J].读与写(教育教学刊),2013(08):138.

的。教师根据有效的反馈信息进行分析,有助于教学活动的内容、策略及教学目标及时调整。其次,加强学生的学习。形成性评价可以及时给学生正面的反馈信息,因此在教学过程中经常使用称赞、奖励性的评价语言可以激发学生的学习动机,提高学习的积极性。此外,还可以加强学生对正确学习内容等的认识,保证学生更好地掌握所学知识。再次,推动学生学习方式的变化。教师或学生通过对形成性评价结果的分析和反思,发现学生学习方式中存在的问题,有意识地加以修正或改进,逐步使学生转向合作、探究和自主学习方式。

三、结果评价:总结性评价

总结性评价又称为"事后评价或末日性评价",通常在课程或一个教学阶段结束后,评价整个教学目标和教学效果的实现程度。一般总结性评价应用的次数较少,在学期或学年结束后进行,是对学生表现情况的全面评价。与形成性评价不同,总结性评价注重教与学的结果,是对评价对象的全面鉴定。其评价目的是评价学生的学业成绩,判断学生是否达到教育目标,证明学生的能力水平、技能程度和知识状况,全面确定学生在某一教程或单元取得的学习成绩。总体评价一般遵循以下5个步骤。第一,明确评价目的。评价实施中的依据指标是根据目的制定的。评价指标的开发是将评价变为可行性的过程。第二,制定具体的评价标准。这意味着将评估转换为可测量的、直接的、具体的过程。第三,选择合适的战略方法。进行总结性评价的方法很多,有试验法、调查法等。第四,对测得的数据进行统计分析。第五,对结果进行说明。

形成性评价与总结性评价的差异。当教师的教学策略和学生的学习方法等发生改善时,称为形成性评价;评价结果仅作为对学生的评价,如果没有利用,则称为总结性评价。形成性评价的主要目的是发现教与学过程中存在的问题,帮助师生及时获得有效的评价反馈信息,以期在今后的教与学中达到更好的效果。总结性评价的目的是对学生的学习状况进行全面的测量,属于结果性评价。两者都有不足和优势,形成性评价将人们从之前的教育制度中拯救出来,但其评价操作性低的不足也不容忽视。

任何一种教育评价,其最终目的都是为了体现"以人为本"的教育理念,为学生的发展、进步,形成正确的人生观、价值观和世界观。形成性评价与总结性评价的高效结合是推动教学过程稳步进行的不可或缺的动力。

四、构建有机统一的评价模式

网络教育背景下的教学评价是过程性评价与总结性评价相结合的动态过程,网络教育教学评价模式与网络教育教学模式紧密结合,产生于教学活动的全过程之中。当前提倡多种评价方式并存,以适应不断变化发展的教育教学实际,其评价过程也可分为准备、实施、处理和反馈四个阶段:首先是准备阶段。网络教育教学活动的教学目标、诊断性评价和课前准备三个教学阶段是实施网络教育教学评价的准备阶段。一是需要确定网络教育教学评价目标,制定网络环境下教学评价的指标体系。二是选择信息源和信息处理方法,信息包括学习者学习过程中学习问题的量化指标、考试成绩、可来源于考试点及学生在网络平台上的各种学习行为表现等。结合教学评价指标体系确定和选择对信息的处理方法。三是课前诊断性评价,需要教师事先设置试卷或评价量表、问卷、质量诊断表,利用网络平台进行定制试卷或问卷。接下来是实施阶段。网络环境中的教育评价实施阶段囊括了整个课程的一致性,包括收集与学习者相关的各种评价信息。与传统的面授环境下的教学评价相比,网络环境下的教学评价可以收集师生在网络平台上的互动信息以及学生在平台上的行为表现信息。除此之外,在网络环境下,师生之间的相对分离使教师不能像传统的方法那样。这样认识和理解学生,对学生状况的理解又直接影响评价的效果和信度。因此,教师应及时了解学生进行网络学习的行为信息,而这些信息可以更为客观地反映学生在网络平台上的实际表现。再次是处理阶段。对互联网教育教学评价的处理环节即基于信息处理方法和手段在实施评价过程中收集到的数据信息进行统计分析,形成综合判断,最终得到评价反馈的结果。最后是反馈阶段。网络教育教学评价的特点之一是缩短评价周期,决定了在实施评价过程中需要对学生的学习每隔一定时间进行评价,可以利用网络平台的沟通工具给出反馈。这对学生及时修改自己的学习和教师的教学方法和策略非常有利,革新了传统的应试评价模式,建立了科学合理的评价体系。

第三节 基于大数据的个性化评定

凭借大数据、人工智能、移动互联网、"云计算"等信息技术的发展,互联网教育必然进入教育智能化时代,未来的教育评价也将进入人的智能评价时代。人工智能应用于教学,就是收集、分析和判断数据,是教学大数据。未来网络教育是数字教育的环境。在这样的环境中,所有的教学过程和学习过程、学习的行为都可以通过数字的形式表现出来,未来的教学评价就是基于大数据技术对教学行为、学习行为进行数据分析形成判断和评价。

一、以大数据为基础和导向

在大数据的帮助下,教师不仅仅可以反馈学习者期末的学习成绩,还可以通过大数据分析给学习者出具一份基于知识结构和能力的"诊断报告单"。通过诊断报告,学习者不仅可以了解自己对知识的掌握情况,同时通过自我能力的优势、劣势分析,了解自己还需要提高的地方,找到提高成绩的方法,从而不断完善自我,全面发展自我结束。在网络教学中,教学评价将在大数据的基础上进一步全面改进和智能化。

以大数据为导向的教学评价是未来网络教学评价的主要特征。在教学过程中,运用网络技术的强互动性,实时记录师生之间的互动信息,为教学评价的实施提供丰富的评价资源和依据。从数字化时代进入数据时代,它存储了很多数字化信息,比如以前不能自动识别的语音信息、扫描的图像信息等,但通过模式识别、感知智能技术,它变成了计算机能够识别的文字,可以将数字信息转换成数据信息。在自动评分中,以大数据为基础、导向的教学管理系统将所有作业、课堂行为、考试等数据集中起来,进行全面的诊断和分析,对学习者的学习行为、学习效果、学习能力进行基于个性化的全面反馈。有了数据,既可以对考试成绩进行学习效果的分析,也可以对教学和学习行为进行深入的分析。考试后,形成个人知识掌握地图,可反馈学生掌握的知识点和未掌握的知识点。对教学活动和学习者的学习行为进行深入的分析,可以帮助学习者形成关于学习过程的评价报告,什么样的学习方式最有效率,什么样的知识点容易理解、容易接受,可以分析哪些方面的能力需要进一步加强。你也可以根据这些问题和难点,推送精准的学习素材。

二、"生评生"和"机评生"

互联网在线课程的学习规模一般都很大,通常有几万人、十几万人选择同一课程。在工作量大的情况下,如何进行及时评价是一个需要思考和解决的问题。但在网络教育的背景下,这并非难事。对于课堂上的简单随堂测试,可以直接用机器评分,而对于开放式问答题的考试,可以让教师来评价,也可以让学生来评价。以前人们把学生教给学生的方法叫做"生教生",借用这个说法,学生之间的相互评价可以叫做"生评生"。为了保证评价的客观公正,互评者的系统是随机匹配的。目前评分标准主要有:

量化评价标准。这是同学评分模式的前提准备。教师事先制定的一系列规则,包括为某一主观作业确定评价等级的详细标准和注意事项,以及评分者必须严格遵守的详细程序,是学生之间评价过程中每个学生得出结论时的参照标准。

同学评分模式。这是为学生的主观作业(论述题、小论文、辩论题、调查报告等)评定等级的方法。在教师事先制定的详细评分量化标准的指导下,同一学习背景下的同一班学生之间对评分进行评价,为了保证学生评分的客观性,通常一个作业要经过三个以上学生的评价才能得到最后的成绩,这就开拓了学习者的思路,对接受多元化的观点非常有益。

三、混合教学中的全面多元教学评价

全面多元的教学评价需要更加明确评价内涵,更科学合理地界定评估标准与评价范畴。在对学生实施评价的时候,必须要注重落实学生在实

际教学过程中的主体性,将教育评价的最后落脚点落到一切为了学生的发展,这样的教育评价才能遵循学生的发展规律和教学的基本规律,从而实现教学基本目标。混合教学评价是指在传统课堂与互联网在线混合情况下,通过收集学习者学习过程中的客观资料、信息和数据,对学习者的学习行为、学习态度和学习结果进行量化分析,进行价值判断的过程。对混合教学定义的分析表明,混合式教学是传统课堂面对教学与网络教学或数字教学的结合,因此混合式教学评价是这种教学模式下学习的学习者分别在课堂和网络学习中各方面学习表现的价值判断。教学评价的主要目的是促使老师和学校不断地完善与发展,混合教学中的全面多元教学评价应当具备真实性与反馈性两大特点。真实性是指通过不断创造与最接近的现实环境,力求达到教育评价的真实性。而教学评价的反馈性则是指真正地通过教育评价,展示被评价者"做了什么事""出现了什么结果",其反馈的重点就是通过客观地评价结果,让老师和学员对自己有更正确的了解,方便自我管理和自我完善。

传统课面授环境下的教学评价实施步骤主要包括准备阶段、实施阶段,包括评价结果的处理和反馈阶段。与课堂面授环境中的教学评价相比,其步骤大致相同,但在教学评价数据的收集过程中,仅需要同时收集传统面授环境中学习者的学习行为信息和网络环境中基于学习者的学习行为信息。混合学习环境下教学评价的实施过程包括五个步骤。

第一,确定评价目标。在教学过程准备阶段,首先要明确实施教学评价的对象,确定评价的目标,制定评价指标体系。

第二,设计评估工具。教师在实施教学评价前选择合适的评价工具,例如教师可以设计应用于教学评价时所需的试卷、调查问卷、质量诊断表或评价量表等,并且该试卷或问卷可以在上课前对学习者实施教学评价也可以利用网络教育教学平台开展教学评价。

第三,收集数据和资料。收集用于教学评价的数据和资料的过程是实施教学评价的过程。收集的数据和资料应囊括学习者在传统面对面学习和网络学习两种不同学习环境下所有学习者的评价信息。与以往面授环境中的教学评价相比,混合学习环境中的教学评价信息除了可以收集课堂面授过程中学生学习的行为信息外,还可以在师生之间的网络学习环境中利用平台可以收集交流互动信息和学生在平台上的学习行为表现信息,在数字教学环境中,所有的教学、学习的行为都是数字化的。

第四,分析数据。对收集的数据和资料进行统计分析和处理的阶段。

第五,评估报告。评价学习者的学习状况,进行综合判断,得到评价报告及反馈评价结果。

与课堂面授环境下的教学评价相比,互联网混合教学评价下的各项考试可以帮助学习者形成即时的评价报告,评价报告不仅针对考试分数,还针对任何错误,分析正确的原因,显示基于知识点掌握情况的个人学习图纸也可以根据个人学习图纸推送准确的学习素材。混合学习环境下的教学评价成绩好,掌握知识点的学生可以节省时间学习新内容。

第四节 智能决策与智慧管理

新技术为教育管理提供了更优更有效的资源配置方案,给学校管理带来了扁平化的管理结构,未来"学分银行"的实现不是梦想,大数据的挖掘和合成可以帮助教育实现智能决策和智慧管理。在"数据驱动学校、技术变革教育"时代,教育管理走向智能化。教育智慧管理系统是基于互联网平台架构,应用当前广泛运用的新兴信息技术,对学生、设施、设备、环境等实体信息进行全面感知、深度互联和智能融合,经自主进化,对传统教育管理模式进行创新性发展,构建便捷、高效的教育智慧管理模式。

一、组织结构:扁平化和网络化

移动互联网平等、开放、合作、共享的本质特征体现在管理中,出现了"无国界组织""高度扁平化组织"等管理形式。在教育领域,互联网技术可以加强跨组织边界的大规模社会化协同,特别是"云计算"技术可以拓展教育资源和教育服务的共享性。结构网络化与扁平化是互联网时代教育管理的新趋势、新特点和新模式。从历史的角度看,管理经历了传统的管理模式、现代的管理模式和互联网管理模式,传统管理组织的"正三角"金字塔式管理模式是员工处于最底层,逐级向上,顶层是最好的管理者,这种管理模式阻碍了决策的速度和信息的传播。现代管理理念主要是工业大规模生产、分层、KPI绩效考核,但具有决策速度慢的特点。分层管理主要是严格、规范和控制,但在互联网时代速度成为最大优势,分层结构阻碍了决策速度和信息的传播。相对于网格结构,层次结构自上而下传递信息,因此层次之间没有很多联系和交流,缺乏效率和灵活性。在教育领域,教育管理的网络化和扁平化是由互联网自身所具有的高度扁平、节点连接的网格结构决定的。

互联网教育背景下的管理没有强制性的控制中心,教育管理者、教师和学习者之间相互高度连接,点对点地影响形成非线性因果关系。互联网技术发展的扁平化推动了传统科学层管理向扁平化管理的转变,同时互联网媒体的传播也实现了扁平化。在互联网时代,每个人不仅是信息的接收者,而且作为社会化的新媒体,智能手机可以让普通人成为信息的来源。凭借互联网技术和媒体的扁平化,人际关系、组织结构、思维和学习等也逐渐向扁平化转变。平面化管理不仅是互联网技术所具有的特点,也是互联网时代高速运行变化的环境决定。教育管理要适应高度变化的市场环境、管理环境,以用户为中心,随时对学习作出不同的决定,采用扁平化的教育管理。

扁平化结构是网络时代教育管理的重要特征,也是适应网络时代的必然变革。移动互联网时代组织结构的重要特征是扁平化、网络化、垂直化、去中心化、民主化、社会化和国际化。在移动互联网时代,每个节点的分散非常重要。通过节点间的沟通、交流、共享和互动,互联网通过技术和思维方式的改变,推动了教育组织的改革,使教育的组织结构和管理体制发生了巨大变化,使教育内部组织结构扁平化。同时,互联网打破了学校壁垒,学校开放是大势所趋。结构网络化和结构扁平化是相互关联的管理方式。结构化网络不仅是网络时代教育管理的重要表现形式,也是网络时代教育管理的必要内容。互联网的本质决定了教育管理结构的网络化。互联网的"平等、合作、共享"精神必须映射到教育组织中,网络化组织的合作已成为一种主要的管理模式。在互联网时代,教育的组织结构和管理模式已经从层级结构转变为网络结构,各学科之间直接联系、沟通和协调。互联网推动了教育组织结构向网络化方向发展。对现有的教育管理体制和教育体制进行了重组。组织变革使教育体系和管理体系更加开放和灵活。学校最重要的资产是数据和信息。

二、教学管理:智能决策与控制

信息化经历初级阶段和中级阶段后,目前已进入人的智能化高级阶段,教学管理在大数据分析和决策中走向智能化。在教育智慧决策方面,教育管理者通过大数据系统对区域教育的相关信息,如区域内教育资源分布及学生成绩分布、人才供求与教育动态、学习者出勤、学习者在课堂上的集中时间、学习者课堂互动、学习者对知识点的掌握程度、学习者成绩、可以收集家长的反馈等。并利用大数据技术对各种信息进行整理、挖掘、汇集、分析,从中获取有规律性、倾向性的有用信息,进行智能诊断和分析,在诊断和分析的基础上作出科学的教学决策。在教学过程管理控制方面,教学管理者或教师也可以通过智能感知系统跟踪课堂情境,感知设备可以感知学习情境,识别学习者特征,跟踪和记录教学过程,随时了解师生课堂互动情境、知识点掌握情境,可以了解学生上课集中的情况,教师可以根据即时了解的相关信息对教学进行智能控制。随时调整教学策略,进一步优化教学过程,提高教学质量。网络教学通过收集和整合各种教学信息,可以进行科学的统计和分析,并利用相应的数据挖掘工具从海量数据中获取核心重要信息,发现隐含的相关教学规则,及时为管理者和决策者提供及时、全面、准确的数据支持。

在教学管理方面,通过教学管理公共服务平台对各级各类学校进行智能管理,可以构建安全可靠的用户数据中心,提供终身教学身份权限认证和资源需求服务。如果能给学生、教师和管理人员加上统一的号码,就可以根据"一人一号"、学校"一校一号"实现唯一的身份认证。无论是教师还是学生,都可以通过个人身份认证进行教育行政管理和服务。如对学习者实行电子成长档案管理、学分管理,对教师进行专业编排管理、教师资格认定、教师职称评价聘任、教师工作绩效考核、教师教育科研成果记载认定、教师奖惩记载、教师调动管理等,可以优化教学管理工作流程。还可以对学校师生提供个性化管理。例如教育和学习资源、电子邮件、个人通讯录、教育和学习安排、待办事项、外出登记、文件到达提醒、短信息提醒、在线联系等。在实行统一平台管理的基础上,可以对学校各方面的运营和维护服务管理进行图表式的统计和分析,通过数据统计、指标展示、横向对比、趋势分析,在公共管理服务平台中进行智能化表现为各级管理人员的科学决策提供数据支持。

三、教育资源管理:智能检索与共建共享

在互联网教育背景下,利用"云计算"技术和强大的数据计算与管理功能,可以实现互联网节点上对教育资源的互联互通,实现教育资源共建共享。网络教育背景下的资源系统,能够有效地收集和存储大量优质的数字资源和用户信息,为用户提供多元化、人性化的服务。智能搜索系统帮助教师、学生等深入整合,用户可以通过智能搜索服务快速搜索自己需要的学习资源[1]。智能搜索导航系统可以为学生提供多种搜索导航模式,包括快速搜索导航、语义搜索导航、语音和手势搜索导航、个性化定制导航等。智能搜索系统不仅可以精确地提供学生想要的学习资源,还可以根据身份识别系统自动推送相关的教学资源,进而实现对资源的优化组合、最方便的获取和最个性化的服务。

网络教育背景下的资源管理不断智能化,通过物联网和人工智能等技术可以有效实现对各种教育资源的智能化管理、控制和服务。电子教科书可以根据学生的学习水平和特点,显示本学期的教材目录,电子教案可以向教师显示本学期的教材教案。学生可以从云平台下载教材,点击阅读。教师利用服务平台为学生电子书送教学同步练习,加强学生对各知

---

[1] 云亮,赵龙刚,李馨迟. 智慧教育:互联网+时代教育大转型[M]. 北京:电子工业出版社,2016.

识点的掌握。学生通过服务平台领取教师推送的学习资料,进行课前预习和课后复习,领取并完成布置好的课后作业,提交服务平台由教师进行作业批改。在教学过程中,电子教案系统可以实现资源从云端同步到教师端,也可以将优质的学习资源通过教师端推给学生,供学生进行课前预习、课后复习。学习资源超级系统提供的教学资源以知识点为单位,每个知识点都有自己的固定标签,也可以通过扫描二维码直接访问,便于选择,易于学习,易于转让,易于销售。学生可以根据个人喜好和需求,通过教联网教学资源终端,像在超市购物一样,自主、方便、快捷地使用教学资源。与在超市购物不同,大多数学习资源是免费开放的。

教育资源的即时再生性是网络教育背景下资源的重要特征。例如,在师生互动结果不理想的情况下,如何调整教学策略,在学习者学习注意力不集中的情况下,如何激发学习者的兴趣,提高学习者的集中度和学习的沉浸性,这些教学决策是即时的再生教学资源,另外在课堂互动讨论中,师生创新性观点也是即时再生资源。在网络教育背景下,凭借教育资源的共享和教育中即时再生教育资源的共享,其数量必然呈现海量化增长趋势。在大量的信息中,如何快速、高质量地找到自己需要的教育资源?大数据中的语义关联和智能搜索有助于用户解决这个问题,不仅可以实现智能搜索,还可以实现资源的个性化推送。大数据系统根据用户的基本信息和检索记录,了解用户的个性化认知风格、兴趣爱好、认知特征,分析和匹配符合用户个性化需求的资源通过智能推送平台向用户推送有需求或潜在需求的个性化资源。

参考文献 REFERENCES

[1]陈丽,郑勤华,徐亚倩.互联网驱动教育变革的基本原理和总体思路——"互联网+教育"创新发展的理论与政策研究(一)[J].电化教育研究,2022,43(03):5—11.

[2]陈燕,王芳,余晓宇.《计算机应用基础》课程的雨课堂教学改革[J].电脑知识与技术,2019,15(20):105—106.

[3]程馨盈."互联网+教育"背景下大学课程资源的社会共享研究[D].南京:南京师范大学,2017.

[4]代艳,米锐."雨课堂"在大学课堂中的应用问题研究[J].科教导刊,2018(32):2.

[5]戴雅莹.学生需求视角下高校精品课程资源共享策略研究[D].南京:南京航空航天大学,2020.

[6]丁子涵.VR技术在中职旅游课堂教学中的应用研究[D].曲阜:曲阜师范大学,2021.

[7]范安琪,袁玖根.虚拟现实技术在教育中应用的优势与挑战[J].发明与创新(职业教育),2019(04):7.

[8]冯振敬."雨课堂"支持下的计算机基础课程教学设计[J].中国教育技术装备,2019(14):42—43,47.

[9]葛书荣,荆荣丽,石蕊."雨课堂"平台应用于C语言程序设计的科教创新[J].黑龙江科技信息,2019(27):78—79.

[10]关晓乾.网络教学模式下教育理念的重塑[J].江西教育科研,2003(08):9—10.

[11]郭超华.体验性知识学习及其教学实现[D].武汉:华中师范大学,2021.

[12]郭建如.高等教育管理研究与学科发展四十年:回顾与展望[J].高校教育管理,2019,13(01):1—10.

[13]教育部高等学校能源动力类专业学生指导委员会.2019年全国能源动力类专业教学改革研讨会论文集[M].镇江:江苏大学出版社,2019.

[14]孔仕强.在线教育对教育公平影响机制及局限性研究[D].北京:清华大学,2016.

[15]兰叶深,徐文俊,徐建亮,等.互联网+教育下高职智慧课堂教学模式研究[J].现代职业教育,2021(49):174—175.

[16]李英琦.线上线下混合式课程个性化学习支持策略研究[D].兰州:西北师范大学,2021.

[17]林雨,袁莉."互联网+"背景下地方本科院校学生教育管理新模式的构建[J].衡阳师范学院学报,2020,41(02):160—164.

[18]林雨."互联网+"背景下地方高校学生教育管理新模式研究[D].长沙:湖南工业大学,2021.

[19]孟圆.云联共享:互联网教育+智能制造,打造协同育人的现代化教育新生态[J].智能制造,2019(08):2.

[20]彭远洋.探索虚拟现实和增强现实动画技术在课堂教学中的应用[D].广州:广州大学,2017.

[21]王继新,左明章,郑旭东.信息化教育理念、环境、资源与应用[M].武汉:华中师范大学出版社,2014.

[22]王荔雯.移动互联网时代高校教育管理模式改革与实践研究[M].北京:中国原子能出版社,2019.

[23]赵轩.互联网+时代的教育变革与思考[M].北京:北京理工大学出版社,2019.

[24]周洪宇,易凌云.大数据时代教师教育的变革[J].教育研究与实验,2017(01):7—12.

[25]周洪宇,易凌云.教联网时代一场即将来临的教育变革[M].北京:科学出版社,2018.

[26]朱政安,孙家臻.虚拟现实技术在集体空间的管理及应用[J].数字化用户,2018,24(15):69—73,75.